U0804854

周蓓 主編

專題史叢書

(英)因格拉門 著　胡澤 許炳漢 譯

河南人民出版社

經濟學史

本書是一部重要的經濟思想史專著。共分8章，自上古至奧地利學派，完整介紹了德國、法國和比利時歷史主義經濟學家的思想。其中『近世第三期』以後各章，分別闡述所論學派在法、意、西班牙、德、荷、美等國的代表人物及思想學說。本書成爲通行數十年的經濟思想史教科書。

圖書在版編目(CIP)數據

經濟學史 / (英) 因格拉門 (John Kells Ingram)著;
胡澤, 許炳漢譯. —鄭州 : 河南人民出版社, 2018. 6
(專題史叢書 / 周蓓主編)
ISBN 978 - 7 - 215 - 11480 - 7

Ⅰ. ①經… Ⅱ. ①因… ②胡… ③許… Ⅲ. ①經濟史 - 英國 Ⅳ. ①F156. 19

中國版本圖書館 CIP 數據核字(2018)第 068892 號

河南人民出版社出版發行
(地址:鄭州市經五路 66 號 郵政編碼:450002 電話:65788036)
新華書店經銷 北京虎彩文化傳播有限公司印刷
開本 710 毫米×1000 毫米 1 / 16 印張 26. 25
字數 336 千字
2018 年 6 月第 1 版 2018 年 6 月第 1 次印刷

定價:210. 00 圓

出版前言

中國現代學術體系是在晚清西學東漸的大潮中逐步形成的。至民國初建，中央政治權威進一步分散和削弱，加之新文化運動帶給國人思想上的空前解放，新學的啓蒙，新知識分子的産生，民國學術如草長鶯飛，進入一個自由而蓬勃的時代。中國傳統學科乃中國學術之根基與菁華所在，民國學人采用『取今復古，别立新宗』之方法，引入西方的學術觀念，積極改造，使史學、文學等學科向現代學術方向轉型。此外，大力推介西方社會科學的新學科和自然科學，在學習、借鑒乃至移植西方現代學術話語和研究範式的過程中，逐漸建立中國現代學科，使中國的學科門類迅速擴展。一時間，新舊更迭，中西交流，百花齊放，萬壑争流，開創了中國現代學術的源頭。

伴隨知識轉型和研究範式轉换而來的，還有學術著作撰寫方式的創新。中國古代的著作向來以單篇流傳，經後人整理匯編後，方以成册成集的面目出現并持續傳播。直到十九世紀末，東西方的歷史編撰體裁不外乎多卷本的編年體、紀傳體和紀事本末體等，章節體的出現標志着近代西方學術規範的産生和新史學的興起。章節體具有依時間順序，按章節編排；因事立題，分篇綜論；既分門别類，又綜合通貫的特點。以章、節搭建起論述之框架，結構分明，邏輯清晰，較傳統的撰寫體裁容量大、系統性强。它的傳入，使中國現代學術體系從内容到形式被納入了全球化的軌道。民國時期專題史的研究、譯介、編纂、出版恰恰是在這樣的背景下欣欣而發，是學術的實驗場，也是歷史的記録儀。編選『專題史』叢書的初衷正是爲了從一個側面展示中國學術從傳統向現代過渡的歷史進程。

專題史是對一個學科歷史的總結，是學科入門的必備和學科研究的基礎，也是對一個時代艱深新鋭問題的解答，是學術研究的高點。民國專題史著作中，既包含通論某一學科全部或一時代（區域、國别）的變化過程的，又囊括對一時代或一問題作特殊研究的，還有少部分是對某一專題的史料進行收集的。原創與翻譯并重，翻譯的底本大多選擇該學科的代表著作或歐美大學普及教本，兼顧權威性和流行性，其中日本學者的論著占據了相當比重。日本與中國同屬東亞儒家文化圈，他們在接納西方學術思想和研究模式時，已作了某種消化與調適，從思維轉換的角度看，更便于中國借鑒和利用，他們的著作因而被時人廣泛引進。

與當代學術研究日趨專業化、專門化、專家化的『窄化』道路迥乎不同的是，中國傳統學術崇尚『學問主通不主專，貴通人不尚專家』的通識型治學門徑，處于過渡轉型期的民國學術在不同程度上保留了這種特徵。民國學術大師諸學科貫通一脉、上千年縱横捭闔之功力自不待冗言，外交家著倫理政治史、文學家著哲學史、化學家著戰争史等亦不乏其人，民國專題史研究呈現出開放、融通、跨界撰述的特點。與此同時必須看到，自晚清以來，中國的命運就在外侮屢犯、内亂頻仍的窘境中跌宕彷徨，民族存亡仿若命懸一綫。這股以創建學科、總結經驗、解決問題爲指歸的專題史出版風潮背後，包裹着民國學人企望以西學爲工具拯民族于衰微的探索精神，及以學術救亡的愛國之心。梁任公曾言：『史學者，學問之最博大而最切要者也，國民之明鏡也，愛國心之源泉也。』這種位卑未敢忘憂國的歷史使命感和國民意識是今人無法漠視和遺忘的。

『專題史』叢書收録的範圍包括現代各個學科，不僅限于人文社會科學，學科分類以《民國總書目》的分科爲標準，計有哲學、宗教、社會、政治、法律、軍事、經濟、文化、藝術、教育、語言文字、中國文學、外國文學、中國歷史、西方史、自然科學、醫學、工業、交通共19個學科門類。本叢書分輯整理出版，内不分科，單本發行，方便讀者按需索驥。既可作爲大專院校圖書館、學術研究機構館藏之必備資源，也可滿足個人研讀或興趣之收藏。

與目前市場已有的一些專題史叢書相比，這次『專題史』叢書具有規模大、學科全、選本精、原版影印的特點。本叢書選目首重作者的首創、權威和著作影響力，尤其注重選本的稀見性。所謂稀見，即新中國成立後没有再版，且多數圖書館没有收藏，或即便有收藏，也是歸于非公開的珍本之列予以保存，普通讀者難以借閲。部分圖書雖有電子版，但作爲學術研究的經典原著讀本，紙質版本更利于記憶和研究之用。本叢書精揀版本最早、品相最佳的原版圖書作爲底本，因而還具有很高的版本收藏價值。

『專題史』的著作是民國學者對于那個時代諸問題之探究，往往有獨到之處，無論其資料、觀點短長得失如何，要之在中國現代學術史的構建與發展進程中，自有其開宗立論之地位。

譯例

一、本書句讀悉依新式標點。

二、本書地名人名譯法，以商務印書館出版之標準漢譯外國人名地名表爲準，其爲該書所無者則就音自譯，間採一般普通譯法。

三、本書附註甚少，其關係重要者亦擇尤譯之。

四、關於經濟學上之術語則採取最普通之譯法，並附以原文，以期明瞭。

五、本書均逐句順譯，期與原文切合，俾讀者便於對照原書作者精意，不致漏遺。

序言

因格拉門博士（Dr. Ingram）在他自己的經濟哲學裏已給我們一些原則，可以幫助我們確定他在經濟思想史中的地位。第一，因格拉門是法儒孔德（Augusto Comto）的私淑者，但是在經濟學上他最同情於德國歷史學派，如洛瑟（Roscher）、克尼斯（Knies）、西摩勒耳（Schmoller），和其他在德國內和在其他地方與此派相連的人們，他都默然心許。說到他與歷史派諸人相殊異之點，其殊異之來，主要的仍緣於上述之事實，卽是，他是孔德的私淑者，又是孔德實證派所揭櫫的『人道宗教』（religion of humanity）之信仰者。因格拉門的社會和經濟哲學之主要思想線索，或者是進化觀念，這個觀念在七十五年以前，孔德解釋之明晰，有非後人所能及。進化的觀念現在又可說是『相對的觀念』（idea of relativity）。裁決各種制度須考其相當的時間和境地，了解各種人類也須證驗其所處的國家和所生的時代之一般生活。我們判決因格拉門，也必定說他是愛爾蘭人，生於一八二三年，他主要的經濟著述是在一八八〇年左右，大約是在一八七五——

一八八五之十年間。

因格拉門最初引起世界經濟學者的特殊注意是在一八七八年，那時他把他的講演政治經濟學之現在與將來(The Present Position and Prospects of Political Economy)公布於世。這是他在『英國科學促進會』(The British Association for the Advancement of Science)於一八七八年在都伯倫集會之經濟統計部的開場演說。他是那時愛爾蘭統計社會學會的會長，又是促進會經濟統計部的主席。他的演說開頭就描述英國那時候政治經濟學的情形，他所畫的主要綱領之正確，確是無人可以駁回的。這是那時一般公認的，政治經濟學在公共的珍視中是在低潮的時候，並且科學家對經濟學的地位也發生疑惑，如經濟學是否可在『英國科學促進會』中佔列一席之疑問發生，此其明證，就是這種疑問引起因格拉門考察政治經濟學應否在包含一切眞正科學之促進會中占一地位的問題。二十五年以前，政治經濟學得了一般人的信仰，並且許多人鑒於牠的主要諸說，便以爲達到了止境了。然而自一八七八年以來，經濟學已引起薪資階級及其代表者之反感，並且招致了一般科學家的懷疑。

因格拉門要想說明政治經濟學的這種不滿足的境地，並欲指出救濟的方法。他遵循其師孔德之說，以爲政治經濟學之顯然失敗是在與其他社會科學分離，而救濟的方法，他相信在於使政治經濟學成爲普通社會科學——卽社會學——之一部。但是這種政治經濟學僅爲其全部之一章的社會學將爲一種與時進化的社會學。社會進化是一時代到一時代的，所以每時代的相當學說應爲該時代的生活之寫眞。政治經濟學以前太過於絕對了，在英國中的經濟名匠所定下的主義，其本人與其從者都認爲可適用於一切時間和境地的。自由貿易是對的，保護主義與自由貿易相反，按照一般公認的見解，則斥爲不對；然而按照歷史學派的意見，這兩種辦法，都不能說那個是對的，那個是不對的。眞正政策之設立須參照特殊的境地在進化中所處的特殊時代。這是因格拉門的一種解說。

從因格拉門的政治經濟學普通概念之必然推論，他又主張政治經濟學的另一錯誤是在牠的過於抽想和演繹的性質。他雖不反對演繹法，却是他主張要了解經濟世界，我們須如準茲(Richard Jones)以前所說的，『觀看與考察。』我們須考察過去的和現代的事實，我們大體上須是歸納法而非演繹法。

因格拉門又在政治經濟學中找出一種毛病，卽是『乾燥與嚴酷』這種毛病是人人覺得的，這或許是牠的方法之必然結果。經濟學者離開了實際的情狀必致失掉人羣的同情接觸，而且被視爲與人羣願望相反的了。

在一九一五年的青年經濟學者要瞭解一八七八年的實際情形是很困難的，但是他們若不知道這種情形，便不能正確的了解因格拉門的大事業。經濟思想中的新運動那時在美國尚未開始，而在英國則因格拉門和他的朋友勒斯力 (T. E. Cliffe Leslie) 乃是此運動的先鋒。勒斯力比因格拉門較遲生四年，也是一個愛爾蘭人，並且又是英格蘭教會的牧師的兒子。這種思想運動是與那時所謂的歷史學派緊相連接的，而美國人之覺得此運動，大約要遲緩五年，因那時許多在德國留學的青年美國學生已經回到本國開始宣講同樣的主義了。在英國所有的情形在美國也同樣的發現。要是一個人現在去讀前世紀八十年間的美國出版物，他必定覺得置身在另一奇怪的世界。一般青年經濟學者，大約比因格拉門較年青二十五歲至三十五歲的人們，都覺得一些領袖學者所倡導的政治經濟學不特與科學的進步相反，而且與人道的進化相悖的。我們現在很可見得清楚科學的仇敵不十分是這些宗師如李嘉圖、亞當斯密，的眞正學說，而最是我們所方便稱謂的——雖不能說是恰當的稱謂——斯密主義派和李嘉圖主義派。小學者們『寄生蟲』聚集了某種堅硬教義於諸大師的周圍，並從而繹出許多不可靠的推論。從科學上的意義說，這最壞的是——用巴佐特 (Bugeliot) 慣用的話——經濟學的周圍已形成了硬殼以致不能發展了。

本文作者乃此種青年之一人，在因格拉門於一八七八年發表他的講演的時候，他正在德國留學。他很記得此演說在德國發生的印象，不亞於較後數年在美國所發生的印象，不過在美國的反對派比在德國的爲尤多。這種演說表明一種眞正進步運動之開始，並揭出經濟研究在德國和在其他各國的一種較熱誠較正確的認識。此演說的德譯係出於哈勒 (Halle) 大學康拉德 (Prof. J. Conrad) 教授之提議，從學於康氏的美國學生比從學其他德國教授的爲尤多。都伯倫演說詞於一八七九年出版，祉耳博士 (Dr. H. von Scheele) 作有序言。丹麥文譯本也於同年在哥卑納給出版。

其次我們要注意的是因格拉門於一八八〇年九月在都伯倫職工聯合會（Trade Union Congress）所發表的講演。此講演題名爲工作與工人（Work and The Workman）。力斯特（Mr. T. W. Lyster）是都伯倫國民圖書館（National Library）的館長，爲愛爾蘭圖書館學會（Library Association）編了一篇因格拉門著作史，並在此會的雜誌中發表，在這著作史裏面關於此篇講演會作下列的簡單敍述。

『這是一篇「勞力眞正人性觀」的請願書。勞力不是可與勞工人格分離而獨立存在的東西，勞力不是一種商品如穀物或棉花。勞工的本身，他的人的需要，人的性質，和人的情感，都應完全放在心中的。因格拉門從這個假定演出數種推論——工人應有（1）相當的工資，（2）良善管理的家庭和家庭生活（思想的閒暇），（3）教育；並歸結來說「對於工人眞正重要的」，不是少數人能夠從他們的階級中興發起來——這種事情有時反於階級有害，因爲拔去了牠的有力分子。而眞正有切身利益的，是要全階級都能在物質的舒適和安全中，並進而在智識的和道德的陶冶中，提高起來。』

此篇政治經濟學史(History of Political Economy)初見於大英百科全書(Encyclopædia Britannica)第九版（一八八五年），修訂後而刊行成書是在一八八八年。但是在未刊行成書以前，大英百科全書中的這篇文章在美國已印成單行本，以應經濟學生之用了。這種辦法是出於哈佛大學陶西格教授(Prof. F. W. Taussig)的提議。此書已譯成歐洲各國文字，並且譯成日文。因格拉門於是布散了一廣大的力量。不管一般批評家怎樣說，因格拉門已經給了全世界一個信息，這是很顯然的。

因格拉門在美國是產生「新經濟學」的動力之一，「新經濟學」云者其實未免誇大。我們青年一般都覺得因氏在大體上是與我們合作的。他幫助我們推動一種力量，竟致於一八八五年成立了美國經濟學會(American Economic Association)，這學會是為美國經濟思想史當中開闢了一個新紀元。他的年齒甚高，就是發起這學會的較長諸人也不能不視之如父，但是我們覺得他的精神却是與我們一樣年青。這學會吸引了世界的注意，並引起其他國家發生這同樣的組織。就是較晚五年成立的英國經濟學會(British Economic Association)也有部分是緣於此會的影響。

美國經濟學會也相當的承認因格拉門的功績，於一八九一年歡迎他為名譽會員。作者在那時是美國經濟學會的書記，于贈給此種名譽於因氏覺得特別的快樂這是毫無疑義的，因格拉門於大西洋彼方經濟學朋友的這種承認也是十分欣受的。

就是在這種短短的序言中，我們也應當說的，是因格拉門在大英百科全書第九版作了許多關於經濟問題和經濟學者的論文；其中最重要的是奴隸制的論文，此文曾經增訂出版名奴隸制與農奴制史(The History of Slavery and Serfdom)。

此篇不是敍述因格拉門的生事的地方。作者之意是在於本書著名作者的事業給一種簡短的概念，以為許騭因氏在政治經濟學上的功績之基礎。因格拉門擴大了政治經濟學的領域，不管我們怎樣規定政治經濟學的正當領域，然而事實上此種科學在英國美國與在其他地方已擴大許多了。我們大多數的人對於以前所定出的經濟學的界線都覺得不是自然的，而且每每在我們的研究正有所得的地方便截然的教我們停止。我們一研究勞働問題，工人房舍的改良，工人經濟情形的改善；我們便要被唾罵，說我們越過了政治經濟學的正當範圍。我們現在可以自由進行我們的研究，前此阻尼我們的人爲的界限已經撤去了；我們對此不能不歸功於因格拉門，承認他是擴大經濟學領域的先鋒。

我們若再討論現代經濟學者對於經濟學正當界線的意見，覺得離題太遠。但是我們可說政治經濟學現在已自由的認爲是一種社會科學了，然而同時我們也要承認近世經濟學者沒有遵從因氏的意見將政治經濟學僅作爲社會學之一部。近年以來，就是最進步的思想也趨於經濟學與社會學分離的方面，各有各的領域，而同時經濟研究却因社會精神之高漲而擴大了範圍。至於經濟學與倫理學及其他社會科學之關係也是承認的，但亦各有其範圍。我們現在回想到亞當斯密所說的話：『若是一個樹枝在一方曲之過甚，欲使其直也必以同等的曲度施之於彼方。』

因格拉門是倡導人道主義經濟學派的領袖。我們現在不是要細評該派諸人的功勞，但是在英美兩國中因氏在這方面却有大部分的勳績。他作了他『作人』的職務。其成功如何，可見於馬爾薰(Marshall)的經濟學原理(Principles of Economics)第一册第一章，在此章裏面經濟學被稱爲研究財富和研究一部『人』的科學，並說：『貧乏是否必不可免的物之一問題，乃經濟學中最有趣味的問題』

因格拉門是創建愛爾蘭統計社會學會的一人。他之設立此會，是想用統計研究以促進社會之改良。他於提高統計研究的興趣和促進英美的統計科學確有功勞的。

因格拉門又有一種動力鼓勵熱心研究經濟歷史的人。在前世紀中英美的許多優秀經濟學者均會注意於經濟史，而因格拉門則幫助他們造下一個順利的社會環境。

因格拉門是一位淹通博大的學者。他在各種學問上都頗知名。他是一個精深的數學家，又是一個博學的方言家。他常評論莎氏比亞（Shakespeare）和騰里孫（Tennyson），他本人也是著名的詩人，特別他的『短詩』（sonnet）博了一般正當批評家的讚美。他作各種方言的文章，並在一八六六年被任爲都伯倫大學希臘文的皇聘教授（regius professor）。若是細數因氏在各方面所占的地位，和論列他在智識活動上所有的各種著作，將使此種序言過長，不中體製。他的幾位朋友在他死後會說他或許是世界上最有學問的一人。

上述云云，均足表明因格拉門頗是一位舊式的學者，而不是近世的專家。他的政治經濟學史——或許是他最著名和最重要的作品——不過是其許多作品之一，政治經濟學也不過是他的各種學問之一。政治經濟學並不是他的主要興趣之所在，他的主要興趣乃是宗教學『人道宗教』創造於孔德而闡發於實證派諸人。此處自然不能涉及任何宗教的討論，但是我們須說的是因格拉門因醉心於人道宗教之故影響他的經濟研究不少。他不把孔德的社會學作他獨立研究的出發點，却把孔德當作他的標的。因此孔德的教義從全體看來已無形中給因氏經濟哲學之發展上一種限度。孔德之影響於因格拉門，從科學上看來，不是一個好的影響，這或許是一般人所公認的。

然而因格拉門生活中的主要動力到底是他對於人道的熱心。他的情感是在公共幸福。他的嚴謹的性質似乎使他對於接觸他的人們有若冷酷，然而我們知道他對他親近的家族是怎樣的深情，我們又知道他於家族以外對他的國家和對全人類是怎樣的博愛。他是一位深思的哲學家，見到宗教是人類幸福之不可少的條件，然而於襲傳的宗教又覺無可滿意之物，故熱烈的來擁護孔德的『人道宗教』，因爲他的心目中覺得這名稱是可代表其實質的。他相信『人道宗教』的哲學，他相信這宗教有感動人類的力量。因格拉門在一切社會中的活動都表出他的主要目的是在謀人類幸福科學的目的不在其本身，而祇是爲促進人類幸福的工具。

因格拉門所處的環境及所秉的天姿都是居於領袖地位而可以自創一派思想的。專門經濟學家在英國現在是很少的，而在因格拉門之時則尤少。他多年就與他能表同情的青年經濟學者離開了。他又是很恭敬和謙退的，沒有一般領袖的那樣自是心。要是他能置身於近世的大學而與青年經濟學者們接觸，他的事業與名譽將不止此。可是他的事業究竟能否因之而擴大，或許是一疑問。他的力量因擴大散佈而且有時幾於不可索尋之故，或許減少了也未可知。他的貢獻是在一般經濟思潮和人道主義的進展中，這也一定是他自己所期許的。

可是就是這樣尚不能確定因格拉門的最終地位，然而他在近代經濟思想史上有一堅牢的地位，這是無可疑議的。近世政治經濟學不能不感謝他的功勞。他對於許多以前的英國經濟學者似乎在革命一樣，或許以前和現在還有人覺得他攻擊英國的經濟學諸大師太厲害了。他在有些地方或許是過分一點；可是他是在一種論戰中，這種論戰就是從這一般時過境遷的人們看去，也覺得是不可少的。又是，他把英國的經濟思想從一種不幸的狹隘和孤立的境地中挈出，幫助了經濟學的進步。世界的經濟學者在學問上的團結和互助爲前此所未有。因格拉門於幫助促成這種世界的合作中占一最要的地位。

我們或許又可說因因格拉門攻擊斯密主義派和李嘉圖主義派——特別是李嘉圖主義派——之故，而世界乃見出眞正的亞當斯密和李嘉圖。經濟學者今而後能將英國的經濟大師從他們名字相聯的種種荒唐議論中分析出來。

就是現在李嘉圖派的怪論仍偶然是改進過程中的眞正障礙。一個此類的奇怪事例是作者在一九一三年下議院委員會關於『圈地』(enclosure)案的討論聽來的。問題是命令圈格路色斯特協(Gloucestershire)省靠近色香漢(Cheltenham)的埃門斯東哈得威克(Elmstone-Hardwicke)可耕空地。各種關於圈地的佈置已經滿意的作妥當了，凡是有關的農人都很熱烈的望圈地之作成。作者與他們談論並知道這些議員之間也似乎沒有意見不一致的。因爲那時的狀況頗足阻止一切好農作，所以各個農人都知道這種圈地將有利於他的。然而李嘉圖主義竟自然的出現了，以作圈地之梗。再一再二就發生這問題：『這種圈畫不祇是把土地的價值提高嗎？不因之而把農人應付的地租提高嗎？』其意是若經濟地租要提高，則得圈地利益的將是地主而非佃農。不知實在情形是農人所付之地租不能與經濟地租同一比例增加。實在的，在英國的實際情形之下，我們甚至有理由相信，圈地以後，首先接收農作改良利益的乃是農人而非地主。這種事實不是與李嘉圖的教訓有什麼相反，不過某種勢力爲李氏所忽略的，也未被這委員會見到。因格拉門已經幫助把英國和其他地方的政治經濟學的眞相揭露出來。現在李嘉圖派的證論雖已不如因氏在一八七八年發表演說時的那樣有力，然而這兒那兒仍有此類謬說的存在。

在這裡我們很有趣味的是讀一讀因格拉門論『新派經濟學』(the new school of economics)之特點。他分論牠的特點爲四端，其說如下：

『1論到經濟學在一般科學系統中的地位，第一是財富之研究，除了暫時的和偶然的以外，不能與其他社會現象分離的；第二是要注意人類生活各方面之關係和交感。嚴格說來，實在只有一種大科學——社會學，經濟學不過構成此大科學之一章，而且必須與他章緊連的。』

『2經濟科學也如普通社會學一樣——用孔德的有用術語——不祇是靜態的，並須有動態的。不要假定社會是固定狀況，不要以爲經濟學所研究的祇是共存法則，而忽略演進的法則。現在一般都承認社會是在一種進展的途程中而此種途程本身是有規則的而非武斷的；又承認社會事實若離開了她的歷史便不能眞正瞭解。舊學派所篤愛的「懷中公式」(pocket formulas)，認爲可適合一切事實和解決一切問題的，已失了牠們以前所享受的珍視而經濟學在方法上已變爲歷史的了，承認社會進化的各時代各有其特質實際上對各時代應有各時代的辦法。』

『3經濟學，如其他社會學的研究，承認演繹法的眞正而非微小的地位，可是注重的乃是歸納法。我們不假造一個抽象的「經濟人」(economic man)，也不根據所假定經濟人的活動之一個或兩個原則以紬繹社會的一切經濟現象，而必須，如在其他實證科學一樣，首先確定社會事實是什麼，此種研究完成之後，才在世界外部的組織中，人類性質中以及社會同時並存的事物中，去索尋牠們的來源。而且最有價值的研究法必須是歸納法的特殊方式，被稱爲比較法的，比較法最適宜於研究歷史的因果。』

『4同這種智識運動並進的，尙有情意和道德的新傾向。法國新經濟學派最優秀代表季得教授(Prof. Gide) 描述的最恰，現代發生了一種「大冰解」(un grand dégel)。以前經濟學充滿了乾枯和冷酷，致使許多熱心的思想家避而不學，並招致了「沉悶科學」之名，現在則被仁愛的眞摯的精神代替了。特別無產階級的問題，工人的現狀和將來等問題，已經在社會的情感上和智識上占了一強固的地位，而研究此種問題也比以前更富於眞摯和同情的精神。』

我們希望並且相信現在刊行的附加司各脫(Prof. William A. Scott)所撰一章的因格拉門政治經濟學增訂本可以繼續和擴大因氏的大工作。此版之刊行繼續了我們對於這位戰有殊勳的領袖的感忱。新時代的學者將於此書取得教訓和力量。

伊里著一九一五年七月

經濟學史

目錄

經濟學史

第一章　引言

在現代政治經濟學的狀況之下，要產出一些專斷的新經濟論著，似乎不合時宜。經濟的著述已經汗牛充棟，人人都可取讀，在這些著述裏面所稱爲『正宗』或『經典』(orthodox or classical)派的理論都已詳略不等的發揮盡致了。但是現時在英國和在其他國中，對於這派理論是現一種廣大的不滿意，而於經濟學的方法和主義也是意見紛歧。實在的，我們有很好理由相信這部分的社會學說已進入了一過渡時期，而且不久將經過一種大改造的。不過這種代替或至少深深改變舊思想的新學說現在還沒有完全的闡明。現在情狀所形成的思想狀態乃是一種停頓的和反省的。我覺得若是我們從歷史的和普通的觀點去探尋關於經濟現象之思想進程，並默省其所生之各種思想而考其在各時代嬗演蛻化之迹，我們的立場或許更能明晰，我們將來的進步或許更能迅成。本書卽爲此種使命而作。

這種研究且能與現代最優秀的知識界的傾向相合，現代的特色非他，卽『歷史精神』之普遍的流行。歷史精神浸入我們一切思想中已到這種程度，不管是何種知識，不管是人類活動的何種制度和方式，我們差不多都要自然的問牠的現狀如何？牠的最早可發見的胚胎是什麼？牠經過發展的進程如何？舍（J. B. Say）氏曾說政治經濟學史是少有價值的，因牠大部分是謬誤的和被駁斥的思想之記錄，這種說法祇屬於已被廢棄的思想，現在也不需正式的駁回。牠值得我們注意的祇在提醒了我們須分別歷史和好古主義（antiquarianism）。好古主義是了無精義的，治其學者不過僅博淹博之名。我們所考察的祇是過去曾經盛行和影響事實的思想，或是我們能發見現代和將來的根源之思想。

我們旣這樣置身於歷史的立場，在開始就用不着討論政治經濟學的定義，或暢論牠的方法了。我們把政治經濟學認爲社會財富的學說，或暫取舍氏的定義，以此學爲治富之生產，分配，和消費的科學，也就夠了。一切必須補充的意思，都見於我們研究的進程中，而經濟研究的正當方法之決定，須視爲此學歷史進化之一主要結果。

政治經濟學史須與人類的或任何一部分民族的經濟史有區別。研究經濟事實本身之遞變是一事；研究關於事實的理想學說之遞變又是一事。我們現在直接有關係的祇是後者。可是這兩類研究雖是界限分明，然而牠們彼此的關係却是嚴密的。經濟學說之發生和形成大半決定於當時的實際情形，需要，和傾向。凡是一種重要的社會變遷發生，新經濟問題也隨之而顯露；每個時代盛行的學說，其獲取力量，乃緣於牠們似乎可解決當時緊切問題之故。又是，一個思想家，不管他是佔在當代人們的上面或前方，也不過是他時代的產兒，他不能脫開他所生息游處的環境的。他一定會受他周圍情境的影響，並特別受他同代人們所共覺的實際事變的影響。學說與事實的這種關連有牠的好處和牠的壞處。這種關連，可使學說的研究，得一眞正的實證的性質；可是也可發生學說上的誇論，過分注重眞理的某方面，和把過渡情形或暫時策略，認爲普遍永久狀態之種種毛病。

在探尋經濟思想的進程上，還有其他關係爲我們不可忽略的。社會科學之各部關係甚切，雖因事實上的便利各部的歷史採取——實在是必須——個別的研究，但是若絕對與其他部份分離，一定謬誤甚多。經濟思想之運動常常的並且劇烈的受一般對社會事物的流行思想，甚至習慣的情緒，之影響。一個時代關於人類問題一切智識的表現都有接近性的，並有某種的『純一性』(homogeneity)。當我們提說某時代精神的時候，這純一性便模糊的呈現於我們的腦海。又是，經濟研究爲其一部的之社會思想，牠的哲學方法和主義，也受進化程序中較先發明的各種科學，特別是有機性的自然科學之影響。

我們要記得經濟研究對於外圍情境和其他同代思想之種種關係，這是第一重要的，因爲我們若將此點懸置心中，那末對於各時代遞變的各種思想，或許不作十分絕對且因而可得較正確的評論。我們將不把各種思想與我們先入的主義標準之離合程度而責備而讚美，祇認牠們爲一有序事物中之各質素，研究這些質素主要的須顧及牠們的『系屬』(filiation)，牠們的時機，和牠們的影響。我們不要認爲理想進程中之每一新步武是無條件的與較早思想相反之物，較早的思想也常有相對的理由，牠們依據的也是經驗的——雖是窄狹的——實在基礎，或者也顧及一種不同的社會制度之存在的。我們也不能認定現在一切學理是固定的；因爲牠們所默認的實際生活制度本身是有變化的，而且必定或多或少要經過這變化的。在現在這種簡短的引言中，這種理論是不能充分的說明；但是我們要把這些情形緊記心中，並且遇着牠們的影響特別重要或有趣的地方，要把此處所說的關係畫出。

與經濟學說相連的幾個思想大家，他們的特殊境地和傾向自然多少影響了這些學說的精神或形式。他們對於特殊前人的關係，他們生來的性質，他們早年的訓練，他們宗教的成見和政治的派別，一切都有影響的。我們在一些顯著的事例上自然要注意這些；然而在我們現在的目的中，牠們大概是屬於次等的和附屬的。全體的重要終超越於個體；而學說之創作者，須視爲普通智識的和社會的運動之『器官』(organs)。

經濟學術史最自然的分爲三大時期：(1)上古時期，(2)中世時期，(3)近世時期。在前兩時期中，經濟研究尙是在胚胎的時代。這是很顯然的，社會學說之大進步須有兩個條件。第一，社會現象之顯露須有充足的範圍可供確當觀察的資料，和科學綜和的圓滿基礎；第二，既有此種觀察的對象，而觀察者對於他的工作應有相當的訓練，和相當的研究助物和工具；卽是說，事先須有供給學說必要材料和研究確當方法之科學陶冶。社會學欲達其目的，須採用物理學和生物學的學說，並須求教於此二學的教師；而在邏輯方面社會學所採的方法——演繹法，觀察的，比較的——須先有數學和無機物或比社會較單純的有機物的科學之學習。所以這是很明白的，雖是社會時刻有不可遏抑的實際事變發生，使人們注意到社會的一些法則或趨勢，雖是這樣發生的問題也得了一些經驗的解決，而眞正科學的社會學乃是智識進化最高級的產物。這話對於其他部社會學說是眞的，對於經濟部分也是眞的。因此，我們對於上古和中古的經濟思想和決定此種思想的情境祇作概略的敍述，也就夠了。

第二章　上古

最古時候關於經濟方面的思想，是由東方的神權政治傳給下來的。那時候社會生活的一般精神，完全在於仿習當時的根本教義，人民世習其業，以凝聚其初生的文明，甚至於以業分等，按照職業的性質，區爲一尊卑相承的階級系統，而同聽命於最高的僧侶階級。僧侶階級職在保存累世的遺教，而以之教授於其他人民；使社會各部分的生活，均能本於教義，有一完備的彝則。『保守』是當時社會秩序的主要使命，『靜止』是牠的特色，但也因此而陷於停滯。可是有用的技藝在此種制度之下，雖是遲緩，卻漸次進步，而遺餉於後代文明，這是無可疑異的；因爲階級的組織可以保持上古時代所能有的分工制度。那時社會裏面掌握神政的領袖分子對於實業的進行，自然是樂於用心的，因爲提倡實業，不比提倡戰爭，有危及他們政治地位的傾向。但是他們視生活爲一整個的，以管理生活爲其主要目的，所以他們自然很重視實業對於社會所發生的反動。經濟的道德方面，或換言之，道德的經濟方面，是他們很考慮的。他們警戒人們不要貪財望富，這些警戒，無論什麼時代，在宗教上和哲學上都認爲必需的。他們主張交易的誠實，衡量的公平，和契約的忠實遵守。他們警戒富人所恆有的驕倨，過分奢侈，和自縱；注重對於奴僕和賤者的公道與仁慈。一面以財富之獲得，係出於神意，與當時神道精神一致，但他面卻又注重個人之勤勉與節省。在神權完全發達的制度裏面，自然有使教條過於煩瑣的趨向，這些教條的效力無異於政府的命令，舉凡社會中各員的各行動之時間狀態，和附帶的條件，差不多都是規定了的。此種過分謹嚴的社會制度，是神權與人權之聯合，或甚言之，神權與人權之混淆所致；而其結果，以致社會中的各部活動，在後世是讓一切智慧和道德的勢力所指導的，此時均直接受教諭或戒令的控制。

希臘和羅馬古代的經濟事業，卽縱無任何特殊不利的情形，亦難與近世的經濟，比較其分量之龐大和淵源之豐富。自然科學不進步的情形，以致隱而未顯的天然力不能大用於生產上，近世實業裏面最進步而最重要的機器，當時也不知充分利用。地理知識的缺乏，和交通運輸工具的不備，頗足爲國際貿易發達的障礙。這些障礙自然生於當時實業的幼穉，可是阻止經濟猛進的更深的痼疾，乃是古時文化的特殊的原理。有些學者擬欲廢除古世和近世的分別，以爲這些分別是想像的，不重要的；可是旣承認我們自己與東方的神權民族有大別，而又以爲希臘人羅馬人的思想，情緒和行動，實質上與我們現代西方民族無異，豈不大錯特錯；因爲以近代極開化的民族，與古代徒託幻想的民族（此種幻想的智能常引起後人對中世紀過當的輕視）混爲一談，這是極端不相入的。古代與近代社會精神和生活也有主要的區別，卽是古代的社會組織，以戰鬭爲目的，近世社會的組織，從他的全歷史看來，都不斷的以實業爲目的。這種不同的情形對於人羣活動的各方面所生的深切影響，是不可忽視或忘却的。有古代社會的軍事組織，便有古代的奴隸制度。奴隸制度在當時的社會，非特不是一種贅疣，如在近代的西印度或美洲合衆國是的，並且頗合於實際生活情形；所以那時許多著名的思想家，均認爲奴隸制度是不可離去或避免的。這是實在的，奴隸制度在古代是暫時的必要，並且若無此種制度，其影響又不知如何，則此制度也是較好的法則。可是隨奴隸制度而生的也不知有若干罪惡；士紳階級便因此而輕視職業，各種生產勞働，除了農業一個例外，都認爲不值得自由市民幹的，上等的活動是直接與公共生活有關的，例如軍事或政事。勞働認爲是奴隸階級的職務，卽自由手藝者，亦不過認爲與奴隸差勝一籌。所以從事生產的人們離去知識的陶冶很遠，不能參與政治的思想，興趣，或努力；他們的性質和地位均不適於技術與發明之涵養，可是這些條件，是實業進步所不可少的。此外尙可言者，就是當時尙武的風俗最甚，生命和財產都比較的不安全，往往因財致禍，這是於大資本之聚集，和有效信用制度之建設，有絕大障礙的。有以上種種原因，又加之以民智不發達，社會關係不進步，所以古人的經濟生活很受極大限制，而非常單調，與現今世界所有無窮的富源，不息的發展，和各種光怪陸離的活動，一比較其高下，直不啻天壤之別了。這是自然的，在任何社會制度裏面欲發見其矛盾之點，誠屬荒謬舉動；各種制度的價值須以其所負之使命而定。古代文明的歷史地位只可以戰爭完成，不能以實業完成，因此他所造成事物的情狀，便容許以後本身的消滅，而含有發生和平制度的基礎。

希臘

可是這種使命是留以待以後的羅馬，爲他戰功的最終成績；希臘的武功，雖未有止息，却是不黏固的無效果的，除了對波斯的自衞戰爭外，並沒有發生任何社會的效力。在這種情形下，戰爭生活不足吸收民族的才能，秀俊之士則盡其能力於知識之一途，使美術，哲學，科學有一突飛的進步。

在希臘的著作和歷史裏面，我們可以見出他們在經濟方面的思想與神權政治的思想極相似的。他們既承認神的大權和僧侶襲傳的法則，却又珍視格言或諺語中的實際訓誨。然而自退利斯(Thales)以後，希臘文化又具一種特殊形式，使牠在人類文明史中畫成一新時期。

在這時候，有一種運動開始了，這運動是漸次侵削襲傳的神權基礎，而在思想的各面代替以合乎理性的學說。希臘的大思想家已經對於實在科學發生極大興趣，大多數都潛心於幾何學，承認其有定的性質；所以對於社會的時務，亦不能不牽引其智力，因爲這些問題常很能引起大思想家對於人們的性質和他在社會生存的條件，加以詳細研究。這些研究自然是很幼稚；在社會科學或道德學達到成熟以前，有機和無機的自然科學之長期發展是必須的。但是因爲希臘人的研究，人們高尙的求知的活動，便常有生氣；人們所切不能待的眞理，也有部分的發明。經濟的研究也隨同其他學問，而漸合於理性；普盧塔斯(Plutus)神已遜位，地上的權力代替天上的權力了。可是這些研究，因沒有充足的實際的生活爲基礎，不能有偉大的成績。我們已經說過的，當時社會的軍事組織和奴隸制度使人民輕視生產的作業，所以思想家的注意便也不在此範圍內了。而在他方面，士民醉心於政治生活，和沉溺於政黨鬬爭，所以凡關於政治的問題，便特別重要。因此著名學者之從事於社會問題，差不多也只以考察，比較政治組織，和研究公民教育爲他們的急務。我們在他們當中，找不出關於經濟的有系統和確當的研究——有的，不過是些快樂思想和部分的預言罷了。

他們研究此等問題，也如研究其他一切社會學的問題，約如下列幾點所述。

一、個人應附屬於國家，只有經由國家，個人的天性始得發展與完成，個人的努力應當用於國家的維持和職務。所有政治思想的大目的乃在於造成良好公民；各種社會問題都是從倫理的教育的觀點去研究。公民不是物質財產的產生者，乃只是所有者；此種財產的價值不是在財產本身的原因，也不是牠所發生的享樂的原因，而是可以藉牠達到較高的道德的和政治的目的。

二、國家應有和行使於社會生活各方面——包含經濟的——的控制權，以便使個人的行動與全體的福利和諧。

三、與這些根本思想相連的，則有機關與法律的無限權力的傾向，好像社會沒有牠的自然趨勢，設若長久以一種充足的力量壓迫牠，牠就會服從外部的衝動似的。

各個社會思想家都有他的理想國，這些理想國則以作者對於『眞實』的觀念和思想習慣之程度不同，而與眞實的或可能的國或卽或離的。

在這些理想制度當中，最著名的是柏拉圖（Plato）的理想國。在柏拉圖的理想制度裏面，個人附屬於國家的觀念達到極點。在他的『共和國』中，代表最高度生活的公民階級，是實行共產共妻的，以爲這是抑制個人私心使他盡瘁於國事的最有效的制度。他的理想制度設若在古代很適宜達到此種目的的社會裏面，我們不敢說一定不能實現；可是卽使成立也會不久爲將來實業發達的勢力所破碎。然而他的制度是近世『烏託邦』之鼻祖，他的議論之新穎煥發，和他文筆之秀傑妍美，對於富有文學興趣而缺乏科學精神的人們特別有吸引力。在他著作裏面，我們所謂幻想的當中有許多特出的道德的說法，而最合我們現在目的的，則是有些正確的經濟的分析。他對於社會裏面自然發生的分工和合作，特別有一種正當的議論；但是他推溯社會構成的基礎，或許過於推重經濟的原因，而於人羣結合的和其他的社會衝動，沒有相當注重。然而他對於各人慾望和能力之不同，怎樣要求彼此互助各人只從事於他的地位，能力和教育所最適宜的職業；怎樣社會所需的事物可更易更好的產出或進行，都有詳細的說明。他有古代立法家的精神，願意一個自足的國家，避免與異民族無謂的接觸，恐怕破壞了內部的組織，或墮落了民族的性質。因此他輕蔑國外貿易，並因此之故，欲將他的理想城從海邊移到內地。國的疆界是嚴格固定的，並禁止早婚和遺棄嬰孩，規定開墾斯土的公民有一定的耕地，以限制人口之膨脹。此種預防之發生，乃出於政治和道德的衝動，而非有懷於馬爾薩斯的食物恐怖。柏拉圖的目的，在盡量使社會中直接從事生產的各家得到財產的均等。此等最末階級，有別於統治和軍人階級的，他也照時代的精神，對之極爲輕視；他以爲他們所習的職務，是能使心思退敗，身體柔弱的，致使他們不適於人們和公民的較高事業。至最下等的勞働，他則委之於外國人和奴隸。又是，他有古代學者的精神，欲盡量廢除貴金屬於國內交易中，而禁止稱貸取息，甚至債務之償還與否也讓借者的自由意志。一切經濟事務，他主張由政府管理，不但要禁止犯法和欺詐，並抑止奢侈習慣之發生，而於全國人口常保存相當數量的生活必需品和逸樂品。

與柏拉圖的極端個人主義相反的，則有色諾芬（Xenophon）的學說。他的天才雖若有限，但是頗偏於實際的；他是一個很重實行的人，可是他也有希臘人深思玄想的才能和傾向。他的著作題名爲『經濟學』（Oeconomicus）的，對於當時的生活各方面，頗多有興趣和有生氣的描畫，很可值得一讀的。西思蒙第（Sismondi）稱其字裏行間，饒有仁慈虔誠的精神，這話是不錯的。可是此書終不能超出家庭經濟的範圍，雖是牠的作者在這範圍裏面，很能表顯他健全的心思和智慧。

我們在這個地方，不能討論他對於管理私有財產的教條，也不能詳論他對於家庭之管理及其倚賴者的建議。然而就在這個窄狹的範圍裏面，並且大概就在這些具體的領域裏面，也可見出他的精采特出的地方。他於經濟學沒有好多的貢獻。他也有那時代一般人重視農業而輕蔑其他職工的偏見；他讚美農業，自然是因爲農業可以提高愛國和敬神的情緒，增進對產業的尊崇心，陶養尙武的生活，並給與人們充足的時間和思想以從事於知識和政治的活動。然而他趨重實行的心，終使他比其他的希臘學者較爲重視工業，更重視商業，而研究牠們的狀況及其發展的問題，祈求國家的扶助與保護。雖是他對於貨幣性質的見解，很是空泛，並且有些地方錯誤；但他見出因交換物品而使貨幣出口，是不能貧國的。他又圖謀國際貿易的繁榮，而力主張和平待遇外商以恭敬，和對於他們的訴訟須迅速和公平的判決。自然他也承認奴隸制度而沒有反對；他甚至爲增加雅典國庫起見，贊成國家雇出奴隸於礦廠以取傭金，祇是須將奴隸刺字以防逃逸；並將此等企業所獲贏餘，重新添購，那麼奴隸的數目都常常增加的。

希臘全部的思想到了亞里斯多德(Aristotle)的時候，差不多全由該氏集其大成了。數學和天文是稍後時代纔大發展的科學，可是在社會科學範圍裏面，這位大思想家算是登峯造極，希臘人沒有能夠趕上的。他所秉的天才和所處的地位，都使他很適宜於研究這些學問。他有傑出的觀察力，又有過人的綜合才；他有清澈的判斷力，又有謀圖公益的熱心。舉凡希臘人政治生活中所創有的或重大的事件，差不多都在他那時候演過，或直接看在他的眼底的了，因此他有各種經驗的大基礎，作他結論的根據。他站在當時政治生活實際活動的外面，所以他得了一個深思的旁觀者和無偏的裁判者的地位。他自然不能比其他希臘學者在這些研究裏得的很高的位置，這原因已經說過的；他也不能超過我們現在所謂『靜態社會學』的範圍；社會現象之史的發展的定律，他差不多沒有見到，除了對於政體變化之遞演有少許覺察外。可是在他的著作裏面，可以見到許多關於社會機體之構成與活動的有價值而健全的思想。他對於經濟問題的論說，沒有我們所希望的那樣多那樣詳。他如其他一切希臘思想家，只承認國家這一個主義，在這主義之下，所謂倫理學，政治學本身，和經濟學各爲構成之一部，彼此雖有密切的關係，然而牠們的分野却是十分明瞭的。

至於論到財富，他以爲財富的目的不在本身，而在於用之以達團體生活較高和最終的目的。

他追溯社會的起源，不認爲是經濟的需要，而以爲是人類本體自然的社會衝動。社會結合已經這樣成立了，牠的性質是由於各種活動力之半自然和半人爲的組合而決定，亞氏以爲要想這些活動力結合，須讓牠們獨立的進行。所以他反對壓抑個人的自由和啓發，反對個人對於國家過分的屈服，並且反對柏拉圖所提議的統治階級之共產共妻制度。他認爲私產的原則是深入人心的，即使牠由相應的社會規則而生出的種種罪惡，他以爲實在應當歸咎於人性之不完全，和其他公共制度之腐敗。在他的心中，財產公有，一定會使忽略公共利益而擾亂社會的和諧。

在供給社會各種需要的各階級中，直接從事於物質需要的階級——耕耘土地的農夫，和從事工業及手藝的人——是被排除於國家政事之外的，因爲他們沒有這些充足的閒暇和教育，而他們職業的性質，又容易使他們墮落。在一段著名的文章裏面，亞氏發表他的奴隸制的學說，以爲奴隸制度乃是根據於命令與服從之普遍關係，以及治者和被治者的天然分別。他認爲奴隸是沒有獨立意志的，不過是他主人手中一種『有生氣的工具』；他屈服於主人的管轄，只要這管轄是合理的，亞氏以爲弱者和強者兩邊的幸福，都在這裏發生。這種見解，眞令我們現在的情感不勝駭然，可是這不是亞氏個人的偏見，乃是希臘人生活的事實在學理上的表現。在希臘裏面，一些紳士階級日從事於高的文化，以軍事和政治爲職志，他們的生存，都依靠這個被虐待和蹂躪的階級，而此階級則屛除於人類一切較高事業之外，只犧牲牠們以維持這類社會的特別體制。

亞里斯多德分經濟財獲取的方法爲兩種。一種的目的，在預備天然產品和供給家庭物質方面的需用，在這種之下，有狩業，漁業，牧畜和農業。與這種原始的和所謂『自然的』方法相反之他種方法，亞氏則名之曰『經濟的』方法，在此種內，則有貨物的交易，和貨幣的中準功用。這種方法與上述的較爲簡單的實業方法相反，我們很可名之曰『非自然的』方法。亞氏認爲這方法是因交際增加和滿足眞實需要而發生的，是前一法所不可少的擴充。可是因享樂的渴望和貪得無已的奢欲，而大宗的運用這經濟方法，亞氏斥之爲無價值和腐敗的舉動。雖是亞氏對於這個問題的見解，主要是根據於道德的原因，然而有些地方表明他似已含有十八世紀重農學派的錯誤觀念，以爲只有農業和上述與其相關的藝術是實在生產的，至於其他各種實業，或係改變自然產物的性質，或係用交易以施行分配，縱然這些都是很便利和有用的方法，却不能增加社會財富的毫末。亞里斯多德認爲貨幣(money)完全與財富(wealth)不同，並用米打斯(Midas)這段小說來說明牠們的區別，這是不錯的。並且他似乎見出貨幣的用途雖是依靠社會的公約，可是牠的本身也須是有獨立價值的物料。他對於資本的見解不甚明瞭，因爲他曾有反對貸本取息著名的辯論，以爲貨幣是不生產的，貨幣不能生產貨幣。

亞里斯多德也如其他希臘社會哲學家，提議用政府的力量去保持領土和人口的相當比例，採用婚姻的節制，晚婚，和防止與毀壞生育等等方法，限制人口的數量，人口不充足，則危及國家的獨立，人口過剩，則擾動國家的安寧和秩序。

羅馬

不管羅馬人趨重實行，眞實和功利的特性怎樣高超，在經濟方面他們的材能却沒有有力的施展；他們在生產和交易上沒有發展鉅大而多面的制度。他們之歷史的使命是軍事的和政治的，民族的力量大半消耗在國政和戰場上。最早的時候他們自然也很注意於農業，而在農業上維持了這堅忍民族的生存，並據此以征服世界。可是在他們的歷史進程中田地由本地農紳墾闢，因此就大批利用他們從戰勝所獲的奴隸的勞力；早先的小農制被大農制所代替，據普林尼（Pliny）的判斷，這是意大利墮落的原因。他們認爲工藝和商業（至少是商業沒有大規模進行的時候）是卑賤的職業，不值得自由公民去幹，而此種輕蔑的情感不單是一般狹隘和未受教育的人的偏見，並且西塞祿（Cicero）和其他最尙自由的學者也是同樣的。羅馬人缺乏思想的創造力，所以在經濟問題上見不到有什麽理想的研究，這是可預料的。他們在經濟方面也像在其他社會問題上的見解一樣，大部分是勦襲希臘的。這類經濟思想的痕跡，可能發現的，見於他們的（1）哲學家，（2）鄉村的作家，和（3）法學家。可是這些學者的許多議論，爲盛推羅馬在科學史上的地位的人所引證的，常是一些很顯淺的眞理和空泛的槪論。

在西塞祿，辛尼加（Seneca）和老普林尼（Pliny）所代表的哲學家中（普林尼實在很可謂之積學的博學士或通儒，而非哲學家。）我們見出他們都覺察實業的頹敗，道德的放弛，和當時人們自縱精神的發展，好像他們深深染了被征服民族所輸入的惡德似的。這些情緒，在這些作者中和在當時的詩歌及雜文學中，與傾心農田和愛慕鄉村生活及羅馬古風的想像相聯，而以古時風俗之醇厚爲反對現在澆薄之主要手段；從此點看來，我們想起盧梭(Rousseau)在同樣的時代曾發表這類的宣言。可是他們對於流行的經濟罪惡以及牠的正當救濟法很少有較大或正確的見解。普林尼則更有盧梭精神，認爲用金爲交易之媒介是可悲痛的事實物交換時代比貨幣交易時代更好些。他又以爲防止貨幣外溢是必要的，與近代重商派的見解相似——西塞祿似乎也有此種見解，不過不如此之顯明。伽圖(Cato)發祿(Varro)和科琉麥拉(Columella)頗關心於農作技藝的教訓，而鮮注意實業進步和社會福利之一般條件。惟最末二位學者已見出自由勞働比奴隸勞働之價值較優，科氏以爲羅馬農業經濟之退敗大半是奴隸勞働有以致之。這三位學者一致相信欲停止道德墮落之惡潮，保育羅馬的舊美德，和鞏固國都之基礎，主要在於農業之再興與改良。他們的態度是很與法國重農學派相似的，鼓吹農業之改良和農事之高尙，以抵制他們時代的物質罪惡和社會的退敗。大農制和小農制之優劣的問題，在古時羅馬似乎頗多討論，如在近代歐洲一樣的；科氏是決定贊成小農制的。法學家等則就他們的觀點和經濟學相同的而作種種分類，立出一些精細的區別，且爲近世經濟學者所採用或獨立使用的。他們似乎（雖是勒里(Neri)和卡利(Carli)主張正面，或是帕格泥泥(Pagnini)主張反面，尙爲未定之爭論）對於貨幣之性質也有正確的觀念，以爲貨幣有牠自己的價值，係由經濟情形決定，不是條約所能限制或公共權力所能強變的。可是我們在這些學者中所得的獨立的思想很少，而於說明羅馬經濟生活之實在文件以及國家關於經濟問題之歷史的政策則很多，這是可預料的。從政策的觀點看他們是很有趣味的；他們關於一般財產之立法，限制奢侈和禁止浪費之立法，奴隸的立法，和獎勵人口之立法，以及其他等等，所供給的資料，使我們更觀出他們在羅馬和歐洲全部的歷史所有長久的勢力。但是我們現在注意的是經濟方面有系統的思想，所以我們不能進入這些題目去。可是有一件事體應當說及的，因爲這事體不單是立法上常常有關係的，幷且是羅馬一切著名學者所常常研究的，就是貸款的利息。『十二銅表』(laws of the twelve tables)是固定了利率的；但是過後慈路希律(Genucian Law 紀元前三四一年)就完全禁止。在舉斯特連(Justinian)的立法，利率按照借貸的性質從四釐到八釐，八釐是通常商務的利率，而複利是禁止的。羅馬學者，沒有例外，都完全不贊成稱貸取息。伽圖以爲取息之惡，無異謀殺，如西塞祿述說的；而西塞祿，辛尼加，普林尼，科琉麥拉，都一致反對利息。在古時的社會情形，貸錢業爲什麽被一般人所咒詛，並且這咒詛是正當的，其故不難見出。然而這些學者在商業既已大進步的時代，仍持反對之論，則對於資本之性質和功用，不免發生一些很不完全或混淆的概念了。這是自然的，『實行』(practice)是很少注意這些概念或立法的，因爲經驗證明，這些東西是常常容易逃避的。貸錢業似乎在通羅馬史上都有的，而利率則照市場的情形時時變動。

反觀古代的經濟思想史，我們可以見出希臘和羅馬學者在這方面的成績甚少，這是可預料的。如杜林格(Dühring)說的，關於經濟學上的問題，古代思想家都是從政治的而不是從經濟本身的方面去看；這樣的情形，我們對於他們關於人口問題的討論，既已指出；而同樣的實例，又見於他們的分工學說，拍拉圖和亞里斯多德差不多也具同樣見解。他們認爲這個原則是社會分流的基礎，或者用這原則去說明社會之成立，是靠各種活動力自然的合作。從嚴格的經濟的方面觀察，關於這種分工有三個重要的設論：(1)在任何生產部份分工的擴張，均使產物變賤；(2)分工的程度受市場的範圍限制；(3)分工在工業上比在農業上推行更進步。可是我們在古代的作者裏，都找不出這種的設論，僅僅第一個設論可以從他們的議論推演得來。德國學者過分推重古代在經濟知識方面所貢獻的範圍及價值，這是他們的特別好尙。在這種科學的進化史中，自然不能抹殺希臘和羅馬作者的地位；可是我們要注意的，我們在他們裏面，祇能找出一些普通經濟知識的暗示或雛形，而經濟研究成爲科學，乃是近代的事。我們以後可以見出，經濟學在我們現代以前，尙沒有達到牠的一定形式。

第三章　中古

中古（紀元後四〇〇——一三〇〇年）是歐洲經濟史和普通史上一個重要時期。牠代表一個大的過渡時代，新世紀的種子已孕育在這時代內，只是沒有充分的發達。以後歐洲社會的各種運動，差不多沒有一樣在這時候找不出，雖是大部分都是粗笨的和未發達的雛形。十八世紀的自由學派對中世極為鄙視，主要是因牠在文學上沒有多大貢獻。可是世界上尚有比文學對於人類更重要的東西，而中世的偉人在其他方面，有許多事務消耗了他們的能力。天主教堂之發展，以及西羅馬帝國崩壞後秩序之完成與保持，在在皆足以吸收數世紀之思想家和實行家的能力而有餘。中世的初期，從五世紀起直至七世紀之末，是建設新教會和民政制度之痛苦澎湃掙扎時期；繼後三百年是鞏固國基和禦防游牧民族侵入的時期；祇是在最末一時期，即十一十二十三等世紀，那時因合力抵禦回教人之內侵，而西羅馬得以統一，纔有充分固定和安全的生活，以表現牠的主要特性，產出牠的高尚形式。自然，封建制度在全時期裏面都是進展不已的，從權力之分散和尊卑相承的階級之構成，可以見出，這種進行，只是在第二期查理曼(Charlemagne)的『狄克推多』時候，纔暫時的停止。可是在十一世紀封建制度纔完全成立，并且同樣的，在最末這時期天主教義在普遍宣傳以後，纔有大規模的努力——這種努力雖是全體沒有成功，却是永遠可讚美的。

在封建制度充分發展之下，大而複雜的經濟活動是不可能的。這種制度，如哲學歷史家所指示的，是保持秩序和公共防衛所不可少的，對於一般文化貢獻了很重要的原素。可是既已承認牠的時宜和相對的好處，我們就不可期望從牠得到與牠的性質和歷史使命不相容的利益。在這制度裏面的最高階級是不表同情於實業的，除了關於戰爭和游獵有益的技藝外，對於手工都一味鄙視。社會全部的實際生活均建設在領地上，封君的財富就是他土地的出產和所收的實物租息；這些財富則消耗於一大羣扈從之豢養，以飲食換取他們的勞役。這樣，所以甚少工業的餘地，更少商業的餘地；而農業之進行，目的不過在供家族之需用，至多不過供最近鄰居之需用，絕不是供給較大的市場的。所以那時代的經濟是很簡單，并且因外部無特別的動力，也不進步。

中世的後半期，有幾件特殊的事體使這些情形大大改變。十字軍之役，使得許多封建主的財產轉移到實業界手裏，使得不同的國家和民族接觸，擴大牠們的視線和觀念；給航海業以特別刺戟，因此使得他們對國際貿易發生新的活動。這些自然是要生有力的經濟影響的。城市之獨立和城居人民之漸次重要，與領土諸侯的權力形成對峙；這些新社會原素的力量因城市實業的公司組織而更增加，城市的警察也由職工行會設辦，正如鄉區的警察由封建諸侯設辦一樣。城市對農產品的需要增加，遂使農業具有擴充和投機的性質，更因此而促進運輸和交通方法之改良。可是商業的範圍仍然各處狹小，除了幾個很占形勝的中心城市外，如意大利諸共和國；然而在這些地方，實業生活之進步，又受好武的野心所箝制或轉移，因爲不能像在其他地方有貴族階級之壓制以戢其好勝的心理。

對於人事命運和行爲原則之意見若有改變，一定反映到物質生活方面去；天主教在中世的經濟生活有極大勢力。『耶穌教義』教人以勤勉，節儉，忠於所事，和服從正當權力等特殊經濟道德，或許不能比舊時宗教更有效力，可是牠更有力的和更堅決的指示出生活之較高目標，并因此而得着較高的眼光以觀察各種社會關係。宗教純潔了家庭生活，這種改良有極重要的經濟效果。宗教教人以人類根本平等的教義，提高勞力的地位，并且用新的力量宣傳博愛慈悲和寬恕的義務以及貧人的權利。這樣的教訓，常常灌入一般人的腦筋和良心中。牠的獨斷的根據尚沒被『懷疑哲學』攻擊，自然對於軌範人生有極大勢力。可是除了『耶穌教義』的勢力像一種道德教義以外，尚有教會的勢力，像一種施行教義於人們日用生活之執行機關。除了聖書的教訓以外，并有許多宗教法律，規定信徒的行爲。這些法律不單規定經濟的并且規定其他社會的活動。數百年研究和努力之結果均總匯於道德法典(Corpus Juris Canonici)一書。我們所謂天主教之經濟學說以及其他許多學說都從此出我們謂之學說，以其不是說明實在現象的理論，而只是一些規定人生行爲的說法。在這個地方，「生活」是從靈魂幸福的觀點去看；主旨是在人類中設立一眞正天國。

這些『法師』(canonist)雖認爲『你』『我』之界是人類墮落後所必需的制度，可是在情感方面他們是同情於共產思想的。在必需的時候，公共的權力再行建設初民共產制度也是正當的。愛護貧人不是一件自由選擇的事，救濟他們的困阨，乃是法律的義務。貪慾之惡，等於拜偶像；貪念雖是沒有掠奪他人之所有，已是萬惡之根，不但應當抑制，而且應當剷除。農業和手工都認爲謀衣食之正當方式；商業則鄙夷視之，以其趨於欺詐。賣者定貨物的價格，不應當按照市場供求的情形，只可按照貨物的眞價值。他一定不要隱藏他貨物的瑕疵，也不要乘買者之急需或愚昧，而索取非公道的高價。利息是禁止的，并且如洛瑟(Roscher)說的，利息盤剝之禁止是全部法典經濟制度之中心，也是大部分宗教法律之基礎。至於行爲之是否盤剝問題，完全以兩造的意思爲轉移，借貸之或善或否，是教堂應當裁判的事件，或由教堂的『良心裁判官』(casuists) 決定，或由教堂的法庭審決。

上述種種原則均欲達一高尚目標，不過牠們過於隱退，所以牠們實行起來，反爲實業進步之障礙。當着出產增加，分工加大，借貸資本之運用也隨而增長的時候，限制盤剝的法律便阻止這種發展。因此這種法律也受各種例外事件的暗損，或詐僞交易的規避。自然這種法律之發生，係應付早時的情形并且很能適合的——在那時的社會情形，所借之款通常或用於浪費，或藉以拯急苦，而這些急苦是耶穌教所當周濟的。可是在借取資本以擴充營業和增加勞力的社會，這法律就不適合了。在這件事上宗教的絕對精神，和在其他事上一樣，不能因應新的社會情形而稍改其行爲之規則；而粗鄙的意識反更能了解實業生活的根本條件了。

知識的活動爲社會更切要的成見所壓抑，直至中世之末葉始漸復蘇，對於人生全部的事，漸知要求一種理性的認識，在初時便暫時採取最好的希臘思想。因此我們在湯姆阿圭拉 (St. Thomas Aquinas) 的著作裏面見出亞里斯多德的政治經濟學說雜糅了一部耶穌教的成分。他之崇奉師說，最顯明的是他承認亞里斯多德的奴隸學說，雖是那種制度的餘燼爲他當時的勢力所屏除於歐洲社會之外。

這種大變動——勞働階級之解放——是中世最重要的實際結果。這運動的第一步，是由奴隸改到農奴。農奴制照牠的性質，不過是暫時情形。農奴根據於土地，有固定的家庭關係，幷能參與社會的宗教生活；他的一切情境的趨勢，以及時代的意見和情緒，都是趨於自由的方向。這種變動之發生，自然鄉間的工人沒有城市工人那樣迅速。在中世第二期城和鎭的農奴制已經廢掉了，然而在第三期以前田間的農奴尚沒有什麽地方廢去。最末一步革命，應歸功於亞當斯密（Adam Smith）所提倡的『自利心』之活動，一面田主發見自由佃農生產力之優越，他面君主嫉妒大地主，而獎勵農奴去侵犯他們的威權。自然教會也有一部分力量，這是不用說的——道德的衝動常常與政治和經濟的動力相聯的。在教田上的農奴，都待遇得很好，而祭司神父們，自從北方戰勝以後，以他們的教義和地位，都成爲被壓迫階級或奴隸階級的保護者。

從農奴之解放，企業家與工人分開，便生出近代實業上下相承的組織之最初外形。工人身體之解放遂促進了活動力和創造力，使資本積聚起來。又由此解放生出的民政團體，建設了良好政府和秩序，資本越漸聚集了。這樣，活動的資本階級便因此發生。資本階級最初發生於商業，通商城市的居民輸入外國貴重的奢侈品，或較富地方的改良製造品，因爲大財主很願將他們地上的農產品去掉換這類東西的。各國之間因舉辦運輸事業，這些城市更有發展商業的餘地。在稍後時期，如亞當斯密說的，商業促進工業之發達，或製造以消售於外國，或採用外國原料，或仿製外國成品。可是近世歐洲手工業之重要發展是在十四十五兩世紀。在中世裏面，製造企業家之發生尚不顯著，農業自然更屬落後；雖是封建地主要改變他們自己爲農事企業的經理，然而他們的習慣和偏見，均足以阻止其進展，所以鄉村實業進行很是遲緩。然而這種進行，半由於想得國外輸入或國內高等技術所造精製品的衝動，半由於仿辦城市實業在田莊上所用的大宗資本。

城市有些貿易公司似乎來源甚古，不過在十三世紀他們始佔重要，受法律的承認和管理。這些公司爲近代許多經濟學者過分的駁斥，他們堅持以十八十九世紀的思想運用於中世。這是實在的，這些組織不適合於近代，并且也必須消滅；他們的生命自然是過於延長。可是他們在最初的時候有些地方也是很有益的。他們是新實業勢力的寶貴的約集點，這些勢力得公司所生的『團體精神』(esprit de corps) 而愈臻強大。在各區域內對於貨物之堅實和精美，公司都特別警戒以促進技藝之精巧，而聖路易王 (St. Louis) 又以提高實業技藝起見，注重巴黎 (Paris) 貿易之良好組織。公司又執行一種自動的監視，所以也提高了良好道德的習慣，并且在各種職業的範圍內發達社會情緒，在那時候較大的公共精神倘是很少的。

第四章　近世：第一期及第二期

中古的完結，如孔德 (Comte) 已說的，當在十三世紀之末，而不在十五世紀之末。從那時開始的近世，包含三個連續發展的時期，而所生事件實足以表明我們現在時代的特質。

I. 在十四十五兩世紀的時候，『教會封建制度』(Catholico-Feudal System) 因牠自己職僚的衝突已趨崩潰，而新時代的構成原素乃漸漸興起。在實際方面彼此敵抗的對手，是君主和封建袖領；他們兩方都要聯合城市以及城市代表的實業力量，以鞏固自己的權力。這個時期的運動，可以說在當時任何經濟著作裏面都找不到什麼回響。

II.近世第二期起始於十六世紀之初，在這時期裏面，一些有系統的攻擊，緊隨中世制度自然崩潰之後，使此制度愈益墮壞。國王的權力已漸臻鞏固和龐大，握住了興起的工業和商業；滿足牠們要求改良的渴望以後，便利用牠們以達政治的目的，從牠們籌集軍費，擴充自己的實力和虛榮。與這種實際的努力及其所憑藉的社會趨向緊相關連的，則有政治經濟學的『重商派』(Mercantile School)，這派在那時是很得勢的。歐洲各國政府採取這種政策得到一部分勝利，我們已經指出的，可是全體看來，仍是失敗，他們的根柢和性質，使牠們失掉指導實業進行的資格；牠們的權力，大部分與神權有關，神權既失了信仰，所以牠們也受了虧損。

III.近世第三期與十八世紀緊相啣接，在這時期裏面，物質的和精神的傾向，都趨於一嶄新的制度，首先見於那時的哲學和一般文學裏面，其次則見於法國大革命裏面。前時期『耶穌新教』(Protestantism)所屏斥的『普遍批評主義』(universal critical doctrine)，於前時期之末在英國已漸有系統，至是而繁衍廣播，特別為法國學者所倡導。這個主義所含的個人精神很合於那時代的需要而一般人歡迎『社會契約』(social contract)和『放任主義』(laissez faire)等學說的熱誠，也是當時歐洲社會情形相宜的正當情緒。在與這種情境和諧的新思想和生活制度未建設以前，一般人所願意的，是個人努力之積極發展，除防止混亂外，不再受舊社會勢力的箝制。因此，政府對於社會活動放棄一切有效的指導，幷且將牠的干涉盡量限於物質秩序之維持。這種政策從牠的性質上只是暫時適用的；而『消極學派』(Negative School)，照牠的通常精神，總是把過渡和例外的需要訂立爲一永久和通常的定律。歐洲一般趨於自由的運動有時達到最高的程度，按照思想和生活之各種方向而有種種方面；在經濟方面法國重農學派是最初的學術代表團，雖是他們的職務是在破壞的和實質的範圍，至更澈底而更有效的工作則屬於亞當斯密，他應當認爲是繼續和完成重農學派的工作的。

　　與近代全部運動相連而至的也有許多道德的罪惡，這是應當承認的。中世要設立的一般原則，幷且在不鞏固的基礎上，已設立了一部分的，至是一敗塗地，責任的觀念也隨着牠的天然伴侶『團體精神』而衰弱，主義方面的『個人主義』(individualism)便造成行爲方面的『爲我主義』(egoism)。在經濟方面這種結果更爲顯著。民族的自私心和私人的貪慾均日增月進，上層下層的實業階級漸趨分裂甚至於彼此仇視。漸次得勢的新原素——科學和實業——自然在牠們懷抱裏含有一種比行將分化的原則更有效和更鞏固的最終主義；可是這最後的『總合』(synthesis)是太遼遠，牠的性質又太不固定，不能從這些原素的蓬勃撩亂生長中見出。但是現在這種總合已漸明瞭了；從這方面努力，從牠的實際制度方面努力，是我們所生的時代的性質。我們將要見出，與此種社會自然進展相應的，自然有一種新的經濟主義，在這時候經濟學歸納於普通社會學內而附屬於道德學。

上面各篇的目的乃在證明和詳細解說現在所提出的大綱，并且指出近代數期的特色，在經濟思想發達史中所有的肖像和反照。

近世第一期

第一期的特點，在一方面是中世制度的自然崩壞；在他方面是新時代各重要原素之興起。神權漸漸不能執行牠的道德上的任務，社會運動漸次讓諸個人努力之不規則的衝動了，而此種努力大半在求野心和貪慾之滿足。強固的政府成立了，牠的職務是在知識和道德的混亂中去維持物質方面的秩序。平民(commons)加入政治組織爲構成之一原素，可表示實業界勢力之上昇，也正如在他方面工人階級的進行革命一樣。和平競爭爲當時的風尙，觀於募兵制之設置即可見出——最初募兵是暫時，過後則變爲永久的——這個制度用固定少數人從事軍事的活動及執行，不使全體的勞働受間斷或紛擾。工業日進重要，幷且在這部分的實業企業家和工人間之畫分首先牢固的成立了，而軍事訓練和勞役規定爲一特別業務更使這種固定的雇傭關係容易成功。航業因採用航行指南針而愈有進步。印刷術之發達可表明知識的和實業的運動怎樣彼此發生關係而趨於共同目的。荷蘭(Holland)和英國(England)還沒有達到任何金融重要地位以前，老早在佛羅稜薩(Florence)威尼斯(Venice)和熱那亞(Genoa)就發生了公共信用制度。正在本期之末，美洲(America)和東方新航路之發見，遂改變了貿易的道路，預備開拓殖民地的途徑，這是於實業生活之進展和實業之最終普及很有力量的。

我們在這時期中，於學術方面找不着與事實上可驚的醞釀和膨脹相應的東西，這自然是因為這時期是在中世和色彩頗重的近代之間具有騎牆性質的原故。阿奎拉(Aquinas)的普通政治學說仍然存在，不過稍有附屬的修正。特別注意的經濟問題只是貨幣之性質和功用，一種勞役或實物支付既停止，貨幣更覺重要，有規則的租稅系統已漸採用。

洛瑟(Roscher)和稍後的烏洛斯克(Wolowski)已注意於法王查理第五(Charles V.)之師泥科爾俄勒斯門(Nicole Oresme)。俄勒斯門死於一三八二年時係利休(Lisieux)地方之主教，洛瑟稱他是大經濟學家。他的貨幣之起源性質法律及改鑄論(Tractatus de Origine, Natura, Jure, et Mutationibus Monetarum 於一八六四年由烏洛斯克再版)所含的貨幣學說，按照十九世紀的見解差不多是完全正確的，而行文之簡捷清晰，很可表明是大家的著作。

近世第二期重商主義(Mercantile System)：

在近世第一期新的社會勢力已經自然的興起了；在這第二期，牠們便為政府方面有系統鼓吹的目的物，因為那時中世的財政方法不能滿足政府的需用，除了增加稅收幷促進社會的財富外，絕無他法可以進展牠們的政治和軍事目的。因此實業是歐洲各政府永久感覺有趣的事情，幷且變爲牠們政策的主要目標。重商主義之興起和發達，自然與事實的環境和諧，約在十七世紀之中葉這個主義已達到極點。

重商主義，從他的極端的形式說，是把『財富』(wealth)和『貨幣』(money)認爲一體，因而以爲國家的大目的在於指導本國與他國之貿易以盡量吸取貴重金屬。一國必要盡量輸出自國的製造品，把他國製造品之輸入減少到最低度，而收入金銀爲兩方價值的差數。這種差數稱爲『貿易差額』(balance of trade)。若收入的貨幣比支出的貨幣多，則稱爲『有利差額』(favorable balance)。政府要獲得這種差額，可以採用各種手段——禁止外貨輸入或征重稅於外貨，獎勵國貨輸出，限制貴金屬之外溢。

可是上面的說法，雖盛行於教科書裏面，也不能完全代表凡屬於重商學派一切學者之意見。這學派中許多份子的眼光非常淸晰，不信認這種說法，卽近代的學者也難相信竟有這種的思想家以財富單包含金和銀的。重商派學者，如洛瑟說的最好，不是他們有一共同信仰的固定學說，只是代表一派思想的傾向，這些傾向雖是在各學者中各有的程度不同，却是常常混在一起的。這些傾向可如下述：(1)過於重視貴金屬；(2)重視國外貿易而輕視國內商業，和重視造成商品的工業而輕視供給原料的農業；(3)重視人口稠密以爲是國力的要素；(4)國家可用人爲的手段以求達上述各目的。

要是我們考察西歐當時事物之情狀，我們便不難知道這些傾向爲什麼一定要發生。新大陸之發見使歐洲貨幣有一很大的發展。根據實物交易的舊封建經濟已在新貨幣經濟面前讓步，在各處貨幣經濟的範圍逐日擴張。貨幣的流通比前迅速，遠處的交通比前頻繁，城市生活和流動資產比前重要。貨幣卽財富，在任何時貨幣有普遍的用處，牠在所有者手中便有取得其他一切物品的權力，這些種種事實深深印入重商學者的腦筋中。大的國家和強固的政府成立，也是這時代的特色。各國政府需用人和錢以維持常備的軍隊，這些軍隊，特別因宗教和意大利戰爭之故，規模更大。皇室用費也比以前增多，文官的額數也增加了。國王的田地和租息不足應付這些用途，租稅便應國王的需用而陡增。一般政治家見出欲達他們的政治目的，實業的興盛乃必要的。可是工業比農業更能使得人口稠密和增加出口貨的總值，所以牠創建了一個限制少而發展速的投機的事業。因此工業特別爲政府優待和鼓勵的目的物，而農業則比較的落後。工業的發達影響於商業，殖民地之設立給商業以一新的大戰場。殖民地不過認爲是爲母國謀利益的一個地方，政治家的目的要使殖民地貿易爲國家的新財源。每一國家全體都爲牠的權力作工，而較大的國家則爲自國的優勝而努力，牠們在經濟方面的競爭不亞於在政治方面的競爭，照各國君主看來，經濟鬬爭之勝利乃達到政治勝利的工具。國民經濟開始發生了，政府乃是代表首領。國家是產生城市實業的人爲保溫室。生產受系統的管理，以得到價廉物美的出口品和保持自國在國際市場的地位爲目的。實業的管理，一部分由國家直接行使，大部分則由特許公司和貿易公司指揮。入口重稅施行了，最初大半是爲收入起見，而過後則以保護國民的生產爲目的。商務條約是外交的主要目的，主旨在於排除他國在外國市場之競爭，而於國內市場除原料外盡量減少外貨之輸入。殖民地除了母國外禁止同其他歐洲各國通商，殖民地供給母國的貴金屬和原料而換入母國的製造品。這是顯然的，所謂重商主義也者，不過是當時實在活動在學術方面的肖像，國家和政府之贊成這主義，不是由於任何科學思想，而是由於外部環境的勢力和表面事實的觀察。

設若我們從哲學史的最高點去觀察，我們一定說這第二期的工商業狂熱是很正當的，因爲這樣引導了各國進入一般社會發達的大路。要使這時代的思想不爲當時的環境所鼓動而爲社會學的先見所引導，一定也同樣熱心的走上經驗所擇取的同一道路。在這時代農業的組織不能有顯著的進步，因爲牠的進行仍操在封建階級手中，這些人們大概不能學成實業生活之習慣，也不能與他們地上的工人進行十分一致。城市的實業比鄉村的實業先進步，而後者之發展主要須靠前者間接的動力，并且這是很顯明的，卽稍後時期的系統訓練最初應用的乃在一般製造工人的生活中，因爲他們的勞力是最有繼續性和社會性的，過後纔擴充到鄉間的農民。

政府提倡工商業的努力，收了良好的效果，這是亞當斯密所承認的，并且不容有什麼疑惑的，雖是自由貿易主義者常常不承認這件事。工業技術因政府之鼓勵而愈有進步，又因爲吸收了外國工人并減輕競爭實業的租稅，所以新的生產方法得以養成。海陸交通和運輸的改良更爲迅速，以謀貿易的便利；實業界的社會資格提高了，與往昔的特殊階級相等，這些影響是不小的。

重商主義，無論在思想方面或在事實方面，究竟創始於何人，這是常常發生的問題。這個問題不能有絕對的答案。用這樣的態度去觀察經濟事實，是自然發生於一般非科學的人們心中的。這種見解可以在希臘和拉丁的學者中見出。至於此主義所提示的政策，如我們已經說明的，乃由近世初葉歐洲各國的實在情形所引起。這類政策在十四十五世紀已經實行了一部分，所以比牠的一切學理基礎的說明和辯論更要早些。在十六世紀之初牠便有龐大的勢力，查理第五（Charles V）採用這政策便因他的榜樣，這政策更佔優勢。亨利第八（Henry VIII）和伊利薩伯（Elizabeth）都孜孜求合於這政策。不久重要諸國已加入一普遍的競爭，各強國盡量施展牠的政治的和財政的勢力以圖本國工商業之勝利。差不多通十七世紀商業上的勝利仍在荷蘭手中，意大利（Italy）則因新航路之發見和她政治的厄運，也失掉她從前的優勝地位；西班牙（Spain）和日耳曼（Germany）則被綿延的戰爭和內部分裂所痛苦。英國政治家和經濟家對於荷蘭之嫉妒，初見於剌里（Raleigh）、蒙恩（Mun）、柴爾德（Child）和騰普爾（Temple）諸人；而同樣見解影響於法國政策之劇烈，可見於科爾伯特（Colbert）致駐荷蘭大使邦龐君（M. de Pomponne）的著名書信。克倫威爾（Cromwell）以航海條例（Navigation Act）破壞荷蘭的運輸業而建造英國爲海上王，科爾伯特有國內和國際的經濟政策，二人都是重商主義的實行領袖代表。因科爾伯特之故，意大利公法學者孟哥第（Mengotti）稱此種主義爲科爾伯特主義（Colbertismo），可是便認爲這位法國宰相是絕對採取重商主義的，也是錯誤。他認爲他的方法不過是暫時的，幷且說保護關稅是扶持工業的拐杖，直到工業能夠自己行走的時候，便棄掉了的。『排斥政策』以前已爲緒利（Sully）採用過，他一部份的目的在聚集國家的財貨，大部分是因他特別熱心於農業，而嫉惡外國侈奢品之輸入，以爲墮壞民族的美德。一六六四年的科爾伯特稅則不但簡單而且減少現存的租稅很多；至一六六七年的稅則始有增加，但此不過是抵制荷蘭的政治手段。法國工商業之大發展，深印入當時歐洲一般人的腦海，幷且我們聽得配第（Petty）時代的英國作者稱道不置，這些成績，自然是科爾伯特之功居多。可是這個政策也有牠不可免的黑暗方面，實業在系統管理之下，勉強跟着一定的路程走，不能適合變動的風尙和一般的需要。在這時候不能自由減少生產的手續，也不能自由增加分工的程度和採用改良的器械。自發創造和發明都被壓抑或沮喪了，因此最後的成功大半爲目前的效果所犧牲。眼光遠大的政治家，特別是科爾伯特，自然也力求減少這些害處，政府往往用許多經費派遣調查員偵察各地改良的技術而轉告於實業家，雖是已收少許成功，可是從全體看來，終究算不得有充分的效果。

我們不能從這時期的作者盼望有什麼關於政治經濟學全部的論著；所有的出版品大半是緣於特殊的情形而發，往往是關於特別的實際問題，爲時代的大運動所發生的實際說來，這些論著不過是對政府的商權書，說明怎樣可以發展生產能力，怎樣可以增加國家的富源。牠們完全是『國民經濟』(national economy) 的精神，如李斯特 (List) 所說的；至於『世界主義』(cosmopolitanism) 對於牠們是完全膈膜的。有些時候重商學說對於這些著述影響很少，討論的問題幷未包含這種教義。可是他們的辦法，在許多地方可以說是這個根本主義的計畫（自然只是根本的主義的，）作者的結論最終仍根據此主義。

物價因美洲鑛產之發見而上昇，這是最初使思想家注意的問題之一。物價上昇使現存的經濟關係發生一大而加速的變動，便因此而生出許多惶惑和焦慮，特別因不知道變動的原故而更利害。此外又有君主和共和國政府發行劣幣所生的損失和困難。意大利即受各邦濫發劣幣的影響，幷因政治分裂而痛苦益甚。就是這種幣害引出加斯帕落石加拉斐伯爵（Count Gasparo Scaruffi）的著作：貨幣與金銀之眞正比例論（Discorso sopra le monete e della rera proporzione fra l'oro e l'argarto 一五八二年出版）。在這書裏面他大膽發表他的世界貨幣論，無論在什麼地方這貨幣的大小，形狀，成分和花紋都是一樣。這種建議自然言之過早，甚且不爲作者特別請求的意大利諸王所採取；可是這種改良，我們將來一定見着實現的。屠波羅（Gian Donato Turbolo）是尼波里坦（Neapolitan）造幣廠廠長，在他一六二九年出版的討論與報告（Discorsi e Relazioni）裏面，反對通幣的磨損。關於貨幣問題的另一著作是佛羅稜斯的達發葱梯（Bernardo Daranzati）的貨幣論（Lezioni delle Monete 一五八八年出版，）達氏以善翻譯塔西陀書（Tacitus）著名。氏書是一種膚淺的作品，不過文筆頗爲簡切流暢罷了。

法國學者從另一觀點研究貨幣問題的是波當（Jean Bodin）。在他一五六八年出版的麥爾斯脫拉物價與貨幣論之反駁（Réponse aux paradoxes de M. Malestroit touchant l'enchérissement de toutes les choses et des monnaies）和一五七八年出版的物價增高與

貨幣減少(Discours sur le rehaussement et la diminution des monnaies)裏面，他對於物價變動之原因以及貨幣變動與一般物價和工資之關係，比他同時許多學者了解更爲清楚。他見出流通貨幣的數量，不搆成一國之財富(wealth)，禁止貴金屬之輸出也是無用，因爲貿易的需要可使這禁令不能實行。波當在他時代的著作史上不是一個小小的人物，他的注意也不限於經濟問題；在他的共和國六書(Six livres de la République)約在一五七六年出版）裏面，他討論國家興盛和鞏固的一般條件。他與時代的情形相合，贊成專制政府，以爲這樣政府纔最適宜保障人民的安全和幸福。他反對柏拉圖和謨耳(More)而極力辯護私有財產，這或許是因爲他書的計畫需要這樣論旨，而不是因爲時代事實上的切要，因那時主張重行洗禮的教士們(Anabaptists)之奢僭已引起對於共產主義的劇烈反感了。他在重商主義勢力之下，贊成政府在實業事務上的有力干涉，主張重稅外國製造品而輕稅原料和食物，並且特別重視人口的稠密。但是他不是重商主義的盲從者，他願意商業上許多地方應有無限制的自由，他在同時著名學者蒙旦(Montaigne)之先已認出一國之所得不一定是他國之所失。他極注意國家財政，稱財政爲國家之筋腱，堅決主張政府徵課須合於租稅之正當分配。大概他雖注意社會物質生活的管理和發達，却同時把社會的較高目標和興趣常常懸在心中，這是可稱讚的。

對於一般物價增高的原因之正當見解，英國學者斯塔福 (William Stafford) 在他於一五八一年出版而進獻於伊利薩伯女王(Queen Elizabeth)的英國政策之略觀 (Brief Concept of English Policy) 裏面也有發表。此書是問答體，並且寫得非常生動和活栩。作者似乎已經見到波當的著作。他對於貨幣的性質有正確的觀念，幷且完全知道鑄造劣幣所生的弊病。他詳細描寫社會各方面所受前數朝所鑄劣幣以及貴金屬價值變遷影響的狀態。當時一般最焦慮的是耕地變爲牧場，他認爲此事的主要原因是限制穀物出口的禁令，幷願意及身見到這禁令的取消。至對於工業，他與稍後重商主義者的見解相同，於本國可以製造的貨品主張排斥外貨的輸入，而於外國需要的原料則禁止輸出。

貨幣問題也引出了德國在政治經濟方面的最初著名作品，這作品頗含原始氏族的特性，用本地語言以公諸世界。伊勒斯丁撒克孫系 (Ernestine Saxon) 是喜用（一五三〇年）低等貨幣的。那時在阿伯丁(Abertine)支系名義之下出版了一種小冊子名造幣廠之罪惡(Gemeine Stymmen von der Müntze)反對伊勒斯丁的辦法；至阿伯丁系的經濟政策則是比較健全的。此事不久便出現一種回響擁護伊勒斯丁的計畫，可是從阿伯丁方面又出來了一個助戰者。洛瑟說伊勒斯丁的小冊子寫得非常拙劣，晦澀，龐雜，而且詭辯的。但是在蒙恩的書出版一百年以前，在波當的共和國六書六十年以前，此冊子便會有重商主義的根本原則，這也是有趣味的一件事。阿伯丁方面的論著對於國富的條件和證據，貨幣和貿易的性質，政府關於經濟行為之權利和義務，都有正確的見解；按照洛瑟的意思，以為這位不知名的作者可以與剌里(Raleigh)及十六世紀之末十七世紀之初其他英國殖民論者(colonial-theorists)幷駕齊驅的。

關於貨幣的同一問題，我們又碰着哥伯尼(Copernicus)的大名。他於一五二六年所著的貨幣鑄造比率(De monetae cudendae ratione 於一八一六年始付印）是承西祺門王第一(King Sigismund I）之命而作的，在這書裏面發表改良波蘭(Poland)之普魯士諸省(Prussian provinces)的貨幣的原則。他主張通國須有統一的貨幣制度，錢塊的品質須絕對純潔，徵取鑄費以能補償實在費用爲度。

舍剌 (Antonio Serra) 有些人認爲是近代政治經濟學的創建者。他是加拉布里亞 (Calabria) 科孫熱 (Cosenza) 的一個土著。他的在不產金銀地方聚集金銀之商權 (Breve Trattato delle cause che possono fare abbondare li regni d'oro e d'argento dove non sono miniere，一六一三年出版）是在他被監禁時作的，他之被監禁是因他參與康帕內拉 (Campanella) 之亂謀，欲把那不勒斯 (Naples) 脫離西班牙 (Spain) 的桎梏，而建設共和政府。這個作品多年被人忽視，直到第二世紀始爲加利阿泥 (Galiani) 及其他學者所注意。此書的題名也很能表明作者是採取的重商主義原則的，他在實際上都是以正式而連續的文筆闡明重商主義的根本學理。他極力堅持工業爲國富之源，優於農業，幷引證熱那亞，佛羅棱斯和威內薩之興盛和那不勒斯之慘狀，以擁護其說。他比許多重商學者的眼光銳敏，認爲財富之獲得，不但外部的優勝條件是重要，而民族的強健性質和勤苦習慣以及政府之鞏固和良法之執行也是重要的。

經濟學上最終有系統的著作，是法國學者蒙西勒丁 (Montchretien de Watteville or

Vasteville)於一六一五年出版的政治經濟學(Traité de l' Économie Politique)。洛懋說蒙氏最初用此名於科學上是一種很大的功勞，就是倍根(Bacon)也不過把『經濟學』當成家事學。此書，不管牠的題名怎樣偉大，竟至沒有提及農業，所討論的只是些機械技術，航行，商業和國家財政；從這件事也可以見出那時代的一般趨向和目標了。作者充滿那時代注重國外貿易和殖民地的熱心。他建議國王應當管制人民的實業，而批評西班牙，葡萄牙(Portugal)和荷蘭政府給商業以太多自由，在蒙氏之意以為這是對於牠們自己有害的。他的書可認為是重商主義的正式作品，便於法國人的採用的。

英國的蒙恩(Thomas Mun)也做同樣的工作。在他的兩種作品英國與東印度貿易論(A Discourse of Trade from England unto the East Indies，一六二一年再版)和一六六四年出版的遺稿國外貿易與英國富源(England's Treasure by Foreign Trade)裏面，我們第一次見着『貿易差額』學說系統的說明，和使英國得到『有利差額』的方法(按照作者之意)。蒙恩以為一國經濟政策的大目的，乃在管理製造品之輸出，國營貿易和運輸事業，以及關稅，以吸收外國貨幣。可是他反對限制輸出貴金屬以交換外貨之禁令，他的理由完全與他的一般原則相合，認爲這些外貨可以再行輸出幷能獲取比原價較多的貨幣的，他說第一次貨幣之輸出是播種時期，至以後較多貨幣之最終收入乃是收穫時期。他也見出一國內貨幣流通額太多的弊病，因爲貨幣充溢可使物價增高，物價增高則消售於外國甚難；可是他很贊成一國通貨之設立與維持。

柴爾德(Sir Josiah Child)是最著名的重商主義折衷學者。他著有貿易與利息之概觀(Brief Observations concerning Trade and Interest of Money，一六六八年出版）和貿易新論(A New Discourse of Trade，一六六八年和一六九〇年兩版。）他也提出荷蘭爲國人仿效的模範。他深以爲利率之低減與國利民福有莫大關係，他說低利率之於商農業正如靈魂之於肉體，『荷蘭人之殷富低利率乃其他一切原因之原因。』他不認爲低利率應依靠決定的條件，讓牠自然發生；而以爲可由國家的權力去設立和保持的。柴爾德雖相信『貿易差額』學說，卻見到人民不能只賣給外人而永不買外人的，幷且不認爲貴金屬之出口是一定有害的。他也有重商學者欣慕稠密人口的偏見。他主張母國有與牠的殖民地通商的唯一權利，幷且在一定限制之下，可以設立特許貿易公司。至對於航海條例（Navigation Act）他與亞當斯密的見解不同，認定這種辦法在政治方面的關係比在經濟方面尤爲重要。他在主張上有些折衷態度；這是可見出的雖是有些人說他有自由貿易的傾向，我們却不能認爲他是十八世紀自由貿易學派（Free-Trade School）的先鋒。

另外兩個折衷家須在此地敍述的，是騰普爾（Sir William Temple）和達味喃特（Charles Davenant）；他們有些正確見解與重商主義的偏見混着在一起。騰普爾在他的荷蘭各省觀察記（Observation Upon the United Provinces of the Netherlands，一六七二年出版）和愛爾蘭貿易論（Essay on the Trade of Ireland，一六七三年出版）裏面關於經濟的根本原則，以及勞力和儲蓄對於國富的功用，均有許多精釆的議論。他步剌里和柴爾德的後塵，願意國人在經濟政策上以荷蘭爲模範——這種建議是根據他爲駐荷蘭大使時的長期觀察。達味喃特在他的東印度貿易論（Essay on the East-India Trade，一六九六——九七年出版），和有利貿易差額之捷徑（Probable Ways of Making the People Gainers in the Balance of Trade，一六九九年初版）裏面也持的折衷態度，他對於財富和貨幣的正確見解與重商主義的貿易觀念混在一起，極力主張政府對殖民地貿易須加限制而於國內貿易應給以自由。

重商主義在十七世紀代表最流行的經濟思想，并且祇是在實際政治方面最有勢力；可是同時并進的另有一派不同而且相反的思想，最終戰勝了重商主義。這種新思想最初發達於英國，雖是在第二世紀牠在法國成爲一種公共思潮，并且在政治上佔了勢力。這種思想最初出現於英國，而以後爲法國學者所發揮實行和宣傳，這是事物的環境使然的；因爲一般道德和政治的消極學說，大概發源於英國，而滙歸於法國，從法國分發散佈以達於全世界。在英國這種思想運動不過是私人根據事實和概念的較眞實的分析，所施於流行學說之批評；而在法國則深入社會情緒爲黨派的信條，并且激起對現存制度的反抗和實行改良的急切要求。

從理論方面看來這新運動的特點可如下述。極端重商派以國富依靠貴金屬積聚的意見，已被證明謬誤；而天然恩賜和人爲的勞力乃認爲眞正富源。國外貿易的過分重要減少了，一般注意再集中於農業及牠的成功條件。在實行政策方面，國家或政治家努力的眞正目標不是所謂『有利差額，』而是使全體人民有最充足底生活必需品和便利品。從前歐洲政府認爲保護工商業利益的精妙方法，如禁止令保護稅獎勵金壟斷業和特許公司等，至是一律廢掉，斥爲實業障礙，而認定實業之自由乃爲必需的急務，這是新制度和舊制度相反最利害的地方。這派觀念自然只是漸次發生的；在一般經濟著作裏面這派觀念最早的代表諸人，其觀察幷未完全，故多以含蓄出之；可是牠漸漸進入重要了，幷且漸次爲一般最上等的思想家所歡迎，在感覺靈敏的羣衆中贊助牠的人們也越漸增多。

其他偶爾發生的片段經濟主張，與這新趨向同調的，可見於霍布斯（Hobbes）的公民（De Cive）和巨鯨（Leviathan）裏面。可是這位大思想家的成績，大半是在普通哲學方面；他是第一次整理全部消極主義，給現存社會制度一種強大的破壞衝動的人；我們可以見出這種破壞衝動在經濟方面所有的偉大效果，不亞於在嚴格的政治方面。

威廉配第爵士（Sir William Petty）不如霍布斯的那樣淹博，可是也有許多智慧和精意，著的許多單篇文章，均含有健全經濟學說的原素。他的著作的主要思想是『勞力是財富的父親及活動原素，土地是母親。』他分人民爲兩類：生產的和非生產的，以是否從事於生產有用的物質東西爲標準。他說，無論什麼物品的價值，係依靠牠的生產所需勞力的總數，其說先於李嘉圖(Ricardo)。他想尋出一個普遍的價值度量，取出一人每日必需維持生活的最賤食品的平均數，作爲他的單位。他解釋地租的性質，以爲是產品的價格超過其生產費的餘數。他不贊成用權力去限制最高利率。他大概反對政府干涉實業的進行。他以爲一國的交易，需用一定數量的貨幣，貨幣有時或許過多，故不應該禁止貨幣出口。他主張只用一種貴金屬爲貨幣的基礎，其他流行的錢塊，只視爲通常的商品。配第之名，特別與統計學的進步有關，因爲他很研究統計學，且名之爲『政治的算術』。他根據這些研究的結果，於是極力反對"Britannia Langnens"（一六八〇）的作者，和覆提勒（Fortrey）、羅基(Roger)、可克（Coke）及其他作者所認爲英國的興盛日趨於衰微的見解。

反對禁止制度的自由貿易主義，因『革命』的關係，越漸得了力量，最深入而最有力的論說，見於都勒羅爾氏爵士(Sir Dudley North)的商業論（Discourses Upon Trade，一六九一）。

他表明財富的存在，不緣於金與銀的積聚，其泉源乃是人類用於墾殖土地，或用於製造物品的勤勞。然而貴金屬也是國家財富原素之一，有最重要的功用。一國的貨幣，有時可過多，有時可過少，而爲商業目的所需用的數量，則隨情勢而變動，牠的昇降，乃是受牠本身自然的管理。所以以商業的停頓歸咎於貨幣缺乏，這是錯誤的；停頓的發生，或由於國內商場的壅塞，或由於國外商務的變動，或由於因貧窮之故，消費減少。貨幣因貿易的關係而出口，不但不減少，而且反增加國家的財富，因爲貿易乃剩餘的交換。國家與世界的經濟關係，正如市之與國家，國家之與市一樣。羅爾氏注重國內貿易的價值，過於他以前的人。關於資本的利息，他以爲利率依靠需要和供給的比例而定，與一切貨物價格的決定相同，低利率是資本比較增加的結果，不是強制的管理可生出的，此說柴爾德和其他學者也已曾主張過。至於辯論自由貿易問題，他以爲個人都常常以自身的利害作爲好壞的標準，因此之故，各個都欲阻擋他人買賣平等的權利，若果各種利益都特別給予一人或一部的商業，這是於公衆有害的。沒有一種營業，對於公衆不利；若果是不利，這營業一定被消滅；貿易興盛，公衆也興盛，因爲貿易是公衆的一部。價格須由各個價格自己決定，不可以法律規定；一切對於價格強力的干涉，是有害而無利的。沒有一個民族，可以由國家的管理而變爲殷富，——殷富只是從安寧，勤勉，自由和無障礙的經濟活動得來。這是可以見出的，羅爾氏的見解，頗與八十年後亞當密斯的傑作的見解接近。

洛克(Locke)配第和羅爾氏，洛瑟(Roscher)認爲是英國的三大經濟學家，他們的工作，是在建設一種比重商派較新而且較合理的經濟學說。可是洛瑟此種稱揚，似乎須加上許多折扣，才可承認。洛克特別的經濟著述，是利息降低與貨幣價值提高之研究(Considerations of the Lowering of Interest and Raising the Value of Money，一六九一年出版）和進一步之研究(Further Consideration，一六九五）。雖是來布尼茲(Leibnitz)對於他的作品，很恭敬的聲言，在這些題目上再沒有比他更健全和更精到的議論，可是這種品評，也難絕對的採取。洛克的明瞭的觀察，和他忍耐分析的精神，自然可以引領他得到一些正當的結論，并且他極力反對當時所認爲優秀的實行家所提議的劣幣鑄造，這是很對的。可是他又落入他種錯誤，可表明他沒有完全解脫重商學說的觀念。他太注重貨幣，也如重商派。他明明的說『富』乃在於金銀之多，卽是，如他所解釋的，在於所有的金銀比較世界各國或鄰邦都多。『在一個沒有金銀礦的國家，求富的方法有二；或以戰勝，或以商業。』因此他也採取『貿易差額說』(balance of trade)。他說明利率不可以法律規定，正如房屋的租金或船艘的雇價之不可以法律制定一樣；反對柴爾德 (Child) 以法律干涉利率之主張。可是他又錯誤的以利率的低落——歐洲當時一般的現象——係緣於美洲礦產發現以後金銀量之增多。他又以爲人口衆多，有絕對的好處，此點與配第相同。關於工資，他以爲工資的多少，必以能支持工人不可少的費用爲度；食物的價格增高的時候，工資亦必以同一的比例而加多，否則工人的數目，必定減少。地租之低落，他又以爲是國家財富下降的準確表示，『租稅方法，無論如何制定，幷無論從何人直接徵收，若果一國的大宗資本是在土地上的，則租稅的歸宿，大部分亦必在土地上。』從他這種最後的假定，我們可見出『重農學派』的單稅制已先兆於此。不管洛克直接對於經濟的貢獻如何，他主要的重心，如霍布斯一樣，却在於他的一般哲學的和政治的原理方面，這些原理很有力的影響法國和全歐洲的思想，鼓盪反抗強力的精神，建立『民約』(social contract) 主義的基礎。

第五章 近世第三期：天然自由制度(System of Natural Liberty)

在第三期內實業界內部組織的變遷是：(1)銀行業與一般商業較完全的分離，并特別因爲公共信用制度成立，而銀行的作用乃更爲擴張；(2)在生產裏面機器的用途大爲發展。機器的發展，在十八世紀的前半葉，還沒有大顯著。機器的運用，一面提高了勞働階級的地位，使他們免掉下賤和勞苦的工作，他面又使工人與資本家的畛域，越加擴大。因此道德改良乃是實業的一定組織中一個不可少的預備條件，這是很顯然的。

至於實業的政治關係，也顯出一個很明白的變化。在前一期中，歐洲政府以軍事優越爲政策的最大目的，所以多方獎勵實業，爲達此目的的工具。現在則不然，軍事的精神，反附屬於實業了；政府的軍事和外交，都以商業爲轉移。充塞於十八世紀的戰爭，純粹是商業戰爭，其起源或由於保持或擴張前一期所有殖民地的設施，或由於剝奪敵國關於此種設施享有的實業利益。這種變遷，雖然是一個慘苦的傾向養成國際的仇視和嫉妒，然指定實業活動爲近代社會永久實行的目的，也可說是一種實際重要的進步。

可是當着這種運動促進新勢力上昇的時候，英國和法國的當局都陷於錯誤，以爲這種運動本身含有破壞的趨向，所以對於內國政策恆採取抵抗的態度。這種反動在法國方面當路易十四(Louis XIV)末葉滿德龍后(Madame de Maintenon)專權的時候，頗占勝利。英國自一六八八年荷蘭王威廉(William)入主詹姆士第二(James II)奔法後，政府的權力集中在貴族和教會的兩重基礎上，國家的政策尙不至退步而落於停頓，所以欲促進實業的勝利以滿足中等階級，使牠們不趨慕社會的革新。在英法兩國裏面智識方面的發展許久都受顯著的限制，所以洛瑟和其他學者均認爲十八世紀的最初三十年是一般停頓時期，特別是經濟的硏究；折衷主義大半奪取了創造的地位。然而這種運動不久又重振起來，不過牠的性質頗有改變而更加猛烈。消極學說發端幷形成於英國，現在漸次散佈幷且普遍於法國了；因爲在法國裏面，這是很顯然的，在大革命未決定以前，這唯一可能的變動只是劇烈的社會革命。福爾泰(Voltaire)和盧梭(Rousseau)

的各學派，雖是少有注意於代替舊制度之新制度的條件，却已多方鼓盪這劇烈的危機：可是狄德羅（Diderot）代表的更完善和更有組織的學派，則從自由而進求一種澈底的改組。此派的建設目標，可見於辭典（Encyclopédie）的方案中——可是這種方案，因爲沒有眞正的綜合，并且是多人的聯合產物，常是自相矛盾，不過表面一致，所以只能有暫時的成功。重農學派特別與這個大學派有關；牠們的黨員都一面企圖現存制度的完全改革，却同時又願意藉君主『狄克推多』（dictatorship）的施行以避免政治的墮壞，或者只認爲這種辦法是新的和較好的社會制度不可少的條件。他們的方案和根本思想，雖是因有這種折衷的傾向，不能說是純粹革命的，却也是消極的，他們主要的基礎是『自然法則』（jus naturae）。我們以下要詳細討論法國特別在經濟科學方面的發展；過後又研究其他歐洲各國在亞當斯密出世以前，或至少沒有受他的影響的時候，所有相應的運動。

亞當斯密以前

法國

英國新派思想家所提出較自由而較合理的原則，在十八世紀之初，法國就發出一種回響；因爲作政治野心的工具的極端重商主義，在法國已發生了一種不好的感情，所以法國人的心思，對於接受這些新原則，預備得更清醒而更熱烈。農民貧苦的狀態，賦稅的煩重與不平以及財政不健全的現象，已生出一般擾動的心理，引起一些有名學者强力的反對科爾伯特的政策，并要求一完全的革新。

其中最重要的學者爲霸基爾貝耳（Pierre Boisguillebert 卒於一七一四年）他終身的事業，都消磨在這種奮鬬當中。他在他的統計學著作現代法國詳論（Détail de la France sous le règne présent，一六九七）和法國紀略（Factum de la France，一七〇七）裏面，以沈痛的筆墨，揭布路易十四時代的黑幕；并在他的學理著述：穀物之性質及其貿易（Traité de la nature et du Commerce des grains），金銀與貢稅之性質（Dissertations sur la nature des richesses de l'argent et des tributs)，和金銀之稀少論（Essai sur la rareté de l'argent)裏，他顯然是一個很眞實而且激烈的重商學派的反對者。他再三堅論國家之富，不是金與銀，乃是實用的物品，其中最重要的，則爲農產品。他甚至於說『萬惡金銀』(argent criminal)，起初金銀是貿易的奴隸——這是金銀當然的職務——今則變爲貿易的暴君了。他推崇緒利（Sully 法之政治家，）以爲不失法人本來面目，而輕視科爾伯特，以其爲意大利化；咒咀一切影響國外或國內貿易的強制管理，特別是關於穀物貿易的。他以爲一國之富，不依靠政府；政府的干涉，其害過於其利；經濟秩序的自然法則決不可破壞或忽視的，否則必受影響；社會各階級的利益，在自由制度之下，是平等的，個人的利益，恆與國家的利益爲一致。各國間也有同樣的互助，牠們的經濟關係，國之與世界，正如市之與國；無限制的自由交際，不但可以發生富庶，幷且可以生出安寧與和諧。霸氏分人爲兩類：（一）不作一事而享受一切的，（二）日夜勤勞而衣食常苦不給的；對於後者，他特別讚許。在這個時代，我們覺有一種普遍的同情，充滿十八世紀的社會空氣中。法國的農業，已爲一般人所不注意，至霸氏則特別注重農人的權利，呼求租稅的改良，以謀農業發展。他願意以所得稅代替間接稅，反還於實物賦稅法，保持擔負的平等，減少各種強制的成分。他有趣味的普通的見解乃是他已與農租(agricultural rent)的正確觀念接近，和他指出人類各種慾望依次發生的情形——（一）必需品的慾望，（二）便利的慾望，（三）安逸的慾望，（四）贏餘的慾望，（五）誇耀的慾望，若財富增加，則順次而生；若財富減少，則逆次而滅。福爾泰對於霸基爾貝耳的輕蔑論調（見 Siècle de Louis XIV. 第三十章，）的確是不公道；霸氏頗有經濟長才，他的著述，均含有重要眞實的成分。可是他似乎在當時理論上或實行上，都沒有多大勢力。

服傍(Marshal de Vauban，一六三三——一七〇七)的經濟著述，也隨着這同一的思想線索，特別是他的名書什一國稅(Projet d'une dixme Royale，一七〇七)的。此書被當局所禁止，并使他失了國王的歡心。然而他身後的定論，反增加他的榮耀。他把法國當時勞働界的慘苦情形深印入腦海。他提倡政府的目的，應在圖謀社會一切階級的幸福，一切階級都應當受政府的同樣優待與促進；常被歧視和虐待的階級，才是社會組織的眞正基礎；勞力爲一切財富的根基，農業爲最重要的勞力；實業成功的主要條件爲自由；一切施於工商業不必需或過當的限制，應當剷去。他特別反對租稅的不平等，和較高階級所享受的免稅與特權。除了數種消費稅外，他贊成廢除現在一切租稅，而代以所得和土地的單稅，平等的加於各階級。此種稅制，他定名爲『什一稅法』(dixme royale)，就是說，於農業徵取十分之一的農產稅，於工商徵取所得十分之一的錢稅。

分隆(Fénelon) 的自由與人道的精神，使他鼓吹國外貿易自由和宣傳他的學說：一國之所以優於他國者，自然在人口的衆多，但却也在道德智識和勤勉習慣的有無。此種見解，頗精采動人的，在"Télémaque"報上發表，此報爲各階級的人們所歡迎而且愛讀的，所以是一個發表意見的有效機關。

在這些作者以後，法國的經濟思想史上便留下一大空白，一直到碩學孟德斯鳩（Montesquieu) 那時候；其間稍有點綴的，爲法律學者笛多 (Dudot) 的財政商業之回憶（Réflexions Politiques sur les Finances et le Commerce，一七三八）和麥龍 (Mélon) 半重商派的商業之政治論（Essais Politiques sur le Commerce，一七三一）。孟德斯鳩的法意(Esprit des Lois，一七四八），關於經濟方面的，牠的出發點，大概與重商派相反，特別是他討論貨幣；雖是他對於殖民地的觀察及其他地方，不免也與重商派的觀念相同。可是孟氏不朽的事業，不在於貢獻些什麼特別研究，而在於提倡自然法則之管理社會現象，不亞於管理物質現象的學說。重農學派未出世以前，法國在經濟學方面沒有重要的思想家。天治學派在經濟學史上則自成一期。

重農學派（又譯重農派 Physiocratic School）的領袖，為揆內（François Quesnay，一六九四——一七七四）和辜爾勒（Jean Claude Marie Vincent，後名 de Gournay，一七一二——一七五九）。此學派的要義，已於一七五五年由康提龍（Richard Cantillon）提出，見於一般商業之性質（Essai sur la nature du Commerce en général）。康氏是愛爾蘭種的法國商人，澤豐茲（Jevons）曾傳其身世，幷稱之為政治經濟學的眞正創建者；可是經濟學經揆內和辜爾勒之手，才有系統的形式，成為一派思想家和實行家的教義，而用於事實上。此派的學員自稱為『經濟家』（les économistes），但更適宜更明瞭的是稱他為天治或重農派，此名是此派的一個黨員都邦得勒姆（Dupont de Nemours）發明的。這個徽號，其意在於表明此學派的根本觀念，可是除了指示社會的特別經濟的現象，係服從於『共存』（co-existence）和『連續』（succession）

的固定關係外，幷包函有其他意義。『服從自然法則，』是一切眞正科學基礎上的積極主義。可是此派所謂的『自然法則』，則全異於是神道的武斷論以宇宙一切行動都受『神智』與『神惠』的指揮以生產人類最大可能的幸福，其說已由形上學者的手中一變而爲『自然法則』（Jus naturae）的概念，也就是此美好名稱的重農派思想家所建設的和諧慈惠的教義：『自然』，在人類制度成立之先，已提供人類應當遵行的準則。這種觀念巴喀爾（Buckle）公然認爲是赫起遜（Hutcheson）的創造，其淵源係發生於希臘玄想，經過羅馬的法律學說，而嬗遞於現在。及至落入近代消極學派手裏，從霍布斯到盧梭，都用爲攻擊現在社會制度的武器；這些制度，恆與『自然法則』提供的完善準則相比照，然事實與準則相去甚遠。這個學說，因思想和境地的不同，故效用亦有殊異。有些用來反對當時人爲的儀式，有些用來反對當時政治的制度，而重農學派則特別用來批評歐洲政府的經濟政策。

當時普通的政治學說，略如下述。社會由許多有同等自然權利的個人構成。即使各個的才力，不能平等，然至少各個對於己身的利益，是知之甚明，趨之甚易的，社會組合，的確是人羣間的一種契約，其目的在於限制各個的自由，恰以不與他人的權利衝突爲止。政府雖是不可少，却是一種不能少的罪惡；政府由同意而取得的上昇勢力，須當限於爲履行此種契約起見絕對不可少的干涉爲度。在經濟方面，此契約包函個人對於自己勞力的所得，有自然享受的權利。因此，此種勞力，不當受攪擾與拘束；勞力的結果應當歸於勞力的所有者；換句話說，卽是財產應當聖潔。各人須能各盡其力；因此，交易自由，應當保持；市場競爭應無限制；專賣或特許，應不存在。

重農學派於是進而講到經濟的分析，如下。凡爲眞正「生產的」勞力，必其勞力能增加可爲人用的原料的數量；社會財富每年的眞正增加，在於農產品（自然也包括礦產）的數量，超過牠的生產費。社會的福利與文化進步的可能，係依靠此種「純產」(net product) 的總額。製造家不過把從地內取出的物質，給牠變變形式，一種東西經過製造家之手，其所得的較高價值，不過代表完成這東西時所消耗的食物和其他材料的總數。商業不過轉運已成的財富，從這兒運到那兒；凡商人之所得，卽爲國家之所失，所以商人之取得，愈少愈好。工人商人的職業，與自由業務，以及各種屬人的役務，自然是「有用」，却是「不生產的」；因爲這些職業，吸取他們的收入，不是從他們自己所創造的什麼基本金，乃是從農人所得的贏餘。貿易的完全自由，我們已見出，不單是依據自然權利的理由，幷因爲貿易自由可使一切財富和一般進步所依靠的『純產』能發揮盡致。『任之聽之』(laissez faire, laissez passer)，政府當懸爲箴言。政府的收入，自然完全取給於這些『純產』，可是徵取的方法，應當最簡單，最直接——就是採用土地單稅制。

以農業爲唯一的生產事業，此種特別學說，乃淵源於『價值』(value)和『物質與能力』(material and energy) 意義的混淆。斯密及其他學者已指出以工商業的性質爲『不生產的』之謬誤。所以土地單稅制的提議，亦隨其所憑藉的主義，而一敗塗地。可是重農學派的勢力，很少依靠剛纔所說的種種特殊教義，其實這些教義，此派有些學員還不甚主張的。此學派的勢力，大概屬於破壞方面，用一更有系統的形式，繼續鼓吹英法兩國已開始的實業自由運動。重農學者在歷史上的主要任務，是根本破除歐洲政府關於實業經營所採的方法。他們這種評論，的確也有發生的理由：科爾伯特的政策，只能奏效於暫時，可是至此已過分的擴充和注重了；政府的行動，已漸侵入營業的最瑣碎地方了；製造和貿易的各種手續，頗受法律規定的牽制了。自然，富於消極哲學精神的改良家，對於舊有制度的壞處言之不免過甚，這是可想見的；他們駁斥國家的經濟行動，在原則上和事實上，都過於絕對；鼓吹『放任主義』，往往越過相當限度，這也是無疑義的。可是這種情形，是他們與革命運動相連所必有的事體，他們實在是革命運動的一隻翅膀。在那種運動的途程上，原始社會契約說，民衆主權說，和其他在現代不可維持的專斷主義，均自然而然的在政治裏面，鼓盪出來，并有暫時效用，作爲戰場上現成的有效的武器。所以在經濟裏面，買賣自然權利說；開明私心的滿足，乃互市的南針說；社會各員於自己的眞正利益，知之甚明，求之甚力說；個人利益與公共利益一致說——諸說雖是經不起公平的研究，却也是暫時有用，作爲推翻現有制度便利而可用的武器。此學派的傾向，自然是崇奉『個人主義』（individualism）的精神，和無政府的狀態。可是這個傾向，若爲現在的經濟學者所有，將不免受正當嚴厲的呵責，然而在那個時候，這種傾向是不可免的，是可以原諒的；這個傾向，在現在雖足以阻擋我們改造的工作，因爲改造是我們現代的責任，而在當時則能協助社會破壞的進行，這是新組織不可少的——雖是慘苦的——的條件。

重農學派偏於革命的傾向，我們的結論雖則如是，然而事實上，揆內和他的優秀黨徒，却贊成一種他們所謂的『合法專制』(legal despotism)政府。此種政府，包括立法和行政兩種功用。他們贊成的原因，以爲開明的中央權力對於採行他們主張的政策，或可比較代表各殊意見，動受憲法限制的議會採行起來，更爲迅速和有效。都果(Turgot)，我們知道，曾利用君王的無上權力，實施他的實業自由計畫，雖是因爲沒有得着路易十六的相當助力，終至失敗。可是重農派對於政府平常行政的方法，觀念微有不同，從揆內上皇太子的諫書，可以見出。他說太子作了國王的時候，應當『一任法治，行所無事』，所謂法自然第一，須與『自然法則』一致的。法重農學派對於農業的偏愛，與他們愛慕『天然』和太古純樸的情緒諧和；此種情緒在法國當時許多地方可以見出，幷特別與革命的精神相聯。盧梭即爲此情緒的最優秀代表。又是這些作者對於農業的偏愛與他們眼見法國鄉間勞働者的慘狀，被社會優越階級殘酷的漠視，所發生的義憤相聯——不呂野（La Bruyère）描述此種慘狀，讀之令人驚心動魄，可稱不朽的記載。重農派的學員，自然是極端主張公義的人，以誠虔的願望，鼓吹公共幸福，特別是勞働階級物質上和道德上的提高。揆內是路易十五的御醫，住在凡爾賽王宮；可是他雖在這樣腐敗的宮庭裏，却能保存他的天眞，凡他信以爲眞實的，則直言無隱沒有那一個政治家服事他的國家，比都果的志願更為專一，奮鬪更為誠懇，都氏乃重農學派的主要代表者。

揆內解釋他的制度的著作如下：在狄德羅(Diderot)和阿勒伯(D'Alembert)的辭典(Encyclopédie)裏面有他的農人（Fermiers）和穀物(Grains)兩題（一七五六—一七五七）；在都邦得勒姆的重農學(Physiocratie)裏，有他關於自然法則的論文；此外有他的農國經濟政治通則(Maximes générals de gouvernement économique d'un royaume agricole，一七五八）與同時出版的經濟制度及其說明或緒利之國家經濟論（Tableau Économique avec son explanation, ou extrait des Économies Royale de Sully)（內有兩句常被讚頌的格言：『民貧國貧國貧王貧』）商業與藝術問答 (Dialoque sur le commerce et les travaux des artisons)；和其他小品。經濟制度及其說明一書，雖是因為過於乾枯和抽象沒有博得羣衆歡迎，然可視為重農學派的重要宣言。揆氏之徒，直認此書可配列入人類智慧的最高產物中，并且老米勒波(Mirabeau)稱之為三大發明之一（見於亞當斯密所引米氏的話），其他二者，一為文字，一爲貨幣，均於政治社會的鞏固有極大貢獻的，此書的主旨，是用一種程式，表明農產——農產乃惟一的富源——在完全自由狀態之下，分配於社會各階級的方法（卽是分配於土地經營者和耕耘者之生產階級，以及工商人之非生產階級）；又用另一程式，表明農產在國家拘束和限制制度之下的分配狀態，以及違犯天然秩序程度的深淺，對於全社會所生罪惡的大小。據揆內的意思，實行經濟家和政事家應當念慮的一件事，只是在『純產』的增加；他又推論地主的利益，是與社會全體的利益，緊連而不可分的；這種見解，以後斯密也同樣主張，不過根據稍有不同。

辜爾勒，我們已見出可視爲重農學派的一創建者，幷似乎對於揆內個人思想的形成，也有多少勢力。辜氏除了以法文譯嘉爾柏蒲(Culpeper)和柴爾德(Child)的書外，沒有什麼撰著，有之，不過與公卿間往來的討論而已，且沒有出世；可是我們從他有名的朋友都果記念他所著的讚美(Éloge)裏面，可尋出他的完全意見。揆內在鄉間度過他的年少生活，所以他早已習見田間的勞苦；辜爾勒則不然，他是在商人當中長成的，他的生活，從闤闠移到商務監督。那末，他們研究政治經濟的出發點，就各自不同了；此種身世的不同，又可部分的說明他們意見的差異。辜爾勒把揆內強硬的制度改變爲柔輭，使牠更近於眞理，而去掉了斯密所謂揆氏的『大錯』——即是工商非生產說。他竭力確說幷證明實業自由的原理，從他以後，這種原理，便變爲一個口號：『任之聽之』，其意可以是善，可以是不善。重農學派最健全的黨徒和最熱心不倦的宣傳者，是維克多米勒波（Victor Mirabeau），他的誠虔的和獨立的，雖是有些乖戾的和古怪的，性質因爲喀萊爾（Carlyle）給他的哲嗣少米勒波著有一篇文章之故，英國的讀者，知之甚爲熟習。他在揆內以前便發表一些重農派的見解，然而他對於揆氏，則認爲『精神之父』，採用其說甚多。他們主要不同之點，是米氏贊成『小農制』(petite culture)，揆氏贊成『大農制』(grande culture)，揆氏之意，以『大農制』雖不能得最大的『總產』，却可得最大的『純產』。米勒波的重要著作是：人羣之友（Ami des Hommes, ou traité sur la population，一七五六一七六〇）租稅說（Théorie de l'impôt，一七六〇）經濟學（Les Économiques，一七六九）和農村哲學或普通經濟與農政（Philosophie rurale, ou Économie générale et politique de l'argriculture，一七六三）。最後一書，爲重農制度中最早完備的著述。重農制度之最誠懇而最忍耐的其他信徒，則爲都邦得勒姆（Dupont de

Nemours，（一七三九——一八一七）。他以下列諸書著名：穀物之出口與入口（De l'exportation et de l'importation des grains，一七六四），新科學進步之淵源（De l'origine et des progrès d'une science nouvelle，一七六七），印度公司之商業（Du Commerce de la Compagnie des Indes，一七六七）和他體大思精的名著重農學或自然憲法與人羣福利（Physiocratie, ou constitution naturelle du gouvernement le plus avantageux au genre humain，一七六八）。此書『重農』之名，我們已說過乃重農學派名號之所由來。其他關於重農制度正式的論著而爲斯密稱爲『最明白最連貫的記載』的，則爲麥舍拉里斐（Mercier-Larivière）所著自然法則與政治社會（L'Ordre naturel et essentiel des sociétés politiques，一七六七）此書名包含『自然法則』（jus naturae）的意思，是有趣味的。他與都邦得勒姆都自認是研究人羣社會，不單是經濟方面而是政治和一般社會方面的；可是，不管他們的自認是怎樣博大，他們的見地，却大概都不出經濟範圍，至少是限於他們的研究所偏重的物質方面，如麥舍所公然表示出來的；因他說：『財產安全與自由——三者包括全社會的秩序；財產是樹本，其他一切社會制度是樹枝。』

此學派最秀優的分子爲都果(Anne Robert Jacques Turgot 一七二七——一七八一),這是無疑義的了。他起初爲里莫日(Limoges)的監督,以後曾爲短期的財政總長此處暫不說他高尚的實際活動;也不說他怎樣離去職位,和他救國努力的失敗。他的經濟觀念可見於他的諭令,告示,書牘,和有時的報章;但特別見於他的著述富之生產與分配(Réflexions sur la formation et la distribution des richesses,一七六六),此書是重農學派的政治經濟根本原理一種結晶的和明白而活栩的著作。自然此書所包含的重農學說,瑕瑜互見;可是關於有些題目,特別如『土地經濟』的各種形式,資本的各種應用,與利息的合法諸問題,大概均以公平的態度和警策的筆墨出之。其立論的態度,和排列之淸晰,均可表明都果的個性。此書的篇幅甚長,然材料亦與之相稱,在經濟的模範論著中,常佔位置。

重農學派,就在法國也沒有多大直接普遍的勢力,雖是很有力的感動了許多有天才和眞誠的思想家。此派的學員,大都以嚴肅和沉重的筆墨,討論乾枯的題目,所以往往不能博得大衆的領受，因爲大衆對於一切事件，都喜歡說者的態度的優美的。當莫爾勒（Morellet）——重農派黨員之一——對敵加利阿泥（Galiani）的論戰擁護重農派的時候，可見精神與雄辯之戰勝科學了；科學雖是實在的，却是牠的運動很笨拙的。重農派的信條，的確有部分的繆誤，所以許多人斥爲虛妄，幷爲當時的著作所非笑；例如，福爾泰的四十文錢之人（L'homme aux quarante écus）裏面所說的『單稅制』（impôt unique），是特別著來反對麥舍拉里斐的。重農學派觀察一切事物，過於絕對；這的確是他們的正當批評。他們以爲政治團體，只在一種嚴密制度之下，才能興盛——就是須在他們所擬定的制度之下，有如斯密說揆內的；他們又以爲他們的主義，可以普遍的立刻適用。他們不像理論家，對於民族的殊異，社會進化的不同，都沒有充分考察過；他們又不像政治家，對於無知，偏見和私利衝突之足礙良好政治，也沒有相當慮及。都果或許也自認他的失敗的一部分原因，係由於他的政策過於強硬，沒有與他人調停，如格黎牧（Grimm）所說的。雖則如此，他事業的失敗，足影響他學說的信用，因爲他的學說似乎已經試驗，幷露出破綻的了。

重農制度既已引導法國『憲政會議』（Constituent Assembly）的政策，幷在他國引起少數回響以後，不久就漸失了活動；可是牠包含的好原素，却沒有失掉於人間，而滲透於斯密的較健全較完善的組織裏面。

意大利

在十八世紀前半葉，意大利也如其他歐洲諸國，於經濟方面沒有多大活動，可是眞正有名的碩學却生於是時。副主教班第泥（Salutis Antonio Bandini 一六七七——一七六〇）曾著有澤地之研究（Discorso sulla Maremma Sienese），作於一七三七年，直到一七七五年才出版。氏書的主旨，在於提高澤地的惡劣情形；因爲意大利當時的農業甚爲衰敗，澤地率荒蕪不治，這種情形，班氏以爲至少是現行財政制度不良的結果。此書出世，遂引起塔斯干里（Tuscany）重要的改良，因班氏在這個地方，是素有聲望的。不但柏西鄂（Pecchio）及其他意大利學者，幷且洛瑟（Roscher）也以爲班氏已先有重農派的主要思想；可是這個斷論，尙有爭執。至十八世紀後半葉，意大利的經濟學有一顯著的復興，其原因半由於受法國的感動，半由於北方諸邦政治的進展。

這種運動，起初在重商派的線上。如布羅基亞(Antonio Broggia)的政府貨幣及分配之討論(Tratlati dei tributi e delle monete e del governo politico della società，一七四三)和柏羅里(Girolamo Belloni)的商業之討論(Dissertazione sopra il commercio，一七五〇)——此書所得的名譽與成功，過於他的實際——重商的傾向均甚嚴重。可是意大利在十八世紀末葉最超拔的作者，可代表重商主義的，是里亞波里人哲諾未栖(Antonio Genovesi，一七一二——一七六九)。哲氏深覺國人智識和道德的墮落，故極力鼓吹哲學的復興，與教育的改進，為進步與幸福之初步，可是他陳義過高，難免不墮入神教，所以盎特利(Bartolomeo Intieri)——我們討論加利阿泥的時候再說他——於一七五五年特別為他設立一個工商學講座，但其中有一條件是此座永不許僧侶充任。這是歐洲第一次設立的經濟學講席；第二次在一七五八年設於石托喀河門(Stockholm)；第三次後十年，設於郎巴多(Lombardy)，主講者為柏卡里亞(Beccaria)。哲諾未栖主講此席的產物，是他的商業定律國內經濟關鍵(Lezioni di commercio, ossia di economia civile，一七六九)，此書是意大利第一有系統的經濟著述。他提出英國為意大利效法的模範，柏西鄂說他癖愛英國幾入狂病狀態。他沒有超出英國當時所行的錯誤經濟制度的範圍；却是他去掉他所屬的重商學派的大錯，贊成穀物貿易自由反對借貸利息的限制規定。他在時代的精神當中唾棄中世制度的餘孽，如永業的繼承與保守等法，視爲國家興盛的障礙。加利阿泥(Ferdinando Galiani)是重商學派的健將。他未滿二十一歲便出版關於貨幣的論著：貨幣之五書(Della moneta libri cinque，一七五〇)，可是此書的要義，似乎已爲當代的兩個實行大家呂魯西里侯爵(Marquis Rinuccini)和剛說的盎特利說過的。然而加氏之所以得名，則由於他在一七七〇年爲駐巴黎公使的祕書時，用法文作的，在巴黎出版的書：麥之貿易問答(Dialogues sur le commerce de blés)。此書文筆的流暢，與心思的活潑，已使福爾泰讀之心喜，稱之爲合柏拉圖和莫里野(Molière)於一鑪，方能產此妙品。柏西鄂說，加氏暢論他的乾枯題目，有如奉特勒(Fontenelle)之論笛卡兒(Descartes)的旋風(Vortices)，或阿爾嘉羅提(Algarotti)之論奈端的宇宙定律。當時的重要問題，爲穀物貿易自由，其說鼓吹甚烈，并於一七六四年特別以御令許可穀物價格未到一定高度以前，許可自由出口。加氏所主張的一般原則，以穀物貿易之最好制度即爲無制度——可是國家的情形不同，據他的意思，也須用不同的方法。從科學方面看來，此說似乎是一踐形而乏實力的結論；可是加氏所引爲論戰的重農學派，關於此點及其他地方，都預定一些過於硬性而不適於政事家採用的法規；所以加氏反對他們的實際問題的絕對解答，或許有眞正的貢獻。可是他也陷入重商派的一些重大謬誤，主張此國之所得，卽爲彼國之所失（其實福爾泰和斐爾力（Verri）也是這樣主張）；幷且在他最早的著作裏面，甚至擁護政府鼓鑄劣幣的行爲。

意大利經濟學者中，曾受近代精神的感動，而與西方諸國鼓吹新社會制度的運動一致的，以柏卡里亞（Cosare Beccaria）爲最傑出。柏氏以他常被讚美的著述：罰鍰與刑辟論（Dei delitti e delle pene）著名，福爾泰因此書之故，說柏氏是全歐的施主（benefactor），幷且我們聽說此書已譯有二十二國的文字了。嘉色林女皇（Catherine）曾請柏氏遷居於聖彼得堡，而郎巴多之奧政府則恐柏氏外出，特爲他設立一個政治經濟講席；他的教材，載入他的公共經濟原論（Elementi di economia pubblica，一七六九——一七七一，可是至一八〇四年始行出版。）此書沒有完成：他分全題爲農業，工業，商業，租稅，政府；他却只作完了前兩題目，末兩題目完全沒有起手，便被召參須國事會議去了。他有些地方受了重農學派思想的感動，也主張農業爲唯一的生產實業，製造家和藝術家乃不生產的階級。他極力反對獨占與特權，以及藝術和貿易的組合；他大概很熱心的主張國內實業自由，雖是對於國外貿易贊成保護。至對於特殊情形的穀物貿易，他不主張絕對自由，有如加利阿泥。他的經濟原論，簡潔淹通，於題中最重要的地方，持論頗爲正確，所以不必費詞推演，而讀者自可了解和承認。關於固定資本——與流動資本有別——在農業上的運用，柏氏的解釋，主要與都果同時所發表的相同，然文筆則甚凝重；關於分工以及工作不同工資隨異的原因，柏氏的見解，實質上與斯密相近，然不如原富（Wealth of Nations）的闡發盡致和文筆動人。斐爾力（Pietro Verri，一七二八——一七九七）是柏卡里亞終身的摯友，曾作郎巴多行政委員二十五年，在此任內他發起了許多經濟的和其他的改良。在他的法律之回憶、主要是穀物貿易法(Riflessioni sulle leggi vincolanti, principalmente nel commercio de grani，作於一七六九，出版於一七九六）裏面，他從歷史和學理兩方面研究穀物貿易的管理問題，所得到的結論是：『自由』爲避免饑荒和防止價格過甚變動的無上妙藥。他大概反對政府對國內貿易的干涉，以及貿易組合，價格限制，和利率規定；但他却贊成用法律式的稅則保護國民實業。這些見解，見於他的政治經濟之研究(Meditazioni sull' economia politica，一七七一)，此書是經濟學的根本論著，頗受一般歡迎，幷已譯有數國文字。他的主要原則，卽是他所謂『再生產之增多』(augmentation of reproduction)——『再生產』，用斯密的話來說，就是『一國的土地和勞力每年所有的出產』；他考驗法規知制度的優劣，以能否促進此再生產之增多爲準。他贊成小農制而反對大農制，以爲小農制可得較大的總產，此點與柏卡里亞不同。至討論租稅，他反對重農派提出的土地單稅制。卡利(Giovanni R. Carli，一七二〇——一七九五)也是奧大利郎巴多政府中提倡改良的官吏，除了關於貨幣撰有淹博健全的論著外，幷著國際經濟平衡之管理(Ragionamenti sopra i bilanci economici delle nazioni)，在此書裏面，他指出以一國國外貿易之盈虧依據『貿易差額』(balance of trade)的謬誤。據他寫給邦伯勒里(Pompeo Neri)的信(穀物貿易之自由"Sul libero commercio de grani"一七七一)他的論旨頗與加利阿泥相似，以爲穀物貿易自由問題乃行政的而非科學的，討論此問題，應當隨地域或其他情狀的不同，而有差異。他否認重農學派以農業爲唯一生產的學說；他用極有趣味的方法，說明社會中各經濟階級的必要，以及工業刺戟土地耕耘的反射作用。凡斯哥 (Giambattista Vasco 一七三三——一七九六) 關於各專門學校和國王提出的幾個問題曾作數種論文。在這些論文裏面他反對貿易組合，和政府之固定麵包的價格，與限制貸借的利息。他提倡『農民有田制度』(system of a peasant proprietary)，主張以國家的法律規定公民佔據土地的最低額與最高額，他又主張取消遺囑權，遺產須於死者諸子之間平均分配，用以預防財產過甚的積聚。飛蘭基里 (Gaetano Filangieri，一七五二——一七八八) 是前世紀名徧全歐的意大利作者之一，以他的法律學 (Scienza della legislazione，共五册，一七八〇——一七八五) 之第二册專研經濟問題。他充滿了改良的熱忱和激烈的愛國心，運用他慷慨激昂的口辯，痛斥當時一切濫汙。他顯然不知道亞當斯密，却也極力主張無限制的貿易自由，籲請廢除防害生產和國利之中世制度，痛詆當時英國、西班牙和荷蘭的殖民政策。他預言美洲將有宣布獨立之一日，有如累那爾 (Raynal)、都果和哲諾未西前曾預言的；這個先見或許使佛蘭克林 (Benjamin Franklin) 讚美他的著作與其說他是發明家，無寧說他是宣傳家；他有時不免誤用他人的謬見，例如贊成重農派的『單稅制』。然而從全部看來，他的確可代表當時最進步的政治和社會的傾向；他的性質與論調，與柏卡里亞相反，然因爲圖謀國家和世界進步的良僕。里西(Ludovico Ricci，一七四二——一七九九)曾撰一則卓有才氣的報告：莫德那市機關之改良(Sulla riforma degli istituti pii della città di Modena，一七八七)。他研究貧苦的救濟和慈善制度問題，立論甚爲普通，所以其書有普遍悠久的趣味。他以爲無分別的救濟法，只有反轉增加所欲除去的愁苦和降低民族的德性的。他特別揭露分娩院和育嬰院所有的濫汙。他有許多地方與馬爾薩斯(Malthus)的觀念接近；他以爲流離失所的人，不應受國家任何供給，只可聽他們去求私人的佈施，與馬爾薩斯主張相同。巴鄂勒提(Ferdinando Paoletti，一七一七——一八〇一)是一優秀而有公德的僧侶，對於塔斯干里地方農民知識的普及和租稅的減輕，很有勞力。他與米勒波通信『人羣之友(Friend of Men)』，似乎已承認重農學派的主義，至少是承認此派的一般實質。巴氏著有農業論(Pensieri sopra l'agricoltura，一七六九)和增進社會幸福之正路(I veri mezzi di render felici le società，一七七二）；在第二部書裏面他主張穀物貿易自由。孟哥第伯爵（Count Francesco Mongotti）的短論科爾伯特主義（Il Colbertismo，一七九一），是反對禁止和保護的極端政策之嚴重抗議，現在讀來，尚有生趣。孟氏又作有羅馬之商業（Del Commercio de' Romani，一七九一），主旨是在反對胡耶（Huet）的古代商業與航行史（Histoire du Commerce et de la Navigation des Anciens，一七一六）裏面的誇論，從此書可見出古代與近代文化的大區別。

現在末了我們再另說一個意大利思想家，他是很能創造，而且出乎尋常，我們很不容易將他列入在當時學者之中的，雖是我們十九世紀有些大陸學者也顯出與他類似的思想態度。此人即鄂特（Gianmaria Ortes，一七一三——一七九〇）是也。他反對當時自由派的傾向，但他却又不擁護重商主義，而排斥『貿易差額』說，要求商業自由。他從中世紀裏面尋得他的社會和經濟的模型。他主張保存教會產業；憎惡金錢勢力的上昇；并於貸借的利息，含有中世的嫉視。他有一種奇怪的觀念，以社會的財富，無論何時何地，都與人口有一定比例，人口的多寡，決定於財富的豐歉。因此，『貧窮』須聽命於『殷富』，富者之所以成爲富，乃取給於貧者之所失。這些熱心改良民衆生活的人們，只是徒勞，因爲他們只知努力於一國財富總數之增加，而不知從事於財富之分配；財富的增加，非人們所能爲力，財富的分配，是可由人們改變的。醫治『貧窮』的眞正良方，是在於減少富人和商賈的求利心。鄂氏有一研究人口問題的專著，以人口增加，係依幾何級數；可是他又承認，在下等動物裏面，種族互相殘殺，是他們增加的限制，而在人類裏面『理性』(reason)——即是以後馬爾薩斯主張最力的『遠慮的遏制』(prudential restraint)——則是人口增加的限制。他認爲獨身制之對於人類的需要和益處，不亞於婚姻制。他宣布現在我們所謂的『農業報酬漸減律』(law of diminishing returns to agricultural industry)。他對於他的著作的傳佈，不大注意；所以他的著述，在未被搜入加斯多底(custody)的意大利經濟學者彙錄以前，差不多沒有人知道；可是自此以後，已大爲一般所注意，其立言之機警與堅定，在在皆足以表現作者的才氣。

西班牙(Spain)

新世紀的空氣瀰漫了歐洲各地，所以此種現象也發見於西班牙。

在十八世紀初葉烏斯塔里(Geronimo Ustariz)曾著商業與航行之理論及實行(Teorica y Practica del Comercio y Marima，作於一七二四；出版於一七四〇；基巴喀(John Kippax)英譯於一七五一；傅本勒(Forbonnais)法譯於一七五三)在此書裏面他偏重重商的原則，達於極點。

十八世紀後半葉西班牙的改革精神，康波曼伯爵洛德里革斯(Pedro Rodriguez, Count of Campomanes，一七二三——一八〇二)最能代表他熱心研究的學問與政策差不多與當代著名的都果所研究的相同，不過他所得的結論，不如都氏的進步。他曾著廢除租稅與振興穀物貿易之財政報告(Respuesta fiscal sobre abolir la tasa y establecer el comercio de granos，一七六四)，普通藝業之管理論(Discurso sobre el fomento de industria popular，一七七四)和藝術教育與藝業管理論(Discurso sobre la education de los artesanos y u fomento，一七七五)。洛氏的著作，頗得羅伯特生(Robertson)正當的讚美。他利用他的著作以及宰輔的地位，努力於建設穀物貿易自由，剷鋤障礙實業的中世餘孽，促成工業的進步，免除農業難堪的擔負。他以爲查理第三(Charles III)的政治雖則修明，可是因西班牙人民迷信金鑛的惡結果，國家受損不小；所以他鼓吹的教訓是：西班牙富強之眞正泉源地，不能求之於美洲，只能求之自國實業。

意大利與西班牙的社會變遷趨勢，有如孔德見出的，主要是在經濟改良方面；因爲在此兩國，政府所施的壓力甚大，哲學上政治上的思想，不能如法國的自由。又是意大利北方名城過去光榮的實業史，自然使人趨重於經濟的政策和法律方面。

德國(Germany)

我們已見出，意大利與英國的政治經濟學，均發端於實際問題之研究，如貨幣問題，國外貿易問題。德國則不然，他的政治經濟學，如洛瑟已指出，則導源於所謂『官房學』(cameralistic science)。中世以還，德諸邦大都有一種議會名『官房』者，(Kammer 拉丁文爲 Camera)，其職務在管理公產和保護皇家權利。馬克西米蘭帝(Emperor Maximilian)於柏干德(Burgundy)

地方見此機關的設立，遂於一四九八年與一五零一年做設『內庭議會』(Aulic Councils) 於英石不拉克 (Innspruck) 和維也納 (Vienna)。『官房』的職權，不但是管理財政和租稅，并且研究經濟秩序諸問題。『官房』的職員，須有一種特別的預備，所以在各大學設立官房學講座，教授一些選定的學說。官房學的教材，一面取給於外部的自然科學，如林學、礦學、普通機械學等等；一面則研究國家之興盛，依於人羣的關係與制度；德國的政治經濟學最初卽從後者發達。

重商觀念在任何國所佔的地位，均不如在德國所佔的強固，雖是在我們所研究的時期裏面，『貿易差額』說在各國的採用，均沒有絲毫減少，德國在十七世紀所有的優秀經濟學者，如波里慈 (Bornitz)、柏索得 (Besold)、克洛克 (Klock)、柏赫 (Becher)、杭勒克 (Horneck)、則墾多夫 (Seckendorff) 和士勒得 (Schröder)，都站在一般重商主義基礎上。卽如十八世紀初葉的作者，也大概可說是重商派，其中最著名的是舉斯特 (Justi 卒於一七七一)。舉氏是德國政治經濟論著中第一個發表系統著述的學者，其書流行甚廣，有如學校教本，因此對於思想的形成，很有影響。及至新喀 (Zincke，一六九二——一七六九)，我們才見出他的思想有時或與盛行的重商制度相反，而漸趨於實業自由方面。可是這些作者，除了從一國的觀點看外，都是不重要的，對於歐洲思想的一般運動沒有多大勢力。

重農派的學理在德國也受相當歡迎。巴丁(Badon)邊務大臣腓特烈(Karl Friedrich)曾爲其子作有政治經濟原理概論(Abrégé des principes d'Économie Politique，一七七二)，其說與重農派的主義相合。可是此書絕少科學價值。徐勒提文(Schlettwein，一七三一——一八〇二)和莫斐龍(Mauvillon，一七四三——一七九四)是天治派黨徒。徐馬爾(Theodor Schmalz，一七六四——一八三一)，一般都稱他爲『重農學派之後殿』，我們此處可申說一下，雖是有些越出歷史的次序。徐氏以科爾伯特主義比托來米派(Ptolemaic system)，以重農主義比哥伯尼派(Copernican system)。他以爲亞當斯密是政治經濟學的"Tycho Brahe"——一個有大才的人，而不能反對重農學派的眞實，是半由於自身不能去掉根深蒂固的偏見，半由於妄想博取發明家和各派折衷家的美名。雖是斯密在那時頗稱『時髦』，徐馬爾却深信撲內主義是唯一的眞理，不久將在各處戰勝。

適在斯密出世之前，英國有司徒亞爾（Stewart），意大利有哲諾未栖（Genovesi），而奧大利則有商朗飛爾斯（Sonnenfels 一七三三——一八一七）。商氏是奧大利第一傑出的經濟學者，他的努力在於以修政的和更開明的形式說明重商制度；他的著作：警務、商業及財政之原理（Grundsätze der Polizei, Handlung, und Finanz，一七六五；八版於一八二二）即在十九世紀，於奧大利的思想上和政策上，尚有極大勢力。

可是十八世紀最偉大的德國經濟學者，據洛瑟的意見，則為墨塞耳（Justus Möcer，一七二〇——一七九四）。墨氏撰有愛國狂（Patriotische Phantasieen，一七七四），是一帙零碎的文章，然哥德（Goethe）稱之為『卓有眞理』。這詩人少時很受墨氏的感動，在他的幻想和眞理（Dichtung und Wahrheit，第十三集）裏很讚頌墨氏的精神、智慧和性質，以及他對於社會一切事務澈底的觀察。其他學者的研究，大概屬於較大較著的公務，而墨氏則只觀察和描述本國普通日常的生活，以及關於構成公共組織的無數瑣碎事件。他文體的通俗，生動和新鮮，可媲美於佛蘭克林。他的主張與意大利鄂特相近。他反張一切『開明』（englitenment）精神，也反對如以後斯密所主張的自由和理性。他不但是保守的，而且是反動的；他贊成中世紀的制度，如『行會』(trade guilds)；他以為現在苦力所享的自由，比較起來還不如中世『田奴』(serfdom) 的強，有如現代喀萊爾 (Carlyle) 的意見。他對於金錢勢力的增長，大宗製造的進步，與分工猛烈的發展，表示一種顯然的憎惡。他反對土地絕對私有權，而以謀圖國家社會和家庭的利益起見，盼望中世施於所有權的限制法，能復興於今世。他常以激烈和譏刺的文筆，對於當時主義的狹隘，作有效的批評；發表許多警策的思想；幷特別表顯中世經濟與一般社會情狀的眞態。

荷蘭 (The Netherlands)

荷蘭新經濟思想的傾向，大約發端於十七世紀之中葉。格拉斯溫克 (Dirck Graswinckel，一六〇〇——一六六八）主張穀物貿易自由，反對實業的限制。皮也特 (Pieter de la Court，一六一八——一六八五）對於本國當時的實際問題，也有同樣的精神。他贊成公民的買賣生產消費，以及學與教的完全自由；幷很鋒利的批評當時貿易組合制度。他與大鎮知事約翰維提 (Grand

Pensionary, John de Witt）有文學上的關連，其主要著述荷蘭共和國及西弗里斯蘭之健全政治原則和格言（Aanwaysing der heilsame politike gronden en Maximan van de Republike van Holland en Westfriesland，一六六九），大半是貢獻於這位政治家的。此書的法文譯本名約翰維提紀念集（Memoires de Jean de Witt，一七〇九）其名更著。哲（Jan de la court 一六二二——一六六〇），皮也特之弟，也跟隨這同一方向。薩爾美秀阿（Salmasius，一五八八——一六五三）的著述（一六三九，一六四〇）是擁護貸借取息的必要與合法的重要論辯。

經濟學史

亞當斯密，其最近前人與其從者

英國

在十八世紀初葉，經濟的研究在英國甚形停頓，及至一七三五年，稍見活動，是年主教柏克立（Bishop Berkeley）的質疑（Querist）出世，在此書裏面柏氏發表他關於財富（wealth）的性質和貨幣的作用與重農派相反的意見，其說很中肯有力，雖不免有錯誤的滲雜，可是自是以後，不久經濟學就大進展了。一面法國重農學者依着本派的法式，正努力建設一種有定式的政治經濟學；而他面同時蘇格蘭思想大家斯密則正以簡勁宏博的論文，發表一些經濟根本概念。在斯密以前，英國所有關於此等經濟問題的著述，差不多完全限於直接的實行方面。自然自洛克（Locke）

以還，近代批評哲學的一般系統，已與經濟研究發生關係，可是這種關係，是部分的和不確定的。及至休門(Hume)，此派哲學最進步的形式便表現了；休氏之出現於經濟學，可決然表示經濟研究，已有與一般人性和人類史上最大最深的思想發生關係的趨勢。此處所參引他的文章，大多數見於一七五二年他出版的政治討論 (Political Discourses)，其全集則於次年出版，名經濟集著 (Essays and Treatises on Several Subjects)，其中最重要的論文，是關於商業的、貨幣的、利息的，和『貿易差額』的。可是上列諸篇，不能與其餘的分離，因爲牠們雖是些各不相連的短論，然其中的思想確乎有深密的一貫，所以可說牠們是自成一種經濟系統的。這些論著，可充分表明休氏奇特的銳敏和精細——可是其精細與銳敏，有時確乎使他陷入一些奇怪的論調——與他心思的廣大，成見的消除，以及最豐富的社會同情相混合；此外又可顯出他文體的優美與自然，和他立論暢達的天才。

在貨幣論裏面，休氏去掉重商派以貨幣與財富相混的謬誤。他說：『人口與貨物，是一切社會的實力。』『一國的勢力人數，構成一切眞正勢力與財富。』貨幣不過是使商業的機器運動更爲平滑和更爲容易的油。他以爲貨幣的絕對量，假定是一固定數，若從本國的觀點看，不從國際的觀點看，是無足輕重的；可是若幣量過多，卽是超過交換貨物所應需的總額，從國際方面觀察，可算危險，因爲提高了內國物價，以致商行不在本國市場購買。他在有一兩處甚至斷言貨幣的價值，大半是虛僞的或約定的，其說不能自立；可是不能因此便責備他，因爲他沒有據此以立論。他以爲當增加的貨幣，尙未完全散佈和改變全體價格的時候，則在此期間內，此貨幣的增加，有鼓勵一國實業的效力，此種觀察，頗爲精透。（可是自約翰穆勒 (J. S. Mill) 卽已發生疑問了）他表明以貨幣流入外國，便認爲實業社會的損失，此種驚恐是無根據的，他以爲在自由制度之下，貴金屬之分配之適合於貿易需要，將是自然而然的。『簡單說，政府對於牠的人民和製造施以注意的保護，有絕大理由存在；至於一國的貨幣，則很可平安的委之於人事的軌道，無須驚恐或妒嫉的。』

有最重要貢獻的，是休氏的利率 (rate of interest) 論。他指出利率依靠一國幣量的見解之謬誤，表明利率之低減，通常是『勤勉和節省，藝術和商務之增加』的結果，所以利率可當作晴雨表 (barometer)，牠的降低，差不多是民衆興盛的準確表示。這是可一望而知的，在他專論利率的文章裏面他揭出人性的原則 (a principle of human nature) 卽『人的心思要求活動和使用的永久而無饜的慾望』與推動這種努力而有的相伴行爲——此原則常爲一般經濟學者所未見到。

關於商業，休氏揭出自是以後所謂的『地域分工』(the territorial division of labour) 爲商業的天然基礎說，并證明一國之盛興，非但不爲他國之障礙，抑且爲他國之輔助。他說：『我不單以人的資格，且以英民的資格，祈禱德國、西班牙、意大利，甚至於法蘭西的商業的興盛。』他咒咀歐洲諸國——最甚者如英國——所加於商業上的無數障礙，防害，和關稅。然而對於國家實業的保護問題，他卻不十分是自由貿易派，因爲他贊成徵收德國麻布稅，用以鼓勵國內製造，課取不蘭地酒稅，用以增加蜜酒銷路，保護我們南方殖民地。這的確是不錯的觀察，休氏有許多精鍊的重商主義的遺痕，他代表舊思想到新思想過渡未完成時候的思想狀態。

我們現在只能提及休氏的租稅論，在此論裏面，他反對重農派的單稅制；只能提及他的公共信用論，在此論裏面，他批評『公共擔負乃本身有益，無縮減之必要的新的怪論調，』反對——或許太絕對——近代借款舉辦實業的方法，以爲是轉嫁吾人現在的擔負於後人肩上。

休門的特點，在經濟研究史上最重要的是：（1）他把經濟事實與社會和政治生活上的一切重大關係連接起來；（2）他以歷史的精神研究經濟事實。他解明各部實業交互的感動，和生產藝術及商業中的進步對於一般文化的影響；表示古代和近世生活制度的大差別（特別參看他的論文 On the Populousness of Ancient Nations）幷討論各種現象差不多均顧及當時社會進化的情狀。休氏於斯密有莫大的勢力，這是無疑的，斯密在他的原富裏，稱休門爲『當代最著名的哲學家和歷史家，』幷這樣尊視休門的德行，以致他們多年的友誼，因休氏之死而終止以後，斯密聲言休氏『爲已經達到聰明而道德的完人標準，這或許是缺陷人類的生性所僅許達到的標準。』

塔刻 (Josiah Tucker) 是格魯色斯德大學學長 (Dean of Gloucestor)，卒於一七九九年，在斯密最近的前人中，佔一特出地位。塔氏有無數作品，大多數是直接關於當代的問題的，雖是也有許多智慧和見解，但終乏永久趣味。在有些論文裏，他極言對於愛爾蘭商業所施限制法的失策，主張英愛聯合，幷提議承認美洲合衆國的獨立。他最重要的一般經濟見解，是關於國際商業的。他是自由貿易主義熱烈的擁護者，他以爲自由貿易根據的原則是：各國間不必有利益的衝突，抑且有利益的和諧；各國地勢優劣的不同，嗜好的互異，此交易之所以促成。然而他沒有十分去掉重商主義，而贊成以津貼提倡出口製造品，課獨身稅以鼓勵人口。都邦 (Dupont)，和都邦以後的布浪葵 (Blanqui)，均以塔刻爲重農派黨徒，可是此種論調，似乎沒有根據，除了塔氏的自由貿易論與重農派相合外。都果將塔氏的論文：新教徒入籍法之便利 (The Expediency of a Law for the Naturalization of Foreign Protestants) 譯爲法文名商業之重要問題 (Questions Importantes sur le Commerce 一七五五)。

一七六七年雅各司徒亞爾爵士 (Sir James Stuart) 的政治經濟原理之研究 (Inquiry into the Principles of Political Economy) 出版。此書是最不幸的書中之一。此書是英國近代重商主義方面所有最完備和最有系統的著述。司徒亞爾不是一個中材的人，他預備他的工作，經過長久和劇烈的研攻。可是重商主義的時期已過了，天然自由制度在思想上已佔優勢，預兆牠政治上的成功。九年以後，原富（Wealth of Nations）便出世了，此書文體的優美，以及科學的健全，均非司氏所能及。因此司氏之書就預先失敗了，并且實在於學理上或實行上均沒有多大勢力。斯密從未援引或提說此書，斯密與司氏本相識，斯氏說司氏的談論優於他的著述，其不提說氏書的原因，或許是斯密不欲與他論辯。可是德國的經濟學者研究司氏的著述，比一般英國學者更爲注意，并承認他的偉績，特別是關於他的價値說和人口論。他們又以爲司氏有近代治學的精神，舉凡民族之不同，和社會進步之殊異，足以影響經濟適宜與否之種種特殊性質，莫不深考而詳說之。

現在論到鼎鼎大名的亞當斯密（Adam Smith，一七二三——一七九〇），最要緊的我們應當正確的曉得他的地位，公平的評量他的成績。把他當作政治經濟學的創建者，如有些主張的，這顯然是與事實相反。「社會之富」這個題目，常足以引起哲學家的注意，惟近代爲尤甚。此種研究已形成一種無可爭辯的系統的性質，并且不是一些關於國家利害各別問題之零碎研究而已成爲一種有組織的學說了。在都果的富之生產與分配裏，此種形式，甚爲顯著。這事實是：斯密所研究的科學，是已大進步的科學了；并職此之故，所以他的模範論著一出，足以使他大多數的前人，歸於無用。然而雖是前數世紀在經濟上的一切工程，只是給他預備道路，卻他們幷不逆料斯密的著作。若果斯密的出世較早一點，或沒有這些預備的工程，他將不能如此的顯著；可是他在人家舖設的基址上，建設了他自己的許多珍貴不朽的成績。

有些人雖不以斯密為經濟學的創建者，然常常把他從揆內和揆氏的從者分開太遠，而以近代經濟學史為依次興起的三大主義構成——重商主義，重農主義，和斯密主義。末兩主義在有些重要地方是很衝突，這是實在的。可是這是顯然，幷且斯密本人也感覺的，他們的同點，過於牠們的異點；若果我們看牠們為歷史上的勢力，牠們兩者都可說是趨於同一目標的。牠們兩者都鼓吹社會廢除歐洲政府以前盛行的實業政策；而且牠們反對那種政策的論據，主要之點是一樣的。斯密的批評既較為深切和健全，而分析各種經濟現象又較重農學者更為正確——斯氏特別沒有重農派以工商業為非生產的那種幻想。重農學派不能立足於科學的領域，不單是因為郗果本身所遭遇政治上的阻礙，且因為——如我們已說過——原富已吸取了他們一切有價值的教訓，而更有效的繼續他們對於破壞的必要工作所給的衝動。

近代的經濟思想史，直至十九世紀的前三十年，事實上可嚴格分爲二期。第一期是重商制度，我們已說過，是一種實行的政策，而非一種思想的主義，其所以發生，是社會的情狀對於一般沒有科學習慣的思想所生的自然結果。第二期是他種制度漸次的興起和最終的優勝。此制度係根據個人對於他的經濟活動應有自由權利的觀念。第二期最好稱之爲『天然自由制度』(system of natural liberty)，我們應當把重農學者和斯密一同記念，雖是不主張重農派的貢獻可等於斯密的。

在蘇格蘭的大學裏，政治經濟的講授與道德哲學的講授是相聯的。我們聽說斯密對於他公衆講演的全題認爲可分爲四項：第一是自然神學，第二是倫理學，第三是法律學，而第四則爲他所研究的政治法規，這些法規根據於事實上的便利，其目的在於增加一國的財富勢力和昌盛。末兩項研究，在斯密的道德情緒學說(Theory of Moral Sentiments，一七五九)的著名幾句話裏，認爲只是一種主義，而在此書裏面作者并承認將在另一論文『討論法律和政府的一般原則，以及牠們在社會各代各期所經過的改革，不單是關於司法方面的，而且是關於警察，度支，軍隊，以及他種種法律上的之題目。』這個可表明在斯密的概念或研究裏，他很少把（除了暫時的）社會的經濟現象從其他一切現象分開。上面所引的話，的確可公道的說牠們已含有普通社會學，靜態的和動態的的先見，這種先見在當時很爲奇特；而我們從繼承斯氏的人們知道斯氏已計畫一種『自由科學』(liberal sciences) 和唯美藝學的聯絡史，於上述各種社會科學之上加以社會知識進步的觀察；則是斯氏有普通社會學的先見更加顯著了。雖是此種大計畫沒有完全成就，因爲的確在那時候不能有適當的實現，然而牠的結果則是：經濟現象雖是原富的主要題旨，然斯氏仍然在此書中摻入其他社會觀察，以致他的有些從者以拘墟之見責備斯氏，而堅持經濟領域嚴格的分離。

一般人常常討論的問題是：斯密的原富究竟用的什麼科學方法？有些認爲是純粹演繹法，巴克爾 (Buckle) 主張此說最力。巴氏說：在蘇格蘭沒有歸納法，歸納法的哲學於蘇格蘭的思想家完全沒有影響的。雖是斯密消磨他的有些最重要的青年時期在英格蘭，此地是歸納法盛行的場合，又雖是他會廣讀普通哲學的著作，然而巴氏總認爲斯密採取的是演繹法，因爲此法是蘇格蘭地方所習用的，——雖是巴氏這樣主張，但他卻也承認演繹法是政治經濟學唯一適當的和可能的方法，這的確是採用此法的充足理由。歸納法沒有影響蘇格蘭哲學家之說，確非事實；我們可以見出孟德斯鳩的方法主要是歸納法，在斯密之時，孟氏的學說已爲蘇格蘭人特別注意的研究和尊視。至於斯密本人，我們可公道的說，演繹的傾向的確不是他的腦筋中主要的性質，而他的特長也不在巴克爾說他的「辯論之精巧。」他的書裏面最足以驚動我們的，是他對於社會事實廣大而精確的觀察，以及根據這些事實以發揮眞義，而不從抽象原則用輾轉的推理以求結論之一定傾向。我們讀他的書，就是他這種思想的習慣使我們覺得有一種與實際生活接觸的強固自覺。

斯密大部分是採用演繹法，這是一定的；要是演繹所根據的前提都是人性和物理的已知普遍事實，這方法也是十分合理的。雖是演繹的運用究竟能及多遠，倘屬疑問；然而牠的健全是不可非難的。可是斯密的哲學頗受另一種壞的演繹法的汚染，如勒斯力（Cliffe Leslie）所說的——在演繹裏面他所假定的前提，不是由觀察決定的事實，而是以同樣演繹所得半神學半哲學的假定，以爲宇宙萬物有一種和諧而樂利的自然秩序，如重農派所假定的，幷且我們見出這種要義已包含在重農派的名稱裏面。斯密之意『自然』造人的原則使各人改善自身的狀況便已預備了社會的幸福：各人的目的不過在於自己私利的取得，可是因取得私利，而『無形的妙手』使他也促進了公益，公益不是他的志願；人類各種制度以公益之名而干涉此原則之活動，結果敗壞了牠們自己的目的；要是一切提倡或限制的制度通去掉了，『則明白簡單的天然自由制度便自己很和諧的成立起來。』這種學說，自然斯密沒有明白的認爲是他的經濟主義之基礎，可是實在的是他的主義的祕密下層。雖然這種隱伏的假定攪亂他的視線，却不能完全決定他的研究方法。他的實事求是的天性使他不致落於極端，如他的許多黨徒所失敗的。除此以外，如勒斯力所指出的，孟德斯鳩的勢力也可使天治主義所生的偏見抵消。這位大思想家在他那時代，自然不能知道最適於社會研究的歷史方法，却也建立他的結論在歸納上面。這是實在的，他搜集的事實，如孔德(Comte)所說的，係取材於文明最不同的各地方而沒有受哲理批評的，從全體看來，牠們沒有發生結果，或至少不能使社會的研究超過當時實在已達的限度。孟氏的功勞，如我們以前說過的，在於認識一切社會現象之屈服於自然定律，而不在於發見這些定律。可是這種限度斯密同時的哲學家都沒有見到他們被孟氏所用的追求社會事實於自然的或道德的特殊狀況之法則所眩惑，勒斯力指爲略門斯(Lord Kaimes)杜林勃(Dalrymple)和米拉(Millar)——斯密同時的人，最後一位是斯密的門徒——均受孟德斯鳩的影響；勒氏或許須要加上更著名的弗格森(Ferguson)，弗氏對於這位法國大哲的敬仰和讚美可見於他的文明社會史(History of Civil Society)。我們又知道斯密在他的晚年甚至要撰著一種法意的註解。所以他受兩種不同的和矛盾的思想方法的影響——一種出發點是理想的爲人羣幸福的自然法則，對於根據開明自利心的經濟組織是很樂觀的；一種是依據歸納方法去解釋人類社會現有各種情形，認爲是實際環境或制度所生的結果。因此我們在斯密的大作裏面得見出這兩種方法的合併——一面是歸納的研究，他面是假定『自然』的演繹方法。演繹法的壞處被斯密的有些黨徒變本加厲，而於對稱方面的歸納研究精神早已置諸腦後，并且有時他們在經濟裏面完全不承認歸納法之必要或效用。

有些人以爲斯密之書，組織很渙散，排列很欠缺，頗可謂之爲專篇的彙集。可是這種說法確太過度。此書的構成沒有依照一種嚴格的模型，也沒有表顯什麼有系統的大綱和細目，這是實在的；

然而此書之作，是在貢獻全世界以及營業的人們，至少可說牠的主要目的是在教訓這些人們。但是牠也有眞正澈底的一貫，全書澈頭澈尾有一致的原則和同樣的一種思想方式，完全沒有題旨不消化所生的矛盾。

斯密開端的思想，以爲一國每年的勞力，是一國取得生活必需品和便利品的淵源。他自然不以爲勞力是生產的唯一要素；可是他開頭就置重勞力，便立刻可以把他和重商派與重農派的區別表示出來，這是可想到的。勞力的生產效率之進步，大半依靠分工；斯密於是進而發表他的卓絕的議論，闡明分工的原則，分工根據的理由，以及分工在工業上比在農業上較大的運用，幷因此之故，農業在經濟進化的途程中遂比較的落後。他認爲分工起源於人的生性有『以此物掉換或交易彼物』之傾向。他說明在這種分工之先，一定須有些資本的聚積。分工進行的程度，則依靠市場範圍的大小。當分工已經成立，社會各員對於他的大部分的需要，不能不乞助於他人之供給；因此交易媒介便覺必要，而貨幣於是發生。物與物交換或與貨幣交換，遂生出價值觀念『價值』(value)這名詞有二種含義——一是指效用的(utility)，一是指購買力的(purchasing power)；前者可叫做『使用價值』(value in use)，後者可叫做『交換價值』(value in exchange)。斯密對於使用價值只略爲提說，他所研究的確是交換價值。他問：什麼東西是價值的度量？什麼東西管理一物交換他物的數量？斯密回答說：『勞力是一切貨物交換價值的眞正度量。』『同量的勞力無論在何時何地對於勞動者有等量價值。』『所以只有勞力不改變牠的本身價值，因此也只有勞力是度量和比較一切貨物無論在何時何地的價值的最後眞正標準。勞力是貨物的眞正價格，貨幣不過是牠們的表面價格。』可是貨幣是人們實際交易中價值的度量，以及交易的媒介；貴金屬最適合於這種功用，因爲在一相當長久的時期裏面牠的本身價值變動甚少；若是在一更久遠的時期，穀物是更好的比較標準。在最古的社會裏面，我們不須考察別的，只考察一件東西的生產所花費勞力的總數便可決定牠的交換價值；可是在較進步的時代，價格就變複雜了，在最普通的情形價格構成的要素有三——工資，贏利和地租。工資是勞力的報酬。贏利之發生，是因資本聚積在一人手裏，運用資本以驅使他人工作，供給他們的材料和衣食，而從他們所生產的東西以取得餘利。地租之發生，是因全國的土地變爲私有財產；『地主，也如其他一切的人，喜歡在他們未播種的地方去收穫，而於天然的出產也要求地租。』在每個進步的社會，這三種原素都或多或少加入貨物的價格裏面。在每個社會或鄰境裏面，各種職業的勞力和資本所有的工資和贏利都有一個通常或平均率，地租也有這通常或平均率，至管理此率之原則以後再講明。這種平均率在牠們流行的地方和時候可叫做『自然率；』貨物的『自然價格』卽是足够補償把這貨物送到市場上所需土地的地租，勞力的工資，和資本的贏利，之價格。市場價格可以在自然價格之上，或在自然價格之下，是由市場所有貨物的數量與願意支付自然價格者的要求之比例而決定。市場價格受競爭的管理，却常常趨於自然價格如一中心。可是有些貨物，或由於地位的特殊，或由法律的特許，是屬於生產的壟斷的；牠們的價格常是可得的最高價格；而其他貨物的自然價格常是一時期中可得的最低價格。價格的三種構成部分或要素隨社會的情形而改變。工資率由雇主和工人間相反利益的『爭持』或爭鬬而決定。牠的最低率就是工人所得的工資至少須足够維持他和他的妻子的生活，并且大概要能養活一家人。若要超過這種限度，須依靠國家的情形和勞力的需要——國家財富增加則工資提高；國家財富低落則工資下降。此同一情形可決定贏利的變化，不過方向相反；資木增加遂提高了工資因資本家彼此的競爭硬使贏利降低。『各種事業資本和勞力之利益與不利益的全體在同一境地內必完全相等或常趨於相等；』要是一種事業比他種事業更有利益，人人將羣趨於此，水平線就馬上恢復了。然而金錢的工資和贏利在各種事業是極不同的——或因某種情形影響於事業，使該事業爲一般人心所歡迎或排斥，或因國家的政策『使諸事不能自由。』下面接述的是斯密精美的議論，說明工資和贏利不平等的原因，這一段文章可表明他觀察人性中不甚顯著的特質以及此特質和社會制度在經濟事實上的作用之精細習慣。其次再研究地租，牠是價格三種原素中的末一個。地租是壟斷價格，不等於地主所能取得之數，乃等於農夫所能支付之數。『僅僅土地出產的東西牠的通常價格足夠償還運牠到市場所花的資本以及通常贏利的那部分才可運到市場上來。要是通常價格超過此限度，則剩餘部分自然歸於地租。要是通常價格沒有多的，雖是貨物可以運到市上，則地主就沒有地租。』『因此地租構成貨物之價格與工資和贏利的方式不同。工資和贏利之高低是價格高低之原因；地租之高低是價格高低之結果。』

地租，工資和贏利是價格的要素，也是收入 (income) 構成的分子；每個文明社會的三大階級卽是地主，工人和資本家，社會其他階級的收入最終乃取給於這三大階級。此三階級的利害與社會全體的利害之關係各自不同。地主的利害恆與社會全體的利害一致：凡足以促進或障礙地主的也足以對社會生同樣影響。工人的利害也是如此：一國的財富進步，則工資增高；一國的財富停頓或退步，則工資降低。『第三階級資本家的利害與其他兩階級不同，不與社會一般的利害一致，……他的利害在有些地方與公衆的利害不同幷且相反。』

斯密書第二集的題目是『資產之性質，聚積和進步。』一個人全部的資產可分兩部分——一部分是爲他急切消費的，一部分是用來生產收入的。後者是此人的資本(capital)，又可分爲兩類，『固定的』或『流動的。』固定資本是不須經過他人之手而卽生產贏利的。流動資本包含所生產，製造或購買的貨物賣出以獲贏利而再買入他物以代替之資本；因此這類資本永遠在資本家之手流進流出。社會所有的資本都可歸入這兩類。固定資本主要是(1)機器，(2)營謀收入的建築，(3)農事的設備，(4)社會全體分子所有學成的和有用的材能『因此有時稱爲「人身資本」(personal capital)。』社會的流動資本也包含四種——(1)貨幣，(2)商人手中的糧食，

（3）原料，（4）製造家或商人手中的製成品。其次是一國總收入與純收入的區別——前者是一國土地和勞力的全部出產，後者是除去一國固定資本的花費和流動資本中的貨幣以後所有的餘數。貨幣是『流動的大車輪，』完全與憑藉貨幣而流動的貨物有別；貨幣是分配各人所得之一種很糜費的工具，牠最初的預備費和以後的維持費，都應當從社會的純收入中減去。斯密發揮此義，進而解明社會用紙幣代替貴金屬貨幣所生的利益；并且發表他警闢的譬喻，以金銀幣好比陸地上的大路，紙幣好比空中的馬路。他研究資本之積聚又分勞力爲生產的和非生產的——前者是固定或實現於一特定東西或可賣物品之勞力，後者則與此相反的勞力。前者的實例是製造工人的勞力，後者的實例是僕役的勞力。這樣在勞力中間畫出一條大概的分野線，一種是生產貨物或增加貨物之價值，他種不過是供給勞役：前者是生產的，後者是非生產的。『生產的』并不即等於『有用的』；在斯密之意，官吏、軍人、牧師、律師和醫生的勞力是非生產的。祗有由資本雇用的工人始爲生產的工人，非生產的工人以及完全未作工的人均由收入供給。在實業進步的社會，每年出產中畫爲資本之部分與立刻構成地租或贏利的收入部分比較恆有一進步的比例。『吝嗇』

是資本增加的淵源；增加維持生產勞働者的基金，卽是增加一部分實業，亦卽增加每年生產的價値。每年所儲蓄的也是有規則的用掉了，正如消耗了一樣，不過所用掉的人不同，是生產的勞働者而不是閒耍者或非生產的勞働者；生產勞働者能再生產他所消耗的價値而附以贏利。浪費者除了侵犯了他自己的資本，幷在他所及的範圍內減少生產勞力的總數，所以也減少了一國的財富外；他浪費之結果不但影響於國內產品幷影響於外國貨物。因此一個浪費者是社會公敵；一個節儉者是公衆的施主。增加每年土地和勞力的出產之唯一方式，是或增加生產勞働者的人數，或增加這些勞働者的生產力。任一方式大概都須資本的增加，前一方式須有資本以維持新的工人，後一方式須有資本以預備改良機器，或採用更進步的分工方法。我們通常所稱的貨幣借貸，借者所需要的不眞正是貨幣，而是貨幣之値；貸者給借者有取用一國每年土地和勞力出產之某部分的權利。一國全部的資本增加，則爲貸放目的之特別部分亦必增加；增加貸放的資產增加，則利息亦減少。『不單是因爲貨物數量增則貨物市價減少的普通原因，』幷且因爲資本增加，『則國內漸漸難得找出運用新資本的有利方法』——因此各資本之間便生出競爭，則贏利低落，而使用資本的代價，換言之，即利率也必減少。這種道理以前的人均錯認了，甚至於洛克和孟德斯鳩也不免有此錯誤，以爲美洲礦產發現所生貴金屬價値之低落是歐洲利率永久降低的眞原因。可是這種見解，已被休門（Hume）否認，牠的錯誤是不難見出的。『有些國家用法律禁止利息。可是各處有貨幣的用途，卽各處應有支付使用貨幣的代價，』幷且事實上也支付了這代價；而法律之禁止因增加貸者的危險之故，反增高大利盤剝的毛病。法定利率應當比最低的市場利率略高一點；在這時候腦筋淸醒的人們將比浪費者和市儈更容易借款，因爲若是法定利率過高則浪費者和市儈才願意出這樣重利，而他們反占優勝了。

至於資本運用的不同，則同量資本所得的勞働生產力也極端不同——（1）在土地，礦業或漁業上的改良，（2）在製造業，（3）在批發業，（4）在零售業——因投資的種類而異的。在農業『自然與人通力合作，』不單是農人的資本和贏利可以再產出，就是地主的地租也產出了。所以農業是一國最有利益的投資事業。其次則爲製造業；又其次則爲批發業——第一是國內貿易，第二是國外消費貿易，最後是運輸業。上述的投資事業，不單是至有利益的，幷且是必需要的，要是完全讓諸個人企業的自然活動牠們也會在相當的程度中自己發生的。

此書的前二集包含斯密的大體經濟計畫；我們敍述得完全而且簡略，因爲上述的程式是英國正統學派(Classical School)之所從出，也是近代各國討論的中心。以後學者所有的批評以及對斯密學說的修正我們在敍述當中也要提出的。

十八世紀的批評哲學家都常缺乏歷史的精神，歷史精神不是他們的主要社會工作所需的天才之一部。可是他們當中最傑出的一些人，特別在蘇格蘭，已表示一種顯著的歷史天才和癖好。斯密就是這一類；克尼斯(Knies)及其他學者已正確的指出原富(Wealth of Nations)中所有這類的偉大計畫。歷史研究最長遠而最精透的可見于原富第三集；這是歐洲各國各種實業連續發展的途程的實錄。這也是表明主義成見可影響歷史研究的一個很好例子。斯密一面很正確的描述歐洲的實業運動而認爲發生於相當的社會原因，可是他又受他哲學絕對原則的影響，而反對這種運動，以爲完全與『萬物之自然秩序』相反。他的意思以爲發展的程序，第一是農業，其次是工業，最後是國外貿易；若不緣着這種程序他認爲是『不自然的』和『退步的。』休門是一個更純粹實證的思想家，只是觀察事實承認牠們，并且把牠們歸納到一般定律之下。他說，『勉強勞働者盡力於土地而生產除了供給他和他家庭較多的農產品，這是鹵莽的方法，并且在許多地方是不能實行的。「供給了他的製造品和貨物，他自己就會努力多生產的。」設若我們考察歷史，我們就見出大多數國家的國外貿易都比國內任何工業進步要早而且發生了本國的奢侈。』

第四集主要的是對重商主義的精妙盡致的抗辯，最終把這主義驅逐於科學領域之外，并且對於經濟立法發生有力的影響，那時候所提倡的保護政策理由大概與斯密以前流行的理由不同。他相信要在英國恢復國外貿易的自由，『好像要在英國建設海洋國或烏託邦一樣的荒謬；』可是這種目的大半因他勞力之結果已經完全達到了；并且近來有人說要是斯密的理論不為專斷主義所代替，自由貿易學說或許在其他各國更能容易的實行，這話是公道的。可是他對於這問題的教訓不是完全不合式的；從全體看來，對於各種完全經濟動機的交易，他也主張自由的。然而他觀察政治的和經濟的利害的理由是『保衛比殷富更為重要，』并宣言航海條例『或許是英國一切商業法規中之最完善的。』他反對禁止羊毛出口，主張征收一種出口稅，以為比禁止出口較少損害畜羊者之利益，而且使國內製造家比外國製造家更得充分的好處。此點或許是與他的嚴格主義最支離的地方；這自然是因欲達到實際改良所以容納一般俗見。他說，因欲抵銷外國政府所加的重稅或禁令而施以報復政策，這種辦法之良否完全以能否達到目的爲斷，可是他不隱諱他對於這種方法的鄙視。無論那一種工業，只要是已經發展到很大的範圍，他的意思以爲都應當從人道起見漸次的而且審慎的恢復牠的自由——在他的意思，一般人對於立刻廢止關稅所生的弊病過於看重了。穆勒 (J. S. Mill) 所贊成保護的情形——即是一種最適於本國而被他國生產家壓倒的實業——斯密也說過；不過他不贊成有此例外，却是他的理由似乎不甚充足。他不贊成對於危險事業暫時許公司以壟斷權而以後由公衆獲取利益的辦法。

他在第五集研究『君主或國家用費』的時候，他不十分絕對主張政府之不干涉主義。他承認建設和維持對於社會有益而於私人或私人團體無補償的公共機關和工程，是國家的職務，而不能加之於私人的。他指出在社會各時代執行這種職務所需費用的各不同，這是歷史的精神。除他鞏固國防和執行司法以及便利社會商業的機關和工程外，他又研究提高人民教育的機關，他以爲公衆全體不但可以相當的促進和提倡教育，并可責備人民全體，須在少年時代受基本教育的義務。爲實行這種義務起見，他建議『無論何人要得到經營公司的自由，或設立商店於城鎮的特許以前，』須受一種甄別考試。他又以爲就在較高和較難的科學中，也可以舉行試驗爲執行任何文化事業或作任何名譽公職候補者的條件。宗教教育及普通教育機關的費用，他主張由全社會的公款支付也是正當的，雖是他很願意接收受這種教育的人的自由捐助。在這第五集裏面很有許多健全的有趣的和提示人的見解，表示他的政治本能和眼光很可與曼撤斯德學派（Manchester School）比照。可是我們這樣的說或許不是侮辱這位大家罷！他有些我們現在所謂『斐列斯丁主義』（Philistinism）的痕跡——輕視藝術和詩的目標——這或許一部分是由於他本身的缺點；他又對於宗教的高尙目標和永久的重要有些遲鈍，這大半是受了當時批評哲學的勢力；批評哲學在那時確有不可少的工作，不過『過渡的』容易與『永久的』相混罷了。

我們因欲考察斯密關於政府職務的全部意見，已經把他第四集裏面重農主義的批評留到現在討論。他於一七六五年旅居法國時已接識了揆內、都果，以及此派中的其他黨員，并且他曾向司徒亞爾(Dugald Stewart)說過，設若此學派的首領未死，他願意將他的原富獻呈以求教正。他聲言揆內的主義，不管牠的一切缺點，『或許是從來政治經濟學中最近眞理的學說』。可是他似乎沒有相當認識他的主義和重農主義相同的程度。都邦得勒姆抱怨的說斯密沒有認揆內爲『精神之父』是不公道的。然而又有一說，斯密在一七五三年當大學教授時所教的經濟學說已經與他原富裏面包含的學說大體上是一樣的。這話是司徒亞爾說的；雖是他沒有給出證據，這大概是很實在的；要是如此，斯密主義的來源應當追溯到休門而不是法國學派了。此派的主要錯誤是以農業爲唯一生產者，斯密在他的第四集已否認此說，不過他持論的態度一般認爲沒有效力罷了。這種謬見的痕跡似乎仍然存在他的著作中，例如他說在農業『自然』與人通力合作，而在工業則人工作一切，『自然』無所事事；他又分別生產的和非生產的勞働，這個顯然是出於重農派的術語，并且不與他所承認的『人身資本』一致。馬卡洛和(McCulloch)和其他學者又以爲斯密主張『個人的利益不一定是各種職業的公共利益的眞正測驗』，其謬誤的來源，仍歸之於重農派。可是斯密這種見解確是十分正確，如尼科爾孫教授(Professior Nicolson)已經明白指出的。

投資以獲利，而資本運用的方式，不能說與勞動階級全體漠然無關，這種見解就是李嘉圖也承認的。并且我們將要見出懇茲(Cairnes)根據這種見解在他的主要原理(Lending Principles)裏面建立一些深入的結論。

斯密在他的第五集中所有的租稅學說；我們也不須乎討論。他規定良好租稅制度的著名原則已爲一般所承認。這些原則近來被倭克爾(Walker)教授嚴厲的批評——可是所有批評的理由似乎只有一點才有根據。斯密似乎贊成『個人對於公共經費之捐助乃是補償國家對於他所施的勞役，他應當按照所受勞役的比例而納稅』的見解要是如此(他有些議論確是這樣)，他在原則上就很錯了。

設若我們在這裏便研究一般人因斯密門徒走入的歧途轉而仍研究斯密本人的意見，想也不算躐了次序。一般人都認爲斯密比較李嘉圖和他的門徒少有不好的傾向，所以近來大家都以爲我們現在應當重返到斯密，并且從他整理經濟學的系統。可是不管斯密怎樣傑出，也不管他的不朽傑作所有貢獻如何偉大，我們一定不要忘記，如我們已過說的，他的著作從全體看來，雖是特殊的卓絕，却是十八世紀消極哲學的產物，牠的最後基礎大部分建立在形上哲學的基址上。斯密的心中充滿了當時最流行的批評精神；他的主要使命在破壞幷推翻當時盛行的經濟制度，和指出那時歐洲政府指揮經濟活動的極不合宜。他這種使命與當時思想家所進行的一般破壞工作是一致的而構成其一部分，可表出那時代的特色。可是除了這種破壞工作以外，他於預備思想和生活的系統組織上也貢獻了不少的有價值的原素，這是他的榮譽。在他的特別範圍內，他不但指示出許多錯誤和偏見，掃除了眞理的道路，而且給我們永遠享有經濟事實和觀念之正確分析，良好的實行方法，和許多明白的指示。他雖是屬於休門和狄德羅（Diderot）最好的哲學學派，却也很強烈的趨於積極的觀察點。可是他不能達到；而最後和永久的社會經濟生活之議論應設立在另一種和較永久的基礎上，而不憑藉斯密學說所依的根基。

普通有一種說法，『從牠的果子你便知道牠的本身，』這話對於哲學上的主義是很正確的。我們不用懷疑，斯密門徒所有不良方法和虛僞誇大學說的原素，可在他本人的著作裏面找出，雖是他銳敏的知覺和實行的傾向使他的原則不致落於極端。

喜爾得布藍（Hildebrand）和其他學者反對斯密學說（德國人稱之爲斯密主義「Smithianismus」）有任何歷史的方法，其非難諸點他們認爲不單可適用於『斯密學派』全體而且可適用於斯密本人，不過程度較淺罷了。他們最重要的非難可如下述（1）斯密的社會經濟觀主要是個人的他在此點與當代消極哲學的一般性質相合。那種哲學最極端的那一派甚至不承認有不自私的情感之天然存在，而解釋『公義心』爲『自愛心』的第二結果。可是斯密也正如休門，反對這種極端見解；因此有些人說斯密在原富裏面雖是默然的，却明知的從人性中的『良善原則』（benevolent principles）抽出幷假定一個純粹爲自私心推動的『經濟人』（economic man）爲推理的工具。雖是如此，他却常常佔在個人的觀察點上，他認爲個人純粹是一個爲我的『能力』一致在私人利益方面工作，而不顧及他人或社會全體的福利的。（2）斯密很贊成這種個人態度，以爲要是法律只防止社會中此份子侵犯他份子自利的行動，則因個人貪心之自由活動，便很能達到全社會的幸福，所以他對此頗爲樂觀。他與消極學派全體一致，以爲各個人知道他的眞利害，幷知趨利而避害，個人的經濟利益與社會的經濟利益是一致的——雖是他有些議論不與這種假定相合。他之所以達到這種最後結論，因他被演繹的神學觀念和假定的『天然』『天然權利』和『天然自由』等形上哲學的概念無形引領所致，如我們已見出的。(3)他差不多把各問題都歸納到『個人利益』一個問題，所以他認爲交換價值絕對與財富本來意義有別。這種見解雖於求得結論上給以械機的便利，却使經濟研究陷於表面的性質，使牠脫離物理和生物科學的關係，放棄眞正有益社會的問題，致使『生產』無有批評之餘地，幷且拒絕關於『消費』的一切經濟主義（換言之，卽關於財富之運用）如約翰穆勒(J. S. Mill)的拒絕一樣。(4)他痛斥當時實業政策，却過分讚美經濟生活之無政府和不受一切社會干涉。(5)他沒有注意我們民族的道德最終點，也沒有認爲財富是達到生活較高目的之工具，所以有人責備他是廣義的物質主義，不是完全不公道。(6)末了，他的全部制度性質上都過於絕對；他沒有充分認識這件事實：人，社會之一份子，是文明的孩子和歷史的產物，我們應當曉得社會進化的各階級均包含有改變的經濟情形，幷需要改變的經濟行爲，或者甚至發生行爲者的改變——用喜爾得布藍的話。在上述各點，自然在其中之有幾點，幷且特別在最末一點，或許斯密比稍後的許多英國經濟學者較少批評的地方但是我們想這幾種惡傾向的最終出發點是在斯密主義基礎上之一般原則，這是可承認的。

斯密的著作未出版以前，嚴格的批評家也對牠有一種大期望，如弗格森在他的文明社會史裏面所說的。他的成績受一種迅速的承認，可以納此書出版後十五年中便已出版六次這件事證明。從一七八三年起此書漸漸被國會所引證。庇得(Pitt)深深感受了斯密的理論；并且聽說斯密會說這位宰相了解他的書好像他自己一樣。帕爾特尼(Pulteney)於一七九七年說斯密可以勸服現代而且管理次代。

斯密最早的批評家是邊沁(Bentham)和羅德得爾(Lauderdale)，他們雖大概贊同斯密，却在有些地方是不同的。邊沁曾著一短論名政治經濟小書(A Manual of Political Economy)和各種經濟專論，其中最著名的是一七八七年出版的重利之辯護(Defence of Usury)。此書（第十三書）曾批評原富裏面的一段話（前面已引證的，）即是斯密贊成法定最高利率應比最低市率略高，這樣才可把資本落入腦筋清醒者之手，而不落於『浪費者和市儈』。聽說斯密曾說邊沁解決了他的疑案。邊沁自然批評得很有精彩；幷且在實業發展社會的眞正主義是利率讓借貸兩方的契約自行決定，法律祇是干涉欺詐行爲，這是無疑的。

邊沁主要的精義不在經濟方面。可是一面所稱爲『邊沁主義』(Benthamism)的，如孔德(Comte)曾說的，乃發端於政治經濟學，幷且特別是天然自由主義；而他面則因擴充個人自利原則以及本此原則的演繹法於全部社會和道德學說上，以致自由主義暫時得勢。邊沁主義和政治經濟學相連之點，更可見於他所結合的一羣思想家，這些思想家自以邊沁爲他們的中心——約翰穆勒(J. S. Mill)很不洽當的稱之爲『深沈的』思想家，他們自然有許多銳敏思想和推論的才能，幷且（雖是很空泛的）趨於一種實證社會學，可是因他們缺乏眞正科學知識而思想態度又是絕對的，所以他們不能夠建設這科學。

羅德得爾(Lord Lauderdale)的富之性質和來源(Inquiry into the Nature and Origin of Public Wealth，一八〇四年出版）現在仍有讀的價值，在此書裏面他指出斯密的價值和價值之度量以及勞動的生產力各學說的眞正弱點；幷解明數種問題，如一國收入的眞正計算法，財富的分配對於其生產之反應。

斯密正生在實業大革命起首的時候。他所生在的製造和商業世界，如勒斯力(Cliffe Leslie)所說的，仍然是『很早的』幷且比較狹小的；他所引證的蒸汽機只是紐昆門(Newcomen)發明的那一種；他提說棉業只有一次，幷且是偶然的。馬爾蕭君(Mr. Marshall)說，『一七六〇年和一七七〇年之間羅巴客(Roebuck)才開始用煤熔鐵，布靈德力(Brindley)用運河使工業高地與海相通，威季吳得(Wedgwood)發明製造價廉物美的陶瓷藝術，哈格里佛士(Hargreaves)發明紡紗機，阿克來(Arkwright)利用葳阿提(Wyatt)和海(High)的發明用轆機轆紗和水力轉動，瓦特(Watt)發明凝縮蒸汽機。克綸普吞(Crompton)的紡棉機和卡特賴特(Cartwright)的紡織機則較後出。』從這種迅急的進化便發生了實業的大膨脹，可是也生出了許多慘苦的結果，要是斯密能夠預見這些結果，或許不致於這樣熱心的相信努力自由所造的福利，也不致於這樣激烈的痛斥舊制度因爲舊制度對於勞働還有部分的保護。與這些新實業制度的罪惡相伴而起的則有社會主義(Socialism)，這主義似乎是勞働階級不能免和不可少的一種抗議表示，和渴望較好制度的志願；而我們現在所稱的『社會問題』，即是現代生活慘苦的問題，上昇到牠從來未有的地位。這種問題最初有效的向英人提出的是馬爾薩斯 (Thomas Robert Malthus，一七六六——一八三四)，不過不由於革命情緒之衝動，而是同情於保守政策。

馬氏爲此目的的著作，其第一版是在一七九八年隱名發表的，名人口論影響於社會將來進步之原則并批評葛德文康多塞和其他學者之見解 (An Essay on the Principle of Population, as it affects the future improvement of Society, with remarks on the speculations of Mr. Godwin, M. Condorcet and other writers)。此書之作由於著作者和他的父親；但以理馬爾薩斯(Daniel Malthus)的私人辯論；他的父親是盧梭的朋友，并且是康多塞和其他法國思想家以及英國的門徒所宣傳的『人類進步主義』之熱心信仰者。此派在英國最著名的是葛德文(William Godwin)，他的政治正義 (Enquiry concerning Politidal Justice) 出版於一七九三年。在此書裏面的見解著作者於一七九七年出版的問者 (Enquirer) 內重述一道，就是此書內的一篇文章名貪慾與博施 (Avarice and Profusion) 發生馬爾薩斯父子間的討論問題是『社會將來進步之一般問題』——老馬爾薩斯擁護葛德文的學說，少馬爾薩斯去攻擊牠。後者『以爲坐下將思想寫在紙上比會話更爲淸晰些』，『人口』論便是這個結果。

葛德文的社會計畫係根據社會罪惡生於人類制度的缺點之觀點。他以爲世界上有充足的財富供給全體人們，不過沒有平均的分配罷了：有些得的太多，有些得的太少或甚至於沒有。讓這些財富以及生產財富的勞力都平均的分配；那末各個人祇需中平的努力便可得到平常的生活；并且可有許多閒暇以謀智識和道德的發展；理性可以指導人類的行爲，各種強權的政府都不必要了；并且久而久之，因『眞理』和平的感化，美善和幸福可以建立在世界上。對於這種樂觀的希望馬爾薩斯頗爲反對以爲食物和人類不必一定達到供求相合的限度。在一個普遍天然豐富的國裏面，這種傾向可自由活動而不受限制，不像在實際生活中常受食物困難的箝制。可是食物缺乏之因人口之增加而生；所謂閒暇不久便沒有了；舊日的生活競爭仍要開始；『不平』又要重行當權。因此假使葛德文的理想制度卽便成立，而馬爾薩斯所說的人口原則的唯一勢力也可以將牠推倒。

馬氏論文之作目的在於辯論，這是可以見出的此書不過是一種反對當時『烏託邦』的偶然出版的小册子，完全不是純粹因科學興趣有系統的人口論。此書在辯論方面是很成功的；反對葛德文的平等制度不是一件難的事。華勒斯(Dr. Robert Wallace)於一七六一年已出版一種作品（此書是馬氏在他的論文裏面所參證的書之一）名人類天然和食物之面面觀(Various Prospects of Mankind, Nature, and Providence)，在此書裏面華氏既說共產制度是救治社會毛病的良法，又自認人口過多將是這種組織的致命傷。至於康多塞的諍論馬氏更易對付。這位大思想家在法國革命的狂風怒濤中，一面要避免他的仇敵，曾著一書名人類精神史之略觀(Esquisse d'un tableau historique de l'esprit humain)。此書的一般概念使牠在社會學發達史中佔一時期。在此書裏面若是除去都果的偏見外，是第一次根據歷史解釋社會動力學說的；著作者曾據此理由承認孔德是他最接近的主要前輩。可是康多塞在此偉大的計畫沒有成功。他的消極的形上哲學的觀念使他不能正確的了解『過去』，他並且在此書之末尾發出些空洞的設想，以為我們種族非常完美，而且非理性的盼望人的生命無限制的延長。馬爾薩斯似乎少有見出康多塞的高尚態度，也沒認識他的主要思想之宏大。可是他能夠把康氏的幻想發見缺點；他的銳敏思想若是有些限制而趨於樸質，至少對於發見和揭穿『烏託邦』是有效的。

計畫一篇正式和詳細的人口論，是馬爾薩斯以後的思想。在前一篇文章裏面研究假定的將來，他便進而證驗他對於社會之過去和將來所定原則的效果；他用歷史去證明他的原則，演出可爲經驗擔保的所有實在事物之推論。此種結果使他的這篇文章性質上和組織上均大有改變，他自稱爲『另是一種新作品』。此種改作的書於一八〇三年出世，名人口原則論，或人口對於人類幸福過去和將來之影響；以及將來免掉或減少此種惡果之方案(An Essay on the Principle of Population, or a View of its Past and Present Effects on Human Happiness; with an Enquiry into our prospects respecting the future removal or mitigation of the evils which it occasions)。

在前一篇裏面馬氏所說人口的限制只是罪惡或痛苦。在此篇裏面他加入了新的預防限制成分，他稱爲『道德的限制』(moral restraint)，并且因此柔化了他在前篇所得的嚴酷的結論，如他自己承認的此書當他在生的時候已出版了五次，在每次他都加了許多議論和改正。一八一七年的那一版是他最後完全翻改了的，并代表自從再版以後的定本。

不管他對於他的書有怎樣的大發揮，也不管此書所發出的差不多空前的議論，我們仍然難於見出他對於我們知識有什麼實在的貢獻，也難於確定的說出他在他的理想原則上建設什麼新的實際教訓。這種兩重空洞之點很可在他與栖聶(Senior)的通信中見出，在這通信裏面這是很顯然的，他的學說在實質上不是像在牠的術語上的一般新奇。他自己說的，在前一篇出版以後，此文的主要辯論是出於休門、華勒斯、亞當斯密和蒲徠斯(Price)，他才着手詳細研究此問題；他覺得他『所得的成績大出乎他意料以外。』『有些法國經濟學者，有時甚至孟德斯鳩，以及我們本國的著作家弗蘭克林博士(Dr. Franklin)、哲姆司徒亞爾 (Sir James Stuart)、亞色揚 (Mr. Arthur Young)和坦增德 (Townsend) 都重視此書以致於自然的詫異牠沒有博得更多的公共注意。』他想，『然而仍有許多未竟的工作。人口和食物增加的比例或許說的不十分有力和精確，』『人口和食物間的水平線變動的各種情形也有少許的研究。』此處所說的第一件期望的東西——即是人口增加和食物增加的關係需要正確的說明——馬氏以爲他的著名的假定『人口以幾何級數增加食物以算術級數增加』可以滿足，這是無疑的。可是此種假定業已證明通體錯了，因爲人類增加和構成人類食物的有機物之增加中間幷無這樣不同的定律。約翰穆勒最痛恨批評馬氏這程式的人們，他無根據的形容這個程式不過是『轉灣記號，』因爲他想這個雖是錯誤，却也能充分表現牠所指的眞理；可是指出不眞實的科學是極重要的，嚴格考驗信仰的基礎也是重要的。當我們不用上說的程式時，便又常常採用其他混合的說法，例如『人口有比食物增加較速的傾向』在這話裏面，人口和食物好像都當爲自然發達的，而且因『傾向』字義的晦暗，這白話也可說與栖聶主張的『食物有比人口增加較速的傾向』相符合。這是一般人很知道的，人口或許（雖不是必定）隨食物之增加而增加，幷在有些例，人口有時不合宜的猛進，或甚至有一時期超過食物所能供給的數量。這也是不用懷疑的，戰爭、疾病、貧窮——後二者常是惡行的結果——是使人口下降的原因。實在的，豐富則人口增加，窮乏則死亡增加，在自然經濟中若無理性之干涉時，牠們是彼此互相循環的，這個道理，坦增德牧師（Rev. Joseph Townsend）在他的救貧法論(Dissertation on the Poor Laws 一七八六)裏面講明得很滿足，我們曉得這書馬氏是曉得的。又是各個人曉得貧窮的罪惡，或知道對於後嗣的責任，也能抑制人口的增加，幷在一切文明社會中人口受這種限制已到某種程度，這也一定是很明白的。可是這些顯然的眞理一旦蒙上『積極的和預防的限制』(positive and preventive checks)等等專門名詞，牠們就似乎新奇和深奧了，幷且她們似乎是馬氏報告人類的全部消息。在他的第二版裏面所加上的世界各國歷史的和統計的材料，雖不少新奇和有趣的事實，可是所得的效果沒有不是以前就很知道的，因此哲姆穆勒和其他學者不注意這些事實，他們以爲這種學說根據普遍的觀察就够了。自然我們已見出的，全部的歷史研究是馬氏後起的思想，他在未進入這種研究以前，早已宣佈他的根本原則了。

於是鬨動一時的馬爾薩斯人口學說，現在看來，不是一件大發明，如有些人所說的，也不是一個危險的新說，如另一些人所觀察的，只不過是一些顯著——雖是有時被人忽略——事實的正式報告。經濟學者對於此書所常加的誇論是應當反對的，因爲容易使我們忘記了此書所研究的全題目仍然是沒有完全了解的東西——可以改變性的本能的力量之原因，以及使生殖力變化的原因，都是須待完全研究的問題。

就是因爲土地報酬漸減律（關於此點以後有詳細討論）包含有一種憂慮——雖說只是假設的——即全社會的人類獲取生活資料必愈進困難，所以人口很占重要而成爲一種經濟的原素。人口在近代許多的經濟問題中成爲一重要問題也就是因爲馬氏的觀念和李嘉圖的學說混合所致，并且我們可以見出特別和李氏地租說所演出的推論混合（雖是這些推論馬氏沒有承認）。

馬爾薩斯以警策和深省的方法引起一般人對於從沒有在理想上和事實上充分研究的問題加以注意，這自然是他的功勞。可是他和他的黨徒都似乎對於他們所指出的危險範圍上和程度上說得太誇張。在他們的心中，一件社會的缺點似乎就可遮蔽全體天空而使世界時時有毀滅之虞。這個自然是因他開始就完全沒有把道德限制的冲消力放在心中。因爲有一種力量，要是不受防害，便可發生某結果；我們不能說這種結果便會馬上發生，或甚至在經驗上是決定可能的。一個物體從手中擲出，在一種衝動之下，將永遠進行在一直線上；可是若昧於旁的相反的力量之加入，而用特別相等的行動去阻止牠的結果，這是不合理的。在我們現在所討論的問題中也有這種相反的力量。設若人口本身的生殖能力（假定各地一樣）用在最利情形下之人口增加率去度量，則不利情形的勢力——或出於深慮，或由於公義——將一定以這假定的最高率與歐洲各國最流行的生殖率比較的差數去度量。在理性的社會制度之下，因人們感覺或預想情境的壓迫，和恐怕社會地位的墮落，所以人口增加便自然適應於所需的食料，而接近於所希望的程度。要想結果與正當標準更接近，我們應當提高一般開明的程度和鼓勵更嚴厲的道德習慣。可是這個事是各個人對於他的實際的或將來的後嗣之責任心才能相當的感化行爲，不是全國人口將感食物困難的空洞觀念所能成功的。

馬爾薩斯所主張個人的唯一義務是一個人不能謀得或有理由的希望能得家庭的必要生活費以前，就應當停止結婚。至於結婚後的節制，如約翰穆勒 (J. S. Mill) 和其他學者所提倡的，馬氏還沒有見到。馬氏甚至建議，若是一家所生的孩子超過六個時，這多餘的孩子均可由公款支給。他根據的理由就是人一經婚配了，他不能預料能夠有多少孩子，這種不能預料的困苦，就用公款去救濟，也不至於鼓勵結婚的心。在結婚的時候，應當對於自己的經濟審慎周詳，自然是不用說的了。可是工人當中，這種確定生活費的觀念又不可苛責太過；因爲無論什麼階級的正當結婚期應當以這階級的生存期爲斷，這是也要記得的。又是，早婚也是數見不鮮的事，早婚所生的罪惡是不屬於經濟的，所以就用法律展緩各階級人民享用完全公權的年齡，借以爲防止他們早婚的手段，也是有利益的，不過這種改變不能說沒有他的危險。在他方面馬爾薩斯派常常把自願的獨身主義說得太容易，他們不十分知道這是一件慘苦而不得已的事。他們沒有相當的認識家庭生活的價值，是培養公民德行的學校，又不知道良好配耦中兩性關係所生出的交互親愛的教育對於社會有極大的重要（就不說個人的快樂）。

馬氏又從他的原則推論國家不應當用人爲的方法去促進人口，特別不贊成設立救貧法，凡已設立的地方，就應當取消。他的第一個推論——國家不應當用人爲的方法去促進人口——我們不可認爲在各時各地都可適用；因爲這是顯而易見的，如像在一古代的羅馬情形，國家的活動大半都從事於繼續戰爭，或在一長期的戰爭中，危險及於國家的獨立或安全，政治家就採取一種馬氏所唾棄的特殊行動，也是很正當的。可是對於近代的實業社會，馬氏大槪是不錯的，雖是新國家的獎勵人口內移，原則上與促進人口是一樣。至於救貧法的問題，尚含有其他關係。那時英國這種制度自然是不好的，雖是有些地方可以救濟其他社會制度的許多惡罪；所以設法去修正牠算是謀了公衆利益；可是竟至建議取消牠，不但爲政治家所迴避，抑且爲一般輿議所不採取。我們難得相信現在這種救貧制度可以永久，牠是太機械而且太不分辨；有些地方覺得太鬆懈，對於爲時運犧牲的良好貧民常常又覺得待遇太嚴酷；至於待遇幼年人的通常方式更應受嚴厲的反對。可是動輒建議取消牠，未免太鹵莽了；這種制度是數種制度中之一種，我們若沒有更澈底的而且更同情的研究勞働各階級生活的總題目以前，最好把牠們都暫時保留。馬氏對於流民救濟的主張，要受這種槪括的批評：起初他證明得太多，過後他又離開自己推論的結果。這個結論是從他的辯論演出來的，并且明明白白載在他的初次論文中一段被人稱頌的話：一個人生了小孩子而沒有預備相當的生活費，就應受『自然』的懲罰，『要想從「自然」手中搶過手杖來，』打破他的法律之執行——這法律是上帝的法律，『是決定這人和他家庭應當受罪的法律』——『這是一種很痛苦的奢望。』雖是馬爾薩斯的學說引領他得到這種結論，他卻不像基督教的牧師，主張『見了我們弟兄的缺乏，我們應當關了我們慈悲的心腸』這種主義；而卻落入極不聯貫的辦法，承認救濟苦難雖不是責任的，卻是合法的，雖是他們仍然認爲這種救濟是爲害於社會的行爲。巴喀爾（Buckle）採取馬氏所避去的推論之結果，被許多經濟學者過分的苛責。他說我們救濟貧民的唯一正當理由主要是『自顧』的原因，要是我們對於難民的呼籲常是充耳不聞的，恐怕或許鈍挫了我們自己銳敏的感覺。

馬爾薩斯的見解所以一時受社會某界歡迎的原因，部分是由於他指出勞働階級的痛苦主要是他們自己的罪過，不是在上的人或制度對於他們的略視，因此減去了富者和有權的人對於勞働階級的責任，這是社會的上等人最歡迎的。又因此派有些人實行馬氏主義，遂影響了改良社會的努力。因此查爾門斯（Chalmers）嚴厲批評，幷且嚴厲的廢掉一切改善人民經濟狀況的計畫，理由是增加了逸樂，便自然增加了人口，則以後的情形將比以前更壞。

到了近代，馬氏的學說，因爲達爾文（Darwin）主義的興起和普遍的認識，所以又回光返照。達爾文表示他的學說的淵源，揭出馬氏關於社會競爭所用的『生存競爭』這個術語。達氏相信人類進步到現在比較高尙的狀況，是經過這種競爭來的，這種競爭是人類迅速蕃衍的結果。他認爲在較進步的時代，這種改良的原因，反大半爲道德的勢力所除去，這是實在的。就在這些時代，他認爲此種競爭對於提高人類的目的仍屬重要；不管人們在這競爭中所受痛苦若何，他不贊成在這自然的（他似乎是指尋常的）人口增加率中有任何大的減少。

近來在有些地方，有運用『適者生存』這主義於人類社會的傾向，主張凡不能自立的就應該并且讓他滅亡，加重了馬氏學說嚴酷的特點。可是這種觀念所衝動的惡念，爲較廣大的『人道主義』的勢力所打消，『人道主義』在人生的和社會的情形上都是一種支配力量。因爲在普通動物界裏面人類的優點採用了一種新力量，可以明明白白的并且最終的決定下屬各種動物的命運，所以人類的主宰在社會方面主張弱者之保護，而在其他動物以自私衝動訴諸強力解決的，在人類則以精細的行爲處置之。

大衛李嘉圖（David Ricardo，一七七二——一八二三）主要是屬於斯密學派，他於斯密的學說大體是承認的，不過他還要發揮牠們，并改正有些特別地方。可是他立論的方式與斯密不同。斯密的目的在於緊緊不離他所見出生活的實際——在於表明人和物實際的狀態和關係；并且如休門初次讀他的大著所說的，他的原理處處都用奇怪的事實來比喻和說明。李嘉圖進行的方式則與此大異。他在一個抽象世界裏面運動，他從一種獨斷的『假設』出發，由此而演繹推論，并宣布他的結論是眞實的，不管假定的條件是否完全眞實，也不把他的結果同經驗證明。他解明他的學說時，也是出於假定的情形——他慣用的方法是想像兩種約集一處的生番而考察他們大概怎樣行動。他沒有解明——大概他沒有系統的考驗，或許是不適宜於考驗罷——經濟學的適當方法；他這種研究方法在學理方面的理由是留給約翰穆勒和懇玆（Cairnes）以後發揮的。可是他的榜樣對於決定他的黨徒的實行有絕大勢力。李嘉圖的如風掃地的邏輯法在他運用起來直可與數學法之確切和概括不相上下，他的便利而蕃衍的程式在辯論上非常便利，而於困難問題能給一迅速的解答（雖是常常是表面的而非眞實的解答），——這些均可以引動野心的理想家。在斯密根本見解裏面，凡是狹小的或虛僞的地方已大大被他自己注重實行的意思和趨向實際的本性所救正，在李嘉圖及其黨徒的抽象學說裏面，這些缺點便完全畢露，甚至還要變本加厲。

他的方法的危險，因他所用術語的極端散漫，而愈益增加。栖聶(Senior)說他是『從來享受哲學大名的一個最錯誤的著作者』。就是熱忱讚美他的人們也覺得他用字之變幻和不一定，并追溯錯誤的來源，以爲大概是他把一個名詞的普通用法和他自己臆造這名詞的一些特別用法混淆所致。

他的學說最完備的說明可見於他的政治經濟及租稅原理（Principles of Political Economy and Taxation，一八一七年出版）。此書不是關於科學全部的作品，不過是些關於價値和價格、地租、工資和贏利、租稅、貿易、銀行和貨幣等很渙散連接起來的短篇文章。可是，雖是各部的連結很渙散，這同一的根本觀念却是繼續出現，并且決定全篇計畫的性質。

在此書裏面他的主要題目是分配問題——即是說，全國出產分配於地主，資本家，和工人的比例。我們須要見出特別就是社會進化中這三種人分配比例的變化，是他自識研究的問題，——一個最沒歷史精神的著作者這樣表示『經濟動態主義』(doctrine of economic dynamics)之必要——這種主義，從他的觀察點看來，是不可改易的。

他首先說出的原則，實在是全篇的關鍵，原則是在自由競爭制度之下，無論什麼貨物，只要牠的供給可以任意增加，牠的交換價值一定是牠的生產所必需的勞力去決定。不說很早的英國作品，就是在原富裏面我們也見出同樣的論調。斯密說：『在社會最早和洪荒的情形，在資本沒有聚集和土地沒有分配以前，生產各種物品所必需勞力的多寡，似乎是決定物品彼此交換之唯一標準。』可是他的概念搖動不定，有時以物品的生產必需勞力為價值的度量，有時以這物品在市場上能購勞力之數量為價值的度量，這兩種度量只在一定的地點和時間才可相同的。社會制度進步，加入了資本的成分，這種學說便須加改正，所以便換了一種說法，如李嘉圖在旁的地方所援引馬爾薩斯的話，卽是：『一種貨物的眞正價格依靠生產此貨物所必需的資本和勞力數量之多寡。』（此處所說資本的數量，沒有說及時間的要素，意思是很空泛，卻是很明白。）可是李嘉圖常沒有注意到資本，他敍述這個原則，只單說及勞力，幷又自圓其說，說資本是『積聚的勞力』這種觀察事物的機械方式，容易蒙蔽資本在生產中的合作性質，幷且因漠視這種合作之必要，便引出許多社會主義的錯誤。李嘉圖沒有十分分出價值的原因或決定物和價值的度量之區別；也沒有把管理價值的生產費原則推到價值的根本上去：即生產費對於供給限度的影響。我們剛纔討論這學說所決定的價格即是『自然價格』而市場價格對於這種標準則常有偶然的和暫時的差移，依靠需要和供給的變動；可是價格永遠的幷且終究的依靠上述的生產費。李嘉圖依靠這種根據進而講明參與生產的各階級分配一國土地和勞力的出產的定律。

他起首講的地租學說，雖是常常與他的名字相連，又雖是構成他的一般經濟計畫中最重要的部分，其實不是他的創作，他也沒有這樣自認。他明明白白在原則的序上說『在一八一五年馬爾薩斯在他的地租性質和進化之研究(Inquiry into the Nature and Progress of Rent)裏面，和牛津「大學專門校」(University College, Oxford) 的一個同學在他的土地投資論(Essay on the Application of Capital to Land)裏面，差不多在同時向世界發表眞正地租學說。』

此處所說的第二位學者就是愛德華衛斯特公(Sir Edward West)，以後曾任孟買(Bombay)大理院的裁判官。并且比馬爾薩斯和衛斯特更早的詹姆斯安得孫博士 (Dr. James Anderson) 已經在他於一七七七年在愛丁堡(Edinburgh)出版的穀物法之性質研究 (Inquiry into the Nature of Corn-Laws) 裏面把這種學說認識很清楚并說明得很完全，如馬卡洛和(McCulloch)所說的。可是這篇論文我們有許多理由可以相信馬氏和衛氏都不知道；然而地租學說在此文裏面也發揮得那般清楚，辯護得那般滿足如在他們的著作裏面一樣；并且最奇怪的安得孫全部的說法與李嘉圖所用的方式完全相似。

這學說的精義是：地租是耕地者使用土地生產力所付於地主之代價，其數等於此地出產品之價格所超過在此地上的生產費之差數。人口增加，因此食物的需要也增加，次等的土地便不能不耕種；社會所需全部出產品之價格將由生產費最高的一部分出產品決定。至於僅足補償耕耘費的土地就無地租可言。因此任何土地的地租，等於該地所需的生產費與該種產物在費用最高地方所需的生產費比較的差數。

這種學說因假定一國有肥瘠不同的數等土地，隨着人口增加，便挨次開墾出來，這種情形或許使人更容易了解。可是便相信土地的等差爲發生土地的必要條件，雖是李嘉圖有時似乎也這樣相信，卻是大錯。卽是一國土地都肥瘠同等，要是已經分配給各人，設若出產品的價格能超過所用勞力和資本的數量，便仍然有地租發生。雖然，這種假定的情形用來明瞭我們的槪念以後，將來就可不須要了。

產物的價格，如我們已經說明，旣由沒有地租的產物之生產費去決定，那末這個是很明白的，『穀價之高不原於地租之支付，』『而地租之支付乃原於穀價之高；』并且『縱是地主拋棄全體地租，穀價也不能發生任何的低減。』在事實上，地租不是決定價格的要素；地租實在不從價格內支出，設若沒有地租，而全部價格都由生產者去決定，價格將仍然是一樣。

究竟斯密是否主張這種學說，常是一個疑問。他有時所用的話似乎含有這種意思，他有時假設的議論，要是擴充起來，也一定達到這種結論。前面曾引他的一段話是：『僅僅土地出產的東西，牠的通常價格足够償還運牠到市場所花的資本以及通常贏利的那部分才可運到市場上來。要是通常價格超過此限度，則剩餘部分自然歸於地租。要是通常價格沒有多的，雖是貨物可以運到市上，則地主就沒有地租。價格的高低係依靠需要。』又是，斯密運用這種理論於礦業上，李嘉圖說他『把全部地租原則解明得很高妙和清晰。』可是斯密有一種意見，以爲事實上沒有不能支給地租的土地；并且很奇怪的，他似乎也已經見到這種現象，當把有些能供給地租的和有些不能供給地租的土地聚積在一塊成爲一個經濟總體的時候，是可以發生的。這實情是假定有全國土地都能支給地租的事實，此種假定也不能有效的反駁安得孫的學說，因爲若是資本用於已開闢的土地上而所得收入祇不過等於通常的贏利時，這種情形，實質上與未付地租是一樣的。這最後加入的資本在現行的贏利率上便無餘利以支給地租，除非產物的價格有所增加。

有些人以爲斯密雖是有些空泛和不確切的論調，其實是主張安得孫學說的；這種說法，要是我們想到休門初次讀了原富後，除大體贊同外，曾寫信給斯密說：（大概指第一集第七章）『我不相信田地的地租能構成產物價格的任何部分，我只相信價格完全由產物的數量和需要決定。』便不能成立了。這又是很可注意的，在安得孫於一七七七年出版的穀物法之性質研究裏面曾載有地租學說，幷有他反駁斯密不贊成穀物出口獎金的辯論；這書不能說斯密沒有見到，然而他卻不因此書的議論以及休門的書信，便改正他在原富第一版內所有關於地租的論調。

不但各色土地肥瘠的不同可以決定地租的差別，而農田所在地位對於市場以及對於道路鐵路的便利與否也有同樣的影響，這是我們應當記得的。運費比較低減，可以使產物以較小的費用運到市場，因此增加構成地租的餘利。這種理論李嘉圖也曾說及，不過他沒有十分注意此點，而大半著力在土地的比較生產力上。

李嘉圖地租的界說是：『地租是支付使用土地原有的和不磨滅的能力之代價。』所以他用『地租』這名詞，與一般所指『地租』的意義不同，他所說的地租，通常可形容為『眞正的』或『經濟的』地租。地租之一部常常實在是佃戶支付地主在土地改良上所投資本的贏利。可是這種改良『一旦混和於土地內，而永遠加在生產力上時，』則所得報酬就不依贏利的定律，而依地租的定律了，這是應當記得的。所以實際上要確切分別若干是支付土地原有生產力的代價，若干是支付現在或以前地主改良投資的贏利，雖是非不可能，卻也是很困難的。一種改良把一種土地從能力較低的生產食物工具變爲能力較高的生產食物工具，情形也是一樣，好像『自然』原來就把這塊土地安放在較高的地位一般。

斯密的意思，認爲在農業裏面『自然』與人通力合作，因而在工業的工人不過再生產資本主的資本以及贏利，在農業的工人則不單再生產資本主的資本和贏利，并且也生產地主的地租，這種情形，是農業比其他生產形式特別優越的地方。他認爲地租『是自然的賞賜，』『是減去或償還一切可視爲人類的工作之剩餘。』李嘉圖則回答說，『沒有那一種工業可以說不受「自然」的幫助，』這是不錯的。李嘉圖又引布卡南（Buchanan）的話：『凡以農業生產產物和地租乃緣於生產行程中「自然」與人合作，這只是幻想；地租之發生不出於產物而出於產物所售之價格；而此種價格之決定，不因爲「自然」在生產中的助力，而因爲能致消費和供給之適合。』地租增高，於社會全體并無利益；祇是有利於地主，他們的利害是這樣永遠與其他一切階級相反的。農業上的改良，如新肥料機器或較優分工之採用（分工在農業上雖不如在其他生產種類上之容易擴充），或外國農產之新輸入，均可阻止或預防地租之上昇，或甚至可暫時使牠下降；可是地租有永遠隨人口之增加而增加的趨勢。

地租說所以在李嘉圖學說中佔重要之故，因他把社會一切經濟情形都歸結到農業情狀上。這個可以從他下面的工資和贏利說見出。一切勞力和資本所得的產物都分配於工人和資本家之間，一方若所得較多，他方所得必較少。勞力的生產率若是固定，則工資增高，必使贏利低減；工資減少，必使贏利增高。勞力的價格，卽是勞力的生產費，由維持勞働者生活必需品的價格決定。勞働者所需製造品之價格永遠有低落的趨勢，主要原因是工業裏面分工之進步。可是勞働者的生活費主要不繫於製造品的價格，而依靠食物的價格；食物的生產在社會和人口進步的行程中漸次需要更多的勞力，所以食物價格增加；工資在貨幣上因此也增加，贏利將因工資增加而減少。所以在歷史上贏利率之低減乃緣因於較惡土地之漸次採墾，或同一土地上資本較不利的增加（斯密認爲贏利低減係緣於資本家之競爭，雖是他在原富第一集第九章有個地方有一線李嘉圖的見解）。這種贏利趨向最低限度的吸力，幸而因生產必需品的機器之進步，幷特別因農業中的發現和其他原因以致勞働者主要必需品之費用，有時可以遏制；可是這種趨勢仍然是永遠的。資本家旣這樣受損，而勞動者卻沒有受益；他所得工資的貨幣增加，僅够使他支付必需品增加的價格，他不能比以前所得較多，或許比以前較少。在事實上勞働者所得的工資不能長久過多，使他們的生活超過一般風俗所認可他們應享的安逸程度，和使他們的種族繼續逾越這不增不減的範圍。這個是勢力的『自然』價格；若是市價偶有增加，人口便也隨之增加，工資將仍降落到原地。旣是地租常有上升的趨勢，贏利常有下降的趨勢，則工資的升降仍依靠勞働階級人口增加的速度。對於改良勞働者的情狀，李嘉圖仍然返還到馬爾薩斯的救濟辦法，但是對於這辦法的效力，他似乎沒有十分期望。他以爲防止人口過剩的保障，只有漸次廢除救貧法——他不滿意於修改——和發展勞働階級中較優美生活的習尙。

我們可以見出，社會主義者過分的宣言工資絕對等於維持勞働者生存及延續其種族之必要費，是李嘉圖的『工資鐵律』(iron law of wagos)。他承認『生活程度』(standard of living) 的勢力可以限制勞働階級人口之增加，所以使他們的工資常常在最低點以上。可是他又以爲在舊有的國家裏面，各事依照常軌的當中，和沒有特殊力量限制人口發達的時候，勞働者的狀況一定逐漸低落，而地主的狀況將由同一原因日漸進步的。

設若我們被問究竟這種地租學說和李嘉圖從此說所推的結果是否眞實？我們一定回答道，只有在實業最進步的地方這種假定才可眞實（雖是牠們被鹵莽的運用到印度（India）和愛爾蘭（Ireland）），幷且就是在這些地方也不能根據這種假定發生安全的推論以及穩健的行爲。我們以後可以見出正統派大多數經濟學說的價値大半都被他們下列常用的假設所減殺：我們所討論的是受一種原則衝動的『經濟人』；與競爭相反的所謂『風尚』是沒有的；沒有『合併』（combination）這等事；交易雙方的契約是平等的；一個社會的贏利和工資有一定普遍的率度；最後這假定包含三種意思：(1)無論那一種營業所投的資本，一旦其他營業有較大贏利可獲，將馬上轉移到那兒去，(2)一個工人不管他的情感，家庭，習慣以及其他事務等的鄉土關係如何，只要那時有旁的地方或旁的事務能得較多的工資他馬上一定遷徙去；(3)資本家和工人都對於自己的和他人的事業所有全國實業狀況均完全知道。但是李嘉圖的地租說及其結論尙仍有抽象的所在。在那時向外移民的勢力已占偉大地位，卻略而不論；又假定一國支配土地的總數只限於自國的領土，不曉得那時歐洲在事實上已大半受美洲西部各國的供給。他對於勞働生產力增加的程度，或由於智識的增長，或由於組織的進步，或由機器之採用，或由於交通的迅快和價廉，在在都可漸次減少生產費，沒有相當的認識。此外租地法之改良和契約條件之改善，也是同一方向的勢力。從上述所有原因之結果，李嘉圖想像的壓力便不覺得了，而社會的呼聲，祇有地主叫苦地租之低落，沒有消費者叫苦物價的上升了。在事實上全體情形都大改變，以致尼科爾孫教授(Professor Nicholson)——他不是正統學派的敵人——在近來研究農業問題的現狀，宣言所謂李嘉圖地租學說『過於抽象而無實際的效用。』

李嘉圖有實用見解的特殊經濟問題是國外貿易所獲利益之性質，和進行此種貿易之條件。以前的學者以為國外貿易的利益在於給剩餘物品一條出路，或在使一國資本之一部周轉而獲利，至李嘉圖則指出這種利益『僅僅並且完全在使一國以一定的勞力和資本能得全體貨物較多的數量』。這種見解是我們常有的見解；雖是李氏以前的學者——包括亞當斯密——有其他說法，有時也很能表明一國生產的情形，在此不能說絕對無用。李氏進而說明決定購買外國何種貨物的情形，不是因這種貨物在外國生產起來比在本國少用勞力和資本。要是我們在國內生產其他貨物比生產此種貨物更有實在利益，縱是生產後者仍有利益，我們也願意專於生產最大利益的貨物，而輸入在我們生產中較少雖仍有實利的貨物。簡括說來，決定交互貿易的不是絕對生產費，乃是相對生產費。這種說法是正確而有趣，雖是穆勒（J. S. Mill）和愨茲（Cairnes）似乎把牠過於看重，後者很誇大的形容此說『為深入國際貿易問題的底蘊』——雖是我們以後可以見出愨茲關於國內生產情形加入其他說法，修正其說。

據李嘉圖看來，全國最重要的不是勞力和土地的總出產，如斯密似乎主張的，而是純收入——即是，出產超過生產費的餘數，換言之，即一國地租和贏利的總數；因為勞力的工資不一定超過勞働者的生活費，據他看來，祇可算為『生產必要費』之一部。因此推論如下，如他自己在一段特別的和常引的話所說的：『假若一國的實際純收入是一樣，不管這國有一千萬或一千二百萬居民，均無足輕重。要是五百萬人能夠生產一千萬人的食物和衣服，則剩餘五百萬人的食物和衣服便是純收入。若是要七百萬人生產這同樣的純收入，究竟這國仍然有利益麼——就是說，需要七百萬人生產一千二百萬人的衣服和食物？仍然是五百萬人的衣服和食物爲其純收入。需用較多的人數既不能使我們增加一兵於陸軍和海軍，也不能增加一金鎊(guinea)的稅款』在這裏他認爲實業的目標和終極是達到一國的軍事和政治權力，不是維持人類的生存和進步的，如重商派的主張一樣。如赫爾得(Hold)曾說的，勞働者不被認爲社會之一分子，不過是達到社會目的之一工具，一部分的總收入必耗去養他，如他部分須耗去養馬一樣。我們在此很可以問，如西思蒙第(Sismondi)同李嘉圖會面所說的話『怎麼財富就是件件重要麼？人類就絕對不算呀！』

總而言之，李嘉圖雖有很大的天才，可是這些天才不甚適於社會學的研究，這是實在的。天生他是一個二等數學家，而不是一個社會哲學家。他對於社會研究也沒有相當的預先的準備，我們決不能承認巴佐特(Bagehot)的話：『李嘉圖雖不是什麼高尚受教育的人，』他卻是一個很成功的錢商，所以對於此等學問有特殊優良的訓練。巴氏指出李氏有『耐煩的觀察力，因而尋出許多微妙精細的地方。』可是李嘉圖缺乏廣大的觀察，對人性和人羣生活博大的見解，以及強烈的社會同情；社會同情心，許多大思想家認爲是在此門科學最有價值的幫助，他很適宜於研究如貨幣問題，在這問題祇要注意少數根本原理就夠了，沒有道德的成分加入。可是在較大的社會範圍他就有了缺點。他有很大的演繹習慣和技術（雖是他的邏輯的準確常有許多言之過甚的地方，如薛知微(Sidgwick)所說的）。可是在人世的事現象如此的複雜，其原則常如此的彼此牽掣或相成，急遽的和大膽的演繹，要是對於事實離開了廣大和公平的認識，是最危險的事。辯證才自然是一種寶貴的天資，可是社會學問成功的第一條件是實事求是。

李嘉圖這一類的神祕論調在經濟界中存在很久。他的功績被過分的重視，一部分是因他的制度給工業家和其他資本家對於舊時貴族地主的仇視一個幫助，這是不用疑惑的。他的這種傾向，以及過於抽象和非歷史的思想方式，和幸福主義等，使他歸入邊沁派 (Benthamite Group)。并且屬於所謂的一般『哲學急進派』(Philosophical Radicals)。布魯安 (Brougham) 說他似乎從天降下來的——一定要承認他是一個奇怪的天神下凡。他在貨幣和銀行問題上的眞正貢獻自然構成歡迎他的其餘普泛見解的偏見了。可是除了這些特殊問題外，他似乎在健全學理的教訓上或有價值的實行指導上，實在於世界沒有多大貢獻，而且在幾個重要問題上卻有錯誤的見解。第琴稷(De Quincey)說他是眞理的大啓示者，現在看來是誇詞了。哲姆穆勒和其他學者說他「特出的見識」可以與亞當斯密比美，然而他的著作於我們人類社會智識的貢獻，卻不能與原富作須臾的比較。

馬爾薩斯人口學說和李嘉圖的原則構成一般正統派經濟學者所遵奉的教義，可是馬氏本人卻不採取李氏的意見，這是很有趣的。他預言「李氏大部分的組織不能成立。」他說，「李氏學說只見到問題之一部分，如法國經濟學者的制度一樣；他的學說又如法國學者的制度，既已經吸收許多聰明的人落入牠的旋渦以後，又不能自圓其說，以抵抗顯然事例的證驗以及其他學說的壓迫——其他學說雖比較簡單，少能動人，卻包含一切經濟現象中實際活動的原因更多，所以比較的正確。」

我們已見出，斯密學說的基礎在一般哲學上是不穩健的，因此他的制度的倫理性質也受劇大影響；可是他的論調，常是歸納法和演繹法並用，我們覺得少有反駁的地方。經濟學的方法大半因李嘉圖的影響便走入歧路，以致科學不用觀察，而從少數急遽的概論，用邏輯的推演，以求出現象的定律現代歸罪正統派學者的一切主要壞處完全是他的榜樣鼓勵出來的，如(1)他們觀念的壞的抽象性質；(2)他們研究的行程中濫用演繹方法；(3)他們觀察和發表結論所有過於絕對的態度。

李嘉圖的著述，已由馬卡洛和(J. R. McCulloch)於一八四六年搜集爲一册，幷附以事略。馬爾薩斯和李嘉圖之後——前者於社會某方面已得一般人不可抗力的注意，後者引領經濟研究進入一新的雖是可疑問的途徑——則有許多小的學者，他們大半是這二位的說明家和註疏家，因此德國人用希臘神史的諷語叫他們是厄匹哥尼(Epigoni)。斯密的和他最早繼承諸人的學說，被他們造爲更有系統的形式，限制和辯護，使牠少有批評的地方，包蔽以更確切的術語，修改不甚緊要的所在，或者用以解決當時的實際問題。

杳姆穆勒於一八二一年出版的原論(Elements)是應當特別注意的，此書以貫澈的精神，嚴密的論調，以及取材的精巧，闡發李嘉圖的制度，使牠帶幾分藝術作品的性質。在此書裏面演繹的政治經濟學變到最簡單的形式。馬卡洛和(J. R. McCulloch，一七八九——一八六四)著有許多煞費苦心的統計編述和其他作品，從李嘉圖學說的觀察點，在愛丁堡評論 (Edinburgh Review) 上批評流行的經濟法律，實質上他所有所見地與較晚出的曼徹斯德學派 (Manchester School) 相同。他完全沒有創造力，沒有發表什麼高深遠大的哲理。他自信的獨斷主義常是反動的，他在晚年自認他以前過於嗜好新說，并過於熱心和堅持擁護牠們，而不是牠們應當有的。這是可注意的，雖是在當時贊成他的學說的人和不贊成他的學說的人如西思蒙第，都一致說他是那時當權學派的明星之一，然而他的名字到現在却無形的被屏於那學派的作品之外了。不管他於擁護自由貿易有部份的好處，他於我們社會之將來却沒有什麼貢獻，至少這是很明白的。

栖聶 (Nassau William Senior，一七九〇——一八六四) 是牛津大學的政治經濟學教授，除了許多單行的講演稿外，曾著有一種科學的論著，最初出現於京師百科全書 (Encyclopaedia Metropolitana) 中，為一篇目。他是一個很有功勞的著作者。他於經濟原理的闡發有很多貢獻，特別是研究術語的洽切和演繹的精確。他於講明生產費以及生產費影響物價的方式，地租，工資率與勞力價格之區別，贏利和工資的關係（他特別參證李嘉圖關於此問題的學說，改正他的絕對總數爲比例總數），和各國間貴金屬之分配等問題，是特別有價值的。他發明的新名詞『節慾』(abstinence) 是用以表明藉利息爲報酬之行爲，雖是因爲意思是消極的，不十分適用，却也是有用的。棲聶最欠圓滿的是工資學說。他用一種以工資基金(wages fund)——這是一個不確定而且臆想的數目，除非是實際所付工資的總數——爲分母以勞働人數爲分子的分數去表明一國的平均工資率（我們一定承認這種工資率不是眞實數目，雖是在一定的職業和地方裏面這種率度是眞數目）；從這方程式他求出他的最重要而深入的結論，雖是他推論依據的方程式至多不過得到數學的事實，這個事實於各個人中每種分配情形許是眞的，却沒有包含任何經濟的成分。『工資基金』這術語，初見於亞當斯密的有些言論中，不過僅用來說明學說起見，幷沒有用力解釋這術語的意思；幷且我們可以見出，這種學說已被幾個所謂正統政治經濟學派的黨員所排斥。至於方法上，棲聶把這科學變爲純粹演繹法的了，除了四個根本的假設外，不容許有其他任何『事實』的加入，從這四個假設他要繹出一切經濟的眞理。他沒有覺得他所達到的只是假定的結論；他又把他的假設和推論都認爲與實際現象相合。叨楞斯 (Colonel Robert Torrens，一七八〇——一八六四）是一個淹博的著作家，一部分是在經濟學說上而主要的部分則在經濟學之運用於財政和商業政策上。差不多庇爾(Sir Robert Peel)實施於法律的一切計畫在叨楞斯的著作裏面於原則上都發表出來的。他的國外貿易學說實質上與以後約翰穆勒(J. S. Mill)在他的未解決問題叢論(Essays on Unsettled Questions)裏面主張的一樣。他是一個最早而最熱心主張廢除穀物法的人，他却不贊成一般絕對貿易自由制度，他主張若是外國徵收一種抵制關稅，我們就徵收一種同樣的報復關稅也是適當的；又以爲只減少外國貨物的進口稅，而各外國仍然保留他們抵制的稅則，將使貴金屬被人吸收，而演成物價、贏利和工資的衰落。他的普通性質的主要作品是：被駁倒的經濟家——卽是重農學者(The Economist Refuted，一八〇八年出版）；富之生產論(Essay on the Production of Wealth，一八二一年出版）；國外穀物貿易論(Essay on the External Corn-trade，爲李嘉圖所讚美，一八二六年第三版）；預算論財政商業及殖民政策之書信一束(The Budget, a Series of Letters on Financial, Commercial, and Colonial Policy，一八四一——三）。馬鐵奴(Harriet Martineau，一八〇二——一八七六）女士在她的政治經濟學之解明（Illustrations of Political Economy，一八三二——三四）把馬爾薩斯和李嘉圖的學說變爲通俗的文章，此書是一種小說集，在這書中有許多精采的描述，可是敍述的效力常被一些散見篇中的笨拙議論所剝喪，這些議論常常是問答形式。

其他學者應當在經濟學史上列名的，有巴貝治（Charles Babbage），著有機器及製造之經濟論（On the Economy of Machinery and Manufactures，一八三二年出版），大部分是描述的作品，却是也有一部分是學理的；吞啾（William Thomas Thornton），著有人口過剩及救濟法（Overpopulation and its Remedy，一八四六年出版），農事企業家之呼籲（A Plea for Peasant Proprietors，一八四六年出版）和勞力論（On Labour，一八六九年初版，一八七〇年再版）；麥立未爾（Herman Merivale）著有殖民及殖民地講演錄（Lectures on Colonization and Colonies，一八四一——二；初版一八六一年）；班飛爾德（T. C. Banfield），著有實業組織之解明（The Organization of Industry Explained，一八四四再版一八四八年）；以及威克飛爾德（Edward Gibbon Wakefield），著有殖民藝術之觀察（A View of the Art of Colonization，一八四九年出版）。查爾門斯（Thomas Chalmers），在其他思想界頗有名，曾著大城鎮基督徒與公民之經濟（The Christian and Civic Economy of Large Towns，一八二一——二六），和政治經濟與社會道德之現狀及將來（On Political Economy in Connection with the Moral State and Moral Prospects of Society，一八三二年出版）；他極力反對一切慈善制度，而堅持道德勤勞和節儉爲一般幸福的要件，把馬爾薩斯學說推到極端。愛爾蘭（Ireland）對於當時的經濟運動不是完全無分。惠特力（Whately，是牛津大學第二個德藍夢德（Drummond，有漂亮意）政治經濟學教授（繼栖聶之後），并在爲教授時發表他的講演錄（Introductory Lectures，一八三一年）；當着他以都伯林（Dublin）大主教的資格去到愛爾蘭時，又於一八三二年設立同樣的教席於都伯林特驎尼書專門學校（Trinity College, Dublin）。此席第一次爲郎飛爾德（Mountifort Longfield）所充任，郎氏以後任愛爾蘭田地法庭裁判官（Judge of the Landed Estates Court），卒於一八八四年。他出版有經濟學的普通講演集（一八三四年），救貧法（Poor Laws，一八三四年），和商業與遙領主義

(Commerce and Absenteeism 一八三五年)，諸作品都以思想之獨立和觀察之精巧顯著。他沒有當時學者言過其實的毛病，這是可讚美的。他在一八三五年曾說，『我們在政治經濟學不能過於抽想，』并且反對『人們一切行為完全為自利心所領導』的通常假定。羅孫(James A. Lawson，後為裁判官，卒於一八八七年)也出版一些在這教授席上講授的講演錄(一八四四年)，這些作品現在讀來仍然有趣味和益處；他討論人口問題特別的好；他又反對栖聶，主張科學全靠事實，科學的推理須依據世界和人類的本來面目。

李嘉圖學說最早的批評者之中最有系統而最徹底的批評家，則為準茲(Richard Jones，一七九〇——一八八五)，他是赫里貝勒(Haileybury)的教授。他的繼承諸人給他以很少公道。約翰穆勒既採用他的作品，却對於他的勞績只給以淡淡的承認。洛瑟甚至說他沒有澈底了解李嘉圖，又不給出什麼證據來；而德國歷史學派(Historical School)所宣傳的許多東西早已明白見於準茲的著述，洛瑟對於這些事實却不發一言。有人說他曾反對安得孫的地租說，這話是不對的。他以地租說歸功於馬爾薩斯，說那位經濟學者『已經指出土地被生活於贏利上的資本家所壟斷，而資本家又可自由將資本移到其他事業的時候，則耕種最惡劣的土地的費用可決定原產品的平均價格，而以上土地品質的等第可決定各種土地地租的多少，這說法是很圓滿的。」他眞正反對的，是反對運用這學說到一切支付地租的情形上去；他在他的富之分配與稅源論（Essay on the Distribution of Wealth and on the Sources of Taxation，一八三一年出版）裏面指出除了農人地租（farmers' rent）外，還有耕夫地租（peasant rent），前者在假定情形之下，可依照上述的定律，後者則在歷史中最延展的各時代和地球上最大的部分都支付過的，不受上述定律的支配。他分耕夫地租爲四類：（1）田奴的（serf），（2）分益農的（métayer），（3）耕夫的（ryot），（4）房佃的（cottier），這種分類後被約翰穆勒在實質上所採取的；準茲以爲契約所定這些地租的多少係多半取決於風俗而不由於競爭，至少是前三類。至於李嘉圖根據他過分擴充的地租說所建立的上層工作，準茲反對他所得的大多數的結論，特別是下列幾種：——（1）農人地租之增加常常發端於農業中生產力的減少，且隨而發生損失和困苦；（2）地主的利害恆常的而且一定的與國家和社會其他各階級的利害相反；（3）贏利率之低減單是依靠最後用於土地的資本所得的報酬；(4)工資的增加必定犧牲贏利。

準茲所用的方法是歸納法；他的結論係根據當時事實的一種廣大觀察，而助以歷史的研究。他說：「要想我們了解世界各國生產和分配收入的經濟和秩序，我實在曉得只有一條路可達我們的目的，就是觀察。我們於事實須有範圍廣大的觀察，那末我們所得到的原則纔能眞正廣大。設使我們用另一方法，設使我們一舉手就掠着了普遍原則，而對於狹隘的觀察便沾沾自足，那末我們一定得到兩種結果。第一，我們所謂的普遍原則，實際上常是沒有普遍性的——我們開首就宣布這些假設是普遍的眞理，而我們一步一步推論下去，又不能不承認這些假設是不實在的。第二，我們一定錯過許多有用的知識，這些知識，若是一個人用廣大事實觀察去求原則，一定遇着的。」他宣言他要研究的世界，不是居住抽象「經濟人」的臆想世界，而是眞實的世界，在這世界內，有各時各地土地所有權和耕耘的種種不同形式，以及一般生產和分配情形的種種不同狀態。他承認文化進程中各時代的社會有各種的生活制度，所以他得到一種結論，即是他所謂的「民族政治經濟學」(political economy of nations)。這種結論，可說是反對在人類世界中少數偏頗的地方，節取一二特殊的和部分的實現事實，納去代表人類全體社會普遍的現象，而忽略從前歷史的和每社會特殊發展的勢力對於經濟現象的影響之辦法。

有時因要避免範圍廣大的研究起見，學者往往假定社會當中也有一種普遍的趨勢，而採取現時特殊的事例，爲社會永遠的和最終的體制。即使此種假定的趨勢，眞實不誤（這些假定只能部分的眞實，因爲我們現在所有制度不能認爲完全確定了的）；也不能承認在我們的文明中所見到的事實，和表現於文明較低的社會的事實，都如此接近，可以用同一的公式去表明。如休尼爾（Whewell）編輯準茲文存（Remains，一八五九年出版）時所見出的『宇宙間一切物體都趨於由萬有吸力決定的形狀，山陵夷爲平原，瀑布蝕去水道而變爲平流，江河阻於丘陵而爲湖沼，冰川墜而爲瀑泉，』這些現象在自然世界中是眞實的。可是我們豈可因爲有一種勢力的活動最終可使這效果實現，便馬上承認這效果如已經實現了一般嗎？一切人類問題大概是時間的問題；研究人類進化中各時代的實際經濟現象，也應當實事求是，否則我們在學理的研究上以及實際問題的解決上便不免落入大錯。

準茲既不誇大其詞，也沒有片面的論調，這是很顯著的；因此，他雖是過分尊崇馬爾薩斯，但却不承認馬氏食物增加人口卽隨而增加之假定；他以爲在善良管理和繁榮的國裏面人口增加，則生產食物的能力不但不減少而且能增加，這話是很眞的。

準茲所留給我們的許多學說——惜乎大部分都是零碎的——很與較爲晚出的勒斯力(Cliffe Leslie)的見解接近。然勒氏更僥倖的是見到孔德的社會學，使他對於方法有更牢固的把握，和對於社會一般運動有較大的觀察；而且準氏的呼聲，在當時經濟世界一般讚美李嘉圖的歡聲中，少有聽到，而勒氏著書的時候，正是反玄學運動開始，而英國方面的潮流也正反對演繹經濟學的時代。

歐洲西部的一般經濟學者多富於偏僻的見解，孔德在有些地方稱之爲『過渡的偏見』(transient predilection)。這種情緒，特別在英國一八二〇年至一八五〇年之間最爲顯著。某位著作家在韋斯敏斯德評論(Westminster Review)中曾說：『一直到一八一八年以前，經濟學除了哲學家的小小範圍以外，差不多沒有人知道或討論；國家立法不但不依照經濟原則，且日去日遠。』穆勒（J. S. Mill）曾給我們說數年之中發生了什麼變化。他說，『政治經濟學在公共事務中發生有力的主張，一是由於倫敦商人要求自由貿易的請求書，此書是圖克（Tooke）於一八二〇年起草由貝靈（Mr. Alexander Baring）提出；一是由於李嘉圖在國會裏面幾年的努力。李氏的著書開端於金銀問題之辯論，繼而引出吾父和馬卡洛和的注解與說明（在這幾年內馬氏在愛丁堡評論發表的著作最有價值），因此引起一般人對這問題的注意，致使內閣裏面至少有部分改變；哈斯啓孫（Huskisson）得坎寧（Canning）的助力，漸次着手取消保護制度，過後由他們的同僚庇爾（Peel）完成這種工作於一八四六年，雖是這制度的最後遺跡在一八六〇年才被葛拉德士呑（Mr. Gladstone）掃除淨盡。』經濟學旣這樣引起幷固定一般心思震動的人們之注意，而未定局的狀態也自由的加入了。各教授中意見的紛歧是當時常感痛苦的一個問題。可是這種紛歧不久便會消滅，這是一般人很自信的預料的，而叨楞斯（Colonel Torrens）幷預言二十年內『經濟學的根本原則將不會再有疑義存在。』薛知徵（Mr. Sidgwick）曾說：『穀物法廢除後，國家日漸繁榮，使實行家對於自由貿易所藉抽象推理的眞實得到一個最深刻而最滿足的證明，』至一八四八年，『有一位傑出的思想註疏家把前代辯論主要的結論編爲一部精妙的論著，而於盛行的思想加以相當的說明和修飾，』所以多年一般人都相信政治經濟學『已經脫出辯論的狀態，』至少是牠的主要學說最終牠的強固的構造已建立在永久的基礎上了。

這位傑出的註疏家是約翰穆勒（John Stuart Mill 一八〇六——七三）。他在英國的經濟學裏面自從李嘉圖以後，沒有那個學者的勢力比他的勢力更大，這是毫無疑義的。他的系統的著述，或是專著或是筆記，都已建設在經濟學上了，特別是福塞特（Fawcett）的經濟學，現在各國的經濟學者大半都從這個淵源得到他們關於此科學的知識。可是穆勒所以能在經濟學以及其他學問裏面成一個特別有趣和重要的人物，也有其他較深切的原因，我們以後可以見出的。

穆勒於一八四四年出版了五種論文，名政治經濟學未決問題各論（Essays on Some Unsettled Questions of Politial Economy），此書作於一八二九和一八三〇兩年，可是除了第五種論文已早成書外，其餘各種還是筆錄。在這些論文裏面，凡可視爲他對於經濟學所有的專斷的貢獻，都包括在內。第一種的題目是各國間貿易定律。他說，兩國交易兩種貨物，因爲交互需要的關係，兩方貨物交換價格的決定，可以互相適合，即是一國輸入鄰國貨物的數量適足以冲消彼此的債務（此二種貨物的價格不以生產費決定，如李嘉圖已證明的）。這個定律以及附加的發揮，見於他的系統著述裏面，題名爲『國際需要相等律』(equation of international demand)。他於是進而研究國際利益的分配。在這論文裏面他得到的最重要而實行的結論（然而不是一個毫無疑義的結論）是：國際關稅的目的，不在於保護而純粹在財政的收入關稅對於外國貨物的減輕，應當視輸入貨物的國家對於英國貿易是否採取同等的自由原則爲斷。第二種論文的題目是消費對於生產之影響，他所得到最有趣的結論是：(1)『遙領主義』(absenteeism) 是一個地方的惡德，不是民族的惡德，(2)生產雖不能有永久的過剩，而貨物却有暫時的過多，不但那一種貨物是這樣，全體的貨物也是這樣——可是全體貨物過多，不是由於生產過剩，乃由於商業的信用缺乏。第三種論文討論『生產的』和『非生產的』二名詞於勞力消費和支出 (expenditure) 上的用法。第四種討論贏利和利息，特別是在解釋和贊成李嘉圖『贏利依靠工資，贏利高則工資低，工資高則贏利低』的學說。李嘉圖之意是贏利依靠以勞力計算的工資。因此，工人消費品的生產方法進步，可以增加贏利，而不至於減少工人的眞正報酬。最末這種論文，是研究政治經濟學的定義及其方法，這個題目在著作者稍後的邏輯之系統 (System of Logic) 裏面討論得更爲成熟。

穆勒於一八四八年出版他的政治經濟學原理及其對於社會哲學之應用 (Principles of Political Economy, with some of their Applications to Social Philosophy)。此書題名，我們可以見出，雖是容易受人批評，却可表明著作者對於經濟學範圍的概念，比他以前的各學者均較爲廣大和隨便。在事實上他作此書的目的，在於代替原富在普通實用上所占的地位，據他的意見，原富『有許多地方是不適用的，全部都是不完全的。』亞當斯密討論問題的一般原則，一定要聯講牠們的應用，有時因講明應用，往往於純粹經濟學的範圍外，搜求旁的和較廣大的觀察。穆勒著書也有同樣精神，一面參入斯密以後各學者在各問題所得的結論，一面又講明純粹的經濟現象，而證以當時一般社會哲學最進步的概念，也如斯密參照十八世紀的哲學一樣。

這種計畫他自然沒有實現，他的書去『近世亞當斯密』甚遠，而實在是一種李嘉圖經濟學最明白而且精透的註疏，自然馬爾薩斯學說也糅雜其間；可是雖增加了許多零碎的新理論，然而對於科學的本質很少增加，或許沒有。勒斯力說，穆勒於李嘉圖學說修飾和改正的地方太多，恐怕李氏本人難於承認，這話自然太過；其實栖聶修改李氏學說更甚。穆勒的努力往往是辯護他人對李嘉圖的指摘而掩飾李氏議論的謬誤，他對於李氏在經濟學的貢獻，表示一種深沉的尊崇，已見於他的五種論文，他說李嘉圖——似乎對於斯密不公道——『既已創立經濟學，他本人研究的自然只限於主要的原理，』又說，『要是一個人已經澈底領悟李氏的發明，則於科學的細微地方自然不難於求出。』哲姆穆勒也是一個祖述李嘉圖的學者；他的兒子——約翰穆勒——的註疏文筆，其精巧動人處却超過乃父，可是他的經濟學說，實質上仍與乃父同一觀察點。但是在他們的一般哲學概念上，以及他們對於社會目的和標準的見解上，穆勒父子在進化線上各占一極端不同的見地。例如，小穆勒在他的成年時代，已不承認淺薄的詭辯論是一種政治學說，而馬可黎(Macaulay)以平庸的才能，足將老穆勒著作裏面的詭辯思想完全顯露；又是小穆勒有高尚的情緒，使他對於較高較遠的社會問題，能够超出了邊沁派（Benthamites）一般粗陋的實利主義

(utilitarianism)之上。

穆勒討論社會問題時所具有的哲學精神，大部分是受孔德的影響，他從孔德所受的益處，培因(Bain)說的不錯，恐怕他本人還不願意自認。我們有時這樣想，要是穆勒更完全受孔德的感化，或許他在經濟學已有所改良，把科學從演繹法中解脫，在範圍廣大的觀察上建設實業生活的眞正學說；這種工作，仍有待於現代的完成。這或許是因爲時期還沒有成熟，不能有此建設，又或許是穆勒智力上天生的缺點使他不適於這種工作，有如洛瑟說的，『他沒有從歷史方面思想的才能』。不管怎麼樣，他幼年所受的教育，往往把實在的東西同形上哲學的成分混和一起，這種影響在實際上也能夠阻止他的智力達到完全中庸的狀態。他從父教所得下來的不好傾向，以及他在邊沁派團體中長大所受的影響，他完全沒有戰勝。所以他的全部人生觀，用洛瑟機警的話來說，是『模稜兩可』的。他的幼年時代狹小專斷學說與中年時代範圍較大的觀念構成一矛盾的混合，所以他的同部哲學都含有一種不穩固和不確定的性質。他在各方面都是『非最終的』(un-final)；他表示超向新說的傾向，并且在各方開闢新途徑，然而他沒有什麼建設他自己的見地仍然是不完全而且不調和的。可是，就是這種騎牆的態度，使他有些地方更適於預備和促成這過渡工作，以致我們對於他的功績也感覺特別有趣。

他自己以為『他的著作的主要功績』是在生產學說與分配學說之間畫一分野，前者的定律係根據不變的天然的事實，而分配的軌道則時時受社會的規定而改變。這種區別，我們可以說，不可認為太絕對的，生產的組織也隨社會的進步而變遷，而社會分配的性質，如羅德得耳（Landerdalo）最早指出的，亦影響於生產。可是這種區別也有實質上的眞理，而承認這區別，即可引起對下述問題的注意——我們怎樣可以改良現在財富的分配？穆勒研究這問題，使他在晚年漸漸趨於社會主義的方向；所以雖是直到死時他的書縱有許多改易，仍然繼續本着開明自私心的原則去演繹李嘉圖學說，却是他想尋出一種新的事物制度，在這制度裏面，合作的力量建立在同情心上。

穆勒關於社會制度的見解漸次的改變，可見於他的自傳（Autobiography）。他說，他在早年時代，『對於社會組織根本改良的見地，少有超出舊經濟學派的範圍（注意這個徽號）。現在解釋的私有財產和遺產，似乎是法律的最終目的。』『有些人生而爲富翁，大多數的人生而爲赤貧，』這種不平的現象，欲用激烈的方法去救濟，他認爲是幻想的。可是到現在，他所有的見解，我們『很可毅然決然把他列於社會主義徽號之下。』他相信當時全部經濟生活的結構，只是暫時的和預備的；一定有個時候要到，那時『勞力的產物之分配，不像現在大半依靠偶然的出身，而依靠一致承認的公道原則。』他認定『將來的社會問題，是在怎樣才可使個人行動的最大自由，和公有土地上的原料，均分共同勞力的一切利益之原則，幷行而不悖——這兩點在社會主義計畫中是常須調和的。』他說，這些觀念在他的政治經濟學第一版內少有說出，在第二版內，則述說較更明瞭和完全，而在第三版內，則態度十分堅定了——一八四八年的法國革命使一般羣衆更容易收納新的思想。

穆勒雖是希望一個新的經濟制度，然他又以爲這制度降臨的時期尙遠，而相信自利心之引導也是同時不可廢棄的。在精神方面他也保持同樣的希冀態度。他相信有神教終歸消滅，而代替以純粹人性的宗教，然同時又主張現行的教義是鼓舞和管制人類所不可少的。所以他一面剝蝕現在社會的基礎，他面又不準備代替的東西，而主張保留他已極端不信認的制度到一無限制的年代。不但如此，他既散播社會主義的社會組織種子，却又贊成現行的或類似的法則，使實業界發生其他的結果。土地的農人有田制度 (system of peasant proprietorship)，從牠的全體趨勢看來，顯然是偏於個人主義的；然而他在書的前半部，却讚美不遺餘力，直到勞働階級之將來這一章，才沒有讚頌牠。他在他的書的後幾版很熱力介紹的所謂生產合作制度——這個制度他的有些黨徒宣傳爲必需的制度——將一定鞏固了個人財產的原則，并且他既宣言用團體競爭代替個人競爭，却又不願完全排斥個人競爭。

他對於勞働階級的提高，太偏重馬爾薩斯的倫理學，雖是他對於這個問題的切確態度，也如他的父親的態度一樣，不容易指出，有如培因所說的；可是他對於馬氏的倫理學的確過分的看重。我們找不出理由說他限制人口的態度有所改變；可是這種態度似乎是他所傾向的社會主義所不容有的。馬爾薩斯所謂的道德限制，除了個人維持家庭的責任心以外，至少我們也難找出實施有效的方法。這個困難，實在是一個致命的缺陷；這個缺陷，在馬爾薩斯的意思，可以破壞葛德文

(Godwin)的一切計畫。

穆勒對於新思想的容納和對於改良的熱心，是無可過譽的。可是在他的優美天資中却有缺乏實行意志的短處，他不能認出幷默識人類生活的必要條件，而徒妄想『比麥麵較好的麵包』。他含有許多過甚或顛倒的觀念，如婦女的服從、能量和權利等。他鼓舞勞工方面的革命精神，反抗他們永久受工資生活階級的裁判，而沒有充分的證明這種狀況是可以改變的，也沒有指出這種狀況雖受法律和道德之相當管理仍不能與他們的眞正幸福調和的。他又主張勞働階級的『獨立』——按他的意思卽是自助——而不知富貴兼有的優越階級天然是社會權力的所託，他們的責任是在謀社會全體的，特別是窮苦人們的福利；穆勒此說卽不是駁斥這眞理，但也使這眞理晦暗。他過分注重機械的而實在是幻想的辦法，如遺產權之限制，和不勞而獲的地租之沒收。

穆勒的經濟方法也轉移不定，結底他沒有確切的見地。他在最初論文第五種裏面說演繹法是研究社會科學的唯一方法，歸納法『在這些科學裏面不能得到有價值的眞理』。當他著論理學的時候，他已從孔德知道歸納法（他稱爲逆演繹）是求得一般社會學眞理的唯一方法，他這樣承認，可馬上使他的論文歸於無用。可是他不願棄掉幼年的演繹法，想把經濟研究分爲兩種，其中一種是可用演繹法的。有時他說經濟學『是社會科學全體中劃分出來的一部分；』然而他系統著作的題名卻包含一種疑點：究竟經濟學是社會哲學之一部，抑是牠的預備和輔助科學。所以他在邏輯的和主義的方面，都是騎牆態度。不管他的懷疑或反對，他在方法上仍是舊學派之一分子，而永沒有進入新的或歷史的學派，這派係屬於將來的。

經濟的方法問題穆勒的高足懇茲（John Elliott Cairnes，一八二三——七五）也提出討論，曾著一書名經濟學邏輯法（Logical Method of Political Economy，一八五七，再版一八七五年）。倭克爾教授曾說懇茲主張的方法，與穆勒的不同，并且以爲懇茲的方法即不與德國歷史學派相同，也是與他們相似的。可是此說甚爲錯誤。懇茲的見解雖是表面有些游移，并有些形式的而非眞實的退讓，其實他仍是主張極端嚴格演繹法的。他明白的確說在政治經濟學裏面沒有歸納法的餘地，『經濟學者開端研究的是知識的最終原因，』因此，『他在研究發軔的時候所占的地位，已是物理學者須經過多年辛苦研究纔能達到的。』懇茲實在似乎沒有超出栖聶的觀察點之範圍，因栖聶宣言從四種根本的假定可推出一切經濟的眞理。穆勒在他的邏輯學表明驗證法（Verification）是經濟定律推理中之主要部分，而懇茲則以爲『經濟定律不是關於現象的性質和因果的確說』（那末，科學的定律又是什麼別的東西呢），『牠們不能因統計和文書的證明而成立或取消的。』一個假定，既非說明關於現象的東西，即不能持現象去拘束牠。不管他的書的才力怎樣偉大，牠似乎有些地方在方法學上反有些退步，而只遺將來以歷史的趣味。

從此觀點看來，穆勒和懇茲在科學方法上的努力，雖是本身頗欠健全，却有一種重要的消極效力。他們使舊政治經濟學從襲傳的地位崩潰下來，并修正兩種普通承認的見解，以掃除科學上誇大的僞說。第一，李嘉圖從沒有懷疑在他的一切推理中他研究的是否人類實在有的本來狀態，至穆勒和懇茲則指出李氏認定的科學純全是一個假設的東西。牠的演繹是根據不眞實的或至少是片面的假設；其中最緊要的假設是有所謂『經濟人』之存在，這『經濟人』只受兩種動機的感動：一是求富的動機，一是避勞的動機。根據這種概念立的前提，須在與事實相應的範圍內，而後所得的結論在實行上方纔可靠。栖聶曾反抗科學有此種見解，以爲妨害牠的社會效用，卻是空言無補而叨楞斯從前是反抗李嘉圖學說的人，至穆勒的新經濟學出現，則極表歡迎，使得他在一個意思是拒絕這些學說，在另一個意思又採取這些學說。第二，一般人常說在經濟科學以外還有經濟藝術(economic art)，——前者係確說關於經濟現象定律的眞理，後者係規定正當經濟行爲的種類；并且許多人又以爲只要前者知道了，後者也自然在其中——實際說來，我們只把學說改變爲規則，工作便算完了。可是穆勒和愷慈說得明白，這種說法是不可採取的，經濟方面的行爲，也如生活中其他方面的行爲一樣，不是藉取僅僅一部分世事的審慮便可完全管理的；經濟學所提供懸於心中的各種觀念，若不與其他知識相聯，也不能指導行爲——這種任務需要世事較大範圍的研究。我們參考孔德的科學之分類，或更可說科學由下而上的排列，這個事體便更明白了。我們從最不複雜的科學——如數學——起頭，次第上升到天文學，物理學，化學，而到生物學，再由此而到社會學。在這上升的進程中，我們遇着管理無機物的現象，和有機物的現象，以及社會現象之一切定律。然而還有一步尚未達到——即是道德；在這個頂點，學理和實行的範圍都趨於一致，因爲行爲中的每一成分均須本着全體幸福的目標去研究，在這最後的總合中，以前一切的分析均用為工具，以決定怎樣使物或人的各個眞實性質均集中於人羣(humanity)幸福的方法。

懇茲的最重要經濟作品是他最後出版的，書名經濟學原理新論(Some Leading Principles of Political Economy newly Expounded，一八七四年出版)。他聲明此書不是科學上完全的著作，在這書裏面他批評和增改以前學者在經濟主要學說上所有的議論；幷且很精巧的討論各學說解釋的限度，以及特殊境地所生的例外。此書旣已顯出他的大才，卻也給出我們所見到的他天資上的弱點的證明——他缺乏智識上的同情心，因此他的眼光常限於片面的眞理。

此書分為三部分，(1)價值，(2)勞力和資本，(3)國際貿易。在第一部他開端說明價值的意義，幷且辯駁澤豐茲(Jevons)『無論什麼東西的交換價值完全依靠牠的效用』的見解，或許懇茲沒有明白了解澤氏這假定的意思。他在需要和供給的見解與舍(Say)所有的一樣；指出需要和供給，看來好像是集合物，卻不是獨立的現象，而是嚴密相聯和交互相倚的現象——在實物交換制度之下，牠們實在是相同的，只是在貨幣交易制度之下，看來纔有區別。所謂特定貨物的需要和供給，其意一定是指在一定價格時所有的需要和供給；這樣我們就引領到『市場價格』

(market price)和『經常價格』(normal price)的觀念（悉茲步社耳步雷(Cherbuliez)的後塵，說斯密不幸的稱之爲自然價格）。經常價格又引領到生產費的觀念，并在此點悉茲又反對穆勒和其他學者，不承認贏利和工資加入生產費內；換言之，他主張栖聶（他沒有提說栖氏）以前所主張的（雖是栖氏沒有把術語確切的定出），以生產費是生產中所需勞力和節慾(abstinence)的總合，工資和贏利是這種犧牲的報酬，而不是這種犧牲的原素。可是我們可以問：怎樣可以把勞力的總額加到節慾的總額上？不要用工資和贏利作爲這『犧牲的度量』嗎？他堅持『犧牲』這概念，所以揭出這種空洞的說法：勞力太貴是英國貿易發展的障礙——話中的英國貿易即是指資本家的贏利。在此點我們被引導到一個現在最初發展的學說，雖是這學說在穆勒已有些暗示，事實上此說不過是穆勒國際價值學說之擴充。在悉茲的意思，在國外貿易上生產費不能管理價值，因爲牠不能執行那種功用，除非在有效競爭制度之下；而國與國間有效競爭是不能存在的。可是悉茲又問：在國內實業裏面有效競爭究竟達到什麼程度？關於資本悉茲以爲有效競爭是可以充分實現的——我們可以順帶的說，這種見地他似乎沒有求出，設若我們想到許多『置業資本』

(invested capital)——非活動資本(disposable capital)——實際上的固定性。至於勞力，這種必需的競爭，只限於某社會的或更可說某實業的階段以內纔能發生。實業世界可分爲一個無數上下團體重疊的系統，這些各團體之間實際是『無競爭』的，任何團體裏面流動的勞力差不多都難移動到較高的團體裏面去。所以生產費決定價格這定律在國內的以及國際的交易上都不可說的太絕對；因爲這定律在後者既普遍的失效，而在前者『無競爭』團體之間也是失效的。在這『無競爭』團體之間的定律，與管理國際價值的定律相似，可謂之爲『交互需要相等律』(equation of reciprocal demand)。在各團體的產物之中，自然發生一種相對價格，可使一團體賣出產物的部分，適足以抵償他由其餘諸團體買入物品所負的債務而無餘欵。團體間的交互需要可決定各價格『平均的相對水平線』(average relative level of prices)在每團體內而生產費則決定各團體中各個產物間價格之分配。這種學說，或許沒有什麽大的實際價值；然而這種研究的傾向可減少生產費爲經常價格的管理者之重要，幷且表明科學的固定學說中尙還有一種被一般承認的學說，也具有極端嚴格和絕對的形式。至市場價格，穆勒用方程式解釋爲平均需要和供給之價格，懇茲指出這方程式是同等假定，而講明市場價格是在新供給從生產策源地未運到以前能最有利的使現有的供給適應現有的需要之價格。

他的書的第二部分最顯著的是擁護『工資基金說』(wages fund doctrine)，關於此說，我們論栖聶時也曾提過。穆勒已經放棄這學說，因爲吞畋(Thornton)曾證明其謬誤；可是懇茲不依從他的領袖，而相信穆勒不會有此變態。他對於郎極(Longe)的『工資平均率』(average rate of wages)之批評給了一個錯謬的答辯以後，遂進而擁護工資基金說，以一國財富中在任何時期內用於支付工資的總數——要是一國實業的性質和生產方法沒有改變——是與這國一切資本的總數有一確定的關係；後者若是已知的，前者也是已知的了。他說明這種見解，遂堅持『需要貨物不是需要勞力』的原則（這原則大體是眞的，可是被穆勒規定太絕對）。我們在這裏也不需追索他的研究，因爲他的理論不能滿足他的繼承諸人；除了福塞特(Fawcett)以外而現在一般討論工資問題的，也不參證這假設確定的『工資基金』。懇茲第二研究的是職業組合主義(trades-unionism)與工資關係，他得到的結論是這主義能影響工資率之唯一途徑在於增加進步的速度這種進步雖沒有這主義的提倡，最終也會自己發生的。他又有時反對布刺息君(Brassey，現在是伯爵)所假定世界各部『勞力費統一的定律』(law of a uniform cost of labour)。關於勞働階級物質的改善，他考察贏利和工資的總額與分配的變遷問題。他在這裏發表『實業生產力之增加，不能影響於贏利或工資，除非使工人的消費品減價』的原則(可是李嘉圖和栖聶在他以前已說過這原則)。工人消費的貨物，大部分是原料品，牠們的生產費，不管知識和藝術怎樣進步，終是逐日增長的，除非勞動階級的人口常有一種限制；因此，工人地位提高的可能性只限於最狹小的限度，若果他永遠只是當工人。工人命運中一切實質的和永久的改善的條件，是他不要只是當工人——贏利應當移來補充工資基金，因為這基金在實業進步的途程中比較國內一般資本恆有退步的趨勢。因此懸茲——放棄純粹學理的態度，這個態度他在旁的地方認為是經濟學者唯一合理的態度——提出所謂『合作制度』(system of co-operation)——實際上即是廢除大資本家——是使勞動階級『脫離這嚴酷的無望的命運之唯一方法，』而輕蔑的把實證派(Positivists)的反對拋置一旁，可是除了實證派以外，尚有其他許多學者，如勒斯力，倭克爾等均認爲他的辦法是幻想。

第三部主要的是專說明李嘉圖的國際貿易說和穆勒的國際價值說。懇茲以他的交互需要——與生產費有別——能部分響影國內價格的管理之觀念，去修正李氏學說，并根據這修正論發表他的一國流行工資與牠的國外貿易的性質和途徑有關係的論調。穆勒以爲一國產物輸出以交換其餘諸國之產物『其價值之決定適可使自國全部出口貨與她的全部入口貨沖消無餘』，懇茲修正此說，而以『一國須藉出口貨抵消一切國外債務』的話，代替穆勒的後半語句——換言之，他引入債務平衡 (balance of debts) 的觀念。這種觀念不算新奇；福斯德 (John Leslie Foster) 在一八〇四年即已說過，而穆勒本人也曾提及；可是懇茲最能闡發此理，而且對於掃除普通的謬見以及有時去掉無稽的惶惑也很是重要的。至於自由貿易問題，他駁倒許多保護派常有的論辯，特別反對美國學者以美國高價的勞力不能與歐洲『貧工』(pauper labour) 相競爭的論調。可是他對付政治的非難『保護政策對於發展一國各種不同的實業是很重要』，則沒有這樣的成功；而他的駁論，只是用經濟主義者最有疑問的常調之一種，即是穆勒的主張保護政策可以保育一國最相宜的初生實業，直到牠的根蒂深固可受國外競爭之壓力爲止。

我們對於懇茲的著作不惜冗長的討論，不單是因爲這著作可代表幾種一般承認的經濟學說之最後形式，并且因爲這著作是（我們相信將永遠是）舊英國學派的最後重要的產物。這著作者開端就說他希望此書可以鞏固而且凝結『亞當斯密，馬爾薩斯，李嘉圖，和穆勒諸人的勞力所設立的』科學組織。我們雖是也承認斯密的偉績，以及此處所說的這繼起三人的眞本領和功勞，然而不能有懇茲同樣的意見，承認他們建立的組織是永久的。我們以爲經濟學尙需要新的建設，在這建設裏面，自然也要加入許多舊材料，可是牠的計畫是根據不同的觀念，而且在有些地方是懸的不同的目標——最要緊的，是設立在一不同的哲學基礎上，在牠的全部計畫中要與一個更偉大的建設有關係，而牠不過構成這大建設之一部，這大建設卽是普通社會學。

懇茲於一八六二年出版的奴隸勢力(Slave Power)是研究美國南北大戰爭最有價值的著作。

法國(France)

凡是歐洲後起的學派都以英國經濟學者從斯密起直到李嘉圖和厄匹哥尼派(Epigoni)止的研究爲前提。德國學派，比較其他各國學派，較有自己的運動——至少在較近的時代，是依據一種新創的辯學方法，而趨向特殊的結論。法國學派則不然——設若我們路了社會主義派，因爲他不應在此處討論的——大概是祖述英國領袖思想家的學說——卻是沒有李嘉圖及其門徒的極端論調。在論述方面法國人是無敵的；在政治經濟學上他們出版了許多著名的和不著名的系統著作，教科書，綱要等等，而褎然獨出的則是舍(Say)的有名的大作。可是法國的經濟著作界中有創造思想的學者——卽是曾經貢獻重要的眞理，介紹進步的方法，或對於現象具有新眼光的人——人數寥寥無幾。西思蒙第(Sismondi)，杜洛葉(Dunoyer)和巴斯楊(Bastiat)是我們要研究的，因爲他們是有獨立見地(不管這見地是否可永久保持)的最重要人物，設若我們現在暫時略過孔德在哲學上的大發明，因爲他的範圍實際上或可能上包羅社會學問的一切部分。在研究巴斯楊的著作以前，我們最好考察一下揆立 (Carey) 的見解，揆立是一個最著名的美國經濟學者，這位聰明雄辯的法國學者的最終教訓在一定限度內是與他很相合的。庫洛 (Cournot) 在這個時代的法國學者中也應有一地位，因爲他是政治經濟學上數學方法 (mathematical method) 的主要代表。

李嘉圖說舍 (Jean Baptiste Say，一七六七——一八三二) 的話——『他是大陸學者中最早了解和應用斯密的原理的人，或其中之一人，他介紹這個開明的和有益的制度於歐洲諸國，比其他一切大陸學者勞績都多。』原文的原富是克拉尾耳 (Clavière) 給予舍的，克氏後爲閣員，當時是保險會社的經理，而舍乃其書記；此書給舍以有力的印象。過後都邦得勒姆責備他對於重農派不公道，宣言他經由斯密的著作，成爲揆內精神上的孫子，都果精神上的姪兒；他回答說他從重商派的著作學了讀書，從揆內和其黨徒的著作學了思想，可是只在斯密的著作他纔學了在事物的性質中考察社會現象的因果，而由縝密的分析得到最後的結論。他於一八〇三年出版的政治經濟論 (Traité d'Économie Politique) 主要是根據斯密的著作，不過他的目的在於把斯密的材料排列成一更合邏輯和更有教益的次序。他有法國立論容易和明達的藝術，雖是他的流暢有時落入膚淺，因此他的書很能通俗，直接的和翻譯的流傳甚廣，而迅速的把斯密的學說傳遍於文明世界。舍的社會生活常識，據洛瑟說來，不亞於斯密；可是他觀察較大的政治現象，不及斯密的深刻，所以他對於歷史和哲學的解釋，常注意的避去。他有時是很奇怪的淺薄，例如他說『最少的稅就是最良的稅。』他似乎在政治經濟學上得不到什麼創造思想者的地位。自然李嘉圖也說過舍『以幾種創造的，確切的和深沈的討論富益科學不少。』可是他用這些形容字的特別意思是指所謂的（或許過於誇張罷）舍氏『市場說』(Théorie des débouchés) 及其對於貨物普遍充塞相關的反證。這學說的大意不過如是：買即是賣，我們所以能夠買他人的產物，乃由於自己的生產。幾個著名的經濟學者，特別是馬爾薩斯和西思蒙第，主要是因誤解商業恐慌現象之結果，主張全體貨物有時可普遍的過多或超過需要之上。舍反對此說是正當的。生產中的某特別部分有時可超過市場現有的容量，這是可承認的；但是假若我們想到供給即是需要，貨物即是購買力，這道理，我們就不能承認貨物普遍充塞的可能，除非我們承認我們所有各種東西都太多——

卽是『全體人們所願意的東西都充分的供給了，以致於沒有市場交換彼此的剩餘。』不管舍在這問題或其他題目上貢獻創造的思想怎樣，他的大功勞仍然是一個鼓吹家和宣傳家的勞績。

氏書的第二版被帝國警察禁阻，氏若不改易其說，卽不許出版，可是舍有高尙的獨立精神，拒絕改易；所以直到一八一四年此書纔出第二版。當舍在世的時侯，此書又繼續出版三次——卽一八一七年，一八一九年和一八二六年。在一八二八年舍出版第二種著作名實用政治經濟學講演錄 (Cours Complet d'Économie Politique pratique)，此書是他在美術工藝保存館 (Conservatoire des Arts et Métiers) 和在法蘭西專門學校 (Collège de France) 的講演稿。在前一種著作他只限於嚴格經濟學的狹小範圍，在此一著作他擴大了討論的界限，特別加入許多關於社會制度的經濟影響之研究。

西思蒙第 (Jean Charles L. Simonde de Sismondi，一七七三——一八四二) 是中世紀意大利共和國史 (Histoire des Républiques Italiennes du moyen Âge) 的著作者，他是經濟界中根據人道的思想反抗當權各學說的人。他最初著一書名商業之富 (De la Richesse

Commerciale，一八〇三年出版），在此書裏面他嚴密的遵循斯密的原理。可是他以後覺得這些原理不完全，并須加改正。他著一篇政治經濟的文章投稿在愛丁堡百科全書（Edinburgh Encyclopædia），在此文裏他的新見解已部分的披露。這種見解在他的主要經濟作品內便完全的發揮，此書名政治經濟學之新原理，或富與人口（Nouveaux Principes d'Économie Politique, ou de la Richesse dans ses rapports avec la Population，一八一九年出版，一八二七年再版）。此書不爲經濟學者所歡迎，他已說過，這不被歡迎的原因，他說是因他『攻擊了正統學說——這件事在哲學上也如在宗教上一樣的危險。』據他的意思，經濟學，如普通認識的，只是太偏於富學；其所研究的，太限於增加富的方法，而沒有充分研求此富對於生產一般幸福的用途；根據這種經濟學所立的實行制度，據他想來，不單是使富者愈富，并且使貧者愈貧而愈不能自立；他願意一般人注意分配問題爲一極端重要的問題，特別在近代的社會情形裏面。

西思蒙第本身與法，意，瑞（Switzerland）三國的關係，以及他的淵博歷史研究，使他的眼光特別放大；并且他充滿了對於社會窮苦人們的高尚同情心。他比法國其他一切純粹經濟學者較接近社會主義，可是他接近這主義，只是感情的，而非意志的；他沒有提議什麼社會主義方案。而且在反面他在幾句可記念的話裏面，聲言他雖見出公道之所在，他必自認無力提出實現這公道的辦法；實業產物由聯合生產者兩造分配的辦法，他認爲是不良的；可是據他的斷定，要想出一種絕對與我們經驗所知的不同的財產制度，差不多非人力所能辦到。他見到四周的罪惡，別無辦法，只是反抗放任主義，和空洞的鼓吹政府管理財富的發展以及保護社會的貧弱分子就完了。

他坦然自認無能，比那些提出急進的和危險的方法，或復還到已壞的中世制度的人們，更爲聰明和高尙，絲毫無損其書之價値。自然最早也有一種偏見反對他的書，因爲此書部分的與社會主義同調（雖是我們已見出不是政策的相同），社會主義在那時已漸顯出力量；又因爲他描寫近代實業制度，特別是英國的制度，文字過於激躁，搖動了所謂正統學派人們的寧靜的樂觀主義。他們對於此書給予一種假裝的鄙視，巴斯楊說牠是宣傳政治經濟學的外道。可是這書在科學著述裏面仍保持其位置，而且在現時比牠初出世時更有趣味，因爲在我們這時候更有一般的傾向，對於實業社會的種種大罪惡，不但不否認或略視，而且還要抵敵和取締，或者最終減除的。而放任主義在學理上也失掉信仰，在實行上也被廢棄了；我們現在已預備了接受西思蒙第的國家見解，以國家不單是負有維持和平的權力，并且受有分布社會團體和近代文明所有的福利於社會各階級的責任。然而他的書所遺的印象乃是一種使人灰心的印象，因他把實業進展中所不能免的許多事體都一概斥之爲罪惡：富足的資本階級和大規模製造業之發生，一大羣專靠勞力爲生的工人之興起，機器推廣的運用，和用進步器械耕耘的大宗田產出現——一切等等他都是不喜歡的和反抗的；然而這些又似乎不能免的。這問題是『怎樣可以管理和改善牠們包含的制度』；否則我們只有趨於澈底的社會革命。西思蒙第可認爲是德國經濟學者被不洽當稱爲『講席社會主義者』（Socialists of the Chair）的先驅；可是他們的著述比西氏的更有希望和更能鼓吹。

他對於人口問題特別注意，認爲是勞動階級幸福的重心。關於農人方面，他以爲他所稱謂的『家族經營制』（system of patriarchal exploitation）是防止人口過甚增加最有效的方法，在這制度裏面耕種者即經營者，家族中的人協力耕種；并且在後嗣之間，假定平均分配財產的原則。在這種情形，當父親的人很能夠明白的預算他的兒子們將來的財產，而決定析產以後他的家族在物質上和社會上所占的位置。要是所生的小孩超過預定的限度，則他們長大以後就停止結婚，或是在諸子之中遴選一人結婚以延後代。這種見解，後爲約翰穆勒所採取，在他極力所稱道的『農人有田制度』中頗佔地位。

在法國經濟學者中，思想的健全和有力，沒有超過杜洛葉（Charles Dunoyer，一七八六——一八六二）的人。他於一八四五年刊行他的勞動自由論（La Liberté du Travail），此書的第一篇於一八二五年曾用另一題名出版。這書在王政恢復的時候（Restoration）猶保持牠的純潔和獨立，所以頗有名譽。杜洛葉所以在科學史上占特殊重要的原因，是他在科學上的哲學基礎和研究方法。關於方法上，他開首就擊中肯綮，主張以『試驗的態度去研究』，并宣言建設在『觀察和經驗的事實』之上。他有擴充經濟學到一般社會科學的傾向，明白的說出政治經濟學的範圍應包括凡屬社會力之活動與進展所發生一切事物的秩序。這種較大範圍的研究自然最好名之曰社會學；經濟研究最好只認爲形成社會學之一部。可是杜洛葉研究他這大題目，他的最廣大的智識的，道德的，和政治的思想，恆與純粹的經濟觀念混爲一起，這是很要緊的。他的書名中的『自由』我們不要認爲只是不受法律拘束或行政干涉之自由；他的意思是指凡一切可增加努力效率的東西均名之爲自由。因此他不能不研究人羣進化的一切原因，幷表明他們在歷史上的進展。

杜洛葉在第一篇研究外部環境，種族，和文化對於這廣義的自由所有的影響，並分全部生產的努力爲兩大類，對於物的努力和對於人的努力而責備一般經濟學者只注意前一種的努力；他在第二篇和第三篇分別研究這兩種人羣努力的效率的條件。他研究嚴格的經濟生活，分物質方面的實業爲四種——約翰穆勒也部分的採用——即是：(1)採掘的，(2)運輸的，(3)製造的，(4)農業的，這種分法在實體的經濟學（physical economics）上是很有用的，可是論到較大範圍的社會事物方面則不如一般更普通承認的分法爲優，即是分爲農業，工業，和商業，而銀行業則是公共的總理和統治者。杜洛葉的觀點只限於物質上的努力，把銀行業以及純粹商業歸於獨立的交易分目之下，他認爲交易以及社團和無償的傳遞業（出於不良的或道德的目的），不能以上述各業的意思稱爲實業，只可視爲與社會經濟有益的事業。至於動作加於人身的實業，他按照事務的性質分爲（1）促進我們體力的，（2）陶冶我們想像與情感的，（3）教育我們智識的，（4）改良我們道德習慣的；據此他進而研究醫生，美術家，教育家，和僧侶的社會功用。我們於杜洛葉見出以後爲巴斯楊所注重的觀念，卽是以爲人類交易的眞問題是勞役問題；一切價值發源於人類的勞力；天然力恆給人力以無代價的幫助；地租實是代表置業資本的利息。雖是他不承認他是實行的建議者，而常常說『我不恐駭那個；我不建議什麼；我只是說明。』可是他也覺得他自己，如其他經濟學者一樣，忍不住要貢獻些建議。他的政策是反對實業中一切國家的干涉。他實在是宣傳放任主義到極端的形式，他持論的主要理由，以爲個人因改良自己環境起見而力求自己的見識，能耐和毅力發展，這種自發的努力是社會文化中最有效率的工具。可是他把政府的一切行動認爲只是壓抑的，毫無指導的，這又未免言之太過。他之所以過甚其辭，自然是因爲他嫉惡當時許多人士提議的人爲的勞力組織，因反對此說，他不惜宣傳競爭原則；然而他批評這種計畫，論調過於絕對，有如孔德所說的，似乎永遠阻止實業中眞正系統的組織。（法國經濟學者續後）

美國(America)

在這裡我們最好掉換我們的話頭而注意美國經濟學者揆立的學說。在揆立以前合衆國的人士對於這科學貢獻很少。佛蘭克林(Benjamin Franklin)是世界著名的人物，曾著許多論文，在大部分的論文裏面他只注重關於勤勉和節儉的許多實行教訓，而且在有些文中揭出一些有趣味的學理。他在斯密五十年前便提出（可是配第在早已說過）人類勞力是價值的眞正度量（見於他在一七二一年出版的紙幣之性質及需要之研究(Modest Inquiry into the Nature and Necessity of a Paper Currency)），他并且在他的人口增加之觀察(Observations concerning the Increase of Mankind，一七五一年出版）裏發表與馬爾薩斯接近的意見。哈密爾敦(Alexander Hamilton)乃財政部秘書，於一七九一年以其職務的資格向合衆國衆議院提出一個促進國內工業方案的報告書。在此書裏面他批評關於這問題的學說，以為斯密的自由貿易制度須世界各國同時採用纔可實行，認定工業的生產力比較農業的生產力大，并且反對以美國資本缺乏，工資過高，土地價賤，不能發達工業的說法。他得到的結論，是為建設美國工業起見，須採用一種合理的保護關稅制度，他并且說出這制度應有的特點。德國經濟學者李斯特（List）當他遠離故鄉寓居美國的時候，應很受哈氏學說的感動，這是有理由相信的。

揆立（Henry Charles Carey，一七九三——一八七九）是一個由愛爾蘭移居美國的公民的兒子，代表反抗斯密學說經馬爾薩斯和李嘉圖之手所有消極性質的一種反動。他既堅持個人主義的經濟學，他的目的要把牠安置在一較高和較確定的基礎上，鞏固起來，使牠不受社會主義的襲擊，這是李嘉圖派的有些教義使這科學陷入此種危險的。他的最博大和最成熟的見解見於他在一八五九年刊行的社會科學原理（Principles of Social Science）。一個新起的少年國家，擁有無窮的未開發的富源，於將來有無限的希望，自然發生一種樂觀的情緒，揆立充滿了此種情緒，所以他要講明在人類意志以外，有一種自然經濟法則之存在，這法則是利益的，社會之日進與隆，特別是勞動階級的繁榮，是此法則的自然結果，這些結果只有人類的愚盲或頑固抵制或阻止這法則的進行，纔不實現。他駁斥馬爾薩斯的人口學說，以為人口在善良管理的社會中是很能自己管理的；人口受食物的壓迫，是文化較低而非較高的時代的特色。他反對土地報酬漸減律可以在一切文化的時期中普遍的真實，是很正當的。他的根本的學理見地即是財富與價值之對立論。

大多數的經濟學者都把『財富』(wealth)與交換價值的總合混為一談；甚至斯密也不免有此病，雖是最初他表示牠們的區別，卻以後又墮入此種錯誤。李嘉圖自然也說出這區別，可是在他的書之末尾纔談到，而且書內只討論價值。稍後的英國經濟學者都認為他們的研究只限於交易；所以推究其極，惠特力(Whately)有改易此學名『貿易學』(catallactics)的提議。我們根據『財富』的真正涵義——即是有用產物之總合——就見出財富發源於外部的天然，如物質與物力，以及人類的勞力，如配置利用這些自然物和自然力。『自然』給助力於人而不索報酬；勞力是價值的唯一基礎。我們愈不能配置和利用自然力於生產上，則產物的價值愈高而增加於我們財富的，與所費勞力比較，則愈少。財富——按照有用產物總合的真正意思——是計算我們已經戰勝自然之能力的度量，而一件物品的價值乃表明我們要生產這物品所須征服的自然的阻抗力。財富在社會進程中是日漸增加的；而物品的交換價值乃日漸減少的。人類的智慧和社會結合的能力，對於控制自然，權力日有增加，利用自然力於生產上範圍也逐日擴大，所以得到一種結果所費的勞力也次第減少；而物品的價值因此漸漸低落了。一物之價值不由牠的過去生產費決定；而眞能決定價值的，乃是在現時智識和技術情形之下牠所需的再生產費。像這樣解釋的價值依靠生產費，揆立認爲是普遍眞實的；而李嘉圖則以爲這種原則只可適用於無限制再生產的物品，幷特別認爲不適用於土地。李嘉圖認定土地的生產力是自然的賞賜，這種賞賜爲少數人所專有，幷隨食物需要的增加，牠的價值在所有者手中也漸次增加。這種價值，不是勞力之結果，所以很可以主張地主沒有要求的權利；因爲他不能正當的要求『土地原始的和不滅的能力』所生產結果之代價。可是揆立的主張則異是，他以爲土地在我們實業生活中，實在是一種人力造成的生產工具，土地的價值乃緣於過去在土地上所費的勞力，——雖是不以實際所費勞力的總數去度量，一定由在現狀之下把新土地作成到同樣生產力的土地所必需的勞力去度量。他是美國人，對於研究土地的佔領和開墾，占特別的便利，最初移殖的傳說倘是活潑的和新鮮的，而且在他的眼前，這種情形仍然進行不已。把一塊荒地弄到可以生產適於人用的有機物，這工夫是很困難的，一個多年開闢國家裏的居民，最容易把牠輕看。在揆立的意思，就是戰勝這些困難所費的艱苦忍耐的努力，使這土地最初占有者有享受這種財產的權利。土地的現在價值不過是所費勞力的最小部分，因爲牠只代表以我們現代的科學和工具把土地原始狀態改變到現在情形所需的勞費。因此土地產業不過是置業資本之一種形式——勞力的數量或勞力的結果永遠溶合在土地內；土地所有者對於這些勞力，也如其他資本家一樣，也受一部分產物的報酬。他不是受自然力的報酬，社會決不會受他欺騙，讓他單獨享有這些權利。所謂李嘉圖地租說，只是一種抽象的幻想，與一切經驗矛盾的。事實上開墾不起首於最好的土地，然後依照肥瘠的等第挨次開墾下去，如那學說所假定的。磽薄的和乾燥的高地最先開墾，直到人口稠密和資本已積聚以後，則富有沼澤湖濕瘴氣的膏腴低地，纔開始墾殖和占有。地租在產物的比例上，也如其他資本的一切利息，逐日低落，可是在絕對數上，則日有增加。勞動者的所得，在比例數和絕對數上，都漸次增加的，所以社會各階級的利益是這樣調和的。

可是揆立要圖實現這種調和進步起見，他說，從土地取出的東西應當還給土地。一切從土地取出的東西，實在是土地的分析的各部分，若是顧慮土質枯竭，這些東西都當還給土地。因此生產者和消費者須彼此緊接；土地產物切不可輸出外國去換牠的工業品，因爲這樣便把肥料落到外地了。這樣出口貿易，地主在目前的交換價値上雖是有利，可是土地的生產力將受損失。所以揆立在開端是一個自由貿易的熱心家，卻得到保護主義的結論：社會的聯合力量應當阻止利私的活動使不妨害公益。他對於這問題改變態度的原因，他認爲是觀察自由稅則和保護稅則各影響於美國興盛的結果。他說，這種觀察使他再返到學理上，幷引領他見到所說的這種干涉於掃除（用他的話）較老較富足的國家加於較幼稺的國家進步上的障礙是必需的。可是除了他自己對於英國的興盛有一種根深的和遺傳的忌妬與憎惡外，李斯特的著作似乎對於他的態度改變也有些勢力。

他這樣得到的實行結論，雖不與他假定自然經濟法則之存在有衝突，卻與他的樂觀計畫不密合；而另一經濟學者，巴斯楊（Frédéric Bastiat），採取他的根本觀念，從事剷除他認定的外國之繁榮，并宣傳社會自然調和說爲實行自由貿易當然的結果。

法國（續前）

巴斯楊（Bastiat，一八〇一——一八五〇）雖不是一個深沈的思想家，卻是一個經濟問題之漂亮和通俗的著作者。他雖是對於經濟研究夙有嗜好，卻是因他熱烈同情於英國的反穀物法運動，纔最初衝動積極宣傳他的主張。他是一個天性熱烈的人，很熱心的參加自由貿易的論戰，他希望借此影響法國的經濟政策，并於一八四五年刊行一種這類爭鬬史名哥布登與聯邦（Cobden et la Ligue）。一八四五至一八四八年他的經濟詭辯論（Sophismes Économiques）出世，在一八四九年由坡爾式（G. R. Porter）譯爲英文，在一八七三年斯式林（P. J. Stirling）又重復譯之，在此書裏面表顯他心思最優秀的性質，雖是懇茲把此書比爲「地方文學」（lettres provinciales），似乎太過，確乎也不少生動中肯、和精采的地方。可是揭穿普通保護主義的荒謬不是一件難的事體；此書值得幷要求我們注意的，只是因牠持論的形式與保護政策在李斯特計畫中所取的形式一樣，以這政策純粹是臨時的和預備的。一八四八年的革命使法國自由貿易運動宣告停止，以後巴斯楊的努力用於反抗社會主義派了。除了幾種小作品與詭辯論有同等價值外，他於自由貿易辯論又產出他最野心的和最特色的作品名經濟調和論(Harmonies Economiques 斯忒林於一八六〇年譯爲英文。)此書只是第一篇付印於一八五〇年公之於世而同年著作者卽去世。從此以後他預備第二篇出版的材料所有筆記和綱要，均搜入他的著作叢集中以公諸世人(此書爲白洛德(Paillottet)編輯，幷有封特內(Fontenay)立傳共七篇)我們可這樣得到他下半部書的精神和實質。

此書是澈底經濟樂觀主義的最後表現，這是很有歷史趣味的。此種樂觀主義，返還到牠的最初本源，從神教思想出發而討論政治經濟學幷涉及『相關的最後原因』極爲牠的英文譯者斯忒林所讚美。此書的精髓在表明『一切原理，一切動機，一切行爲的動力，一切興趣，都是通力合作同趨一偉大的最終目的，這目的人類將永遠不能達到的，不過漸次的趨於接近，卽是各階級人類無限的接近一水平線，這水平線是漸次上升的——換言之，即一切人類在一切幸福中完全平等。」

在他的計畫中可稱爲新奇和特異的，主要是他的價值學說。他堅持價值不是表明一物本身內部的東西，牠所指出的不過是兩種「勞役」的比率。他用許多議論和方法去發揮這見解。據他的意思，只有人類交互的勞役纔含有價值和要求補償；在生產中自然給予人類的幫助恆是無報償的，決不能進入價格中。經濟的進步，例如機器之改良與擴充，恆把效用的原素從財產的，因此也是價值的範圍中，轉移到社會的，或普遍的不用錢買的範圍內來。我們可以見出，此說實質上與擬立在前闡發的學說是一樣；巴斯楊也有許多話申明此說是從擬立取來而沒有表示謝忱。杜洛葉也有同樣的見解，或許一般人沒有十分注意；巴斯楊說杜氏之書對於「科學的恢復」很有力量，并且爲巴氏作傳的封特內也說巴氏承認杜洛葉爲其先師，孔德爲另一先師。

剛纔所講關心實業行爲和實業進步的論調，在實際可適用的限度內，是有趣味和教益的，可是牠過於概括了。愍茲指出巴氏學說的健全很受他研究學說恆直接顧慮當代社會的和政治的非難之習慣損害不少。所以他預有成見，對於似乎可邀一般合法的和有價值的機關批准的說法，便加採取，對於似乎使他發生危險結果的說法，則一概拒絕。他的恆久目的，如他自己所說的，是在『打毀反社會派手中的武器，』這種成見，很牽掣他尋求科學眞理的專一的心志。他創造或採用這種價值學說的原因，由於他意欲抵制社會主義對土地產業的攻擊；爲論戰的便利起見，最好是能指出除了自己勞力以外，社會幷未支付任何代價。所以他的地租說，可以說是預有成竹的，雖是揆立的著作已有這樣的提示，如白洛德編輯巴氏叢集所說的。他同這位美國學者一樣，認爲地租純粹是地主或其前人披荊棘、開溝渠、築藩籬，和其他種種永久的改良，把天然土地變爲田莊的工程中所費的一切勞力和費用的報酬。他這樣便排斥了所謂李嘉圖地租學說，因爲這學說是社會主義者所採用，幷用來攻擊土地產業制度，或者至少幫助社會要求土地分配的報酬而讓給權利於勞力。懲茲說：『巴斯楊的結果如是：他既以無限辛苦把「自然」無償的賞賜排出於價值原素之外，幷明白的認定價值現象即是人類勞力（很可說是與人類勞力結合）以爲是價值的唯一來源，他用「勞役」(service)這名詞去表明人類勞力，可是他運用這名詞時又承認他學說的精髓所排斥於價值以外的這種無償的自然賞賜爲價值的來源。』若是一個人考察巴斯楊怎樣講明一顆金剛石的價值之問題，便覺得這種批評是很公道的。在最多數的一舉交易中代價之支付，自然是勞力，這是無人爭辯的。可是竟以一顆偶然拾得的金剛石的價值，是代表拾得者處置和移轉此物所費勞力的報酬，這的確是把他的價值學說認爲普遍適用所得的荒謬的推論。論到土地，地租的一大部分，在普通的意思，很可解釋爲資本上的利息，然土地原有的能力是很可據爲私有的，所以使用這種能力，一方要求代價，一方須支付代價，這也是很顯然的。

巴斯楊在哲學方面極有弱點，他充滿了神教目的論的觀念，并且被這觀念引領，使他對於現有的事實和法則，預先有一種演繹的成見。「自然法」(Jus naturae)，也如一般形上哲學觀念一樣，是在神學中有深固的根蒂，深入巴斯楊的學理中，不亞於在天治派學者。因此他在他的自由貿易(Free Trade)中說道：「交易是自然的權利，如財產一樣。一個公民造出或得到一種產物，他就有自由處理這產物的權利，或直接供自己的享用，或讓與地面上承認給他願意的東西與他交換的任何人。」都果也曾說過這同類的話；并且在都果那時候，這種論調是可原諒的，而且暫時有用的；可是在十九世紀的中葉，這種說法便應當看透，并且應當放棄了。

巴斯楊對於經濟學有眞實的熱忱，以爲此學補益人類甚大，幷且對於影響他的思想的各學說，相信尤烈。他的樂觀主義的誇論，卽使是贊助資產階級，卻不是出於自私或卑鄙的衝動。可是誇論仍然是誇論，在近代勞力和資本的衝突中，他高唱的『社會調和』論，無異在不太平的地方大呼『太平太平』。實業自由，他認爲是萬病良藥的，自然也已經發生不少利益；可是充分的經驗已表明這種主張不能解决社會問題。我們怎麽可以向主張經濟革命的人說在自然經濟中凡事都是調和的，去對付他們——卽是說，他們所尋求的，都已經有了。自然在社會中有某限度的自然調和存在，因爲沒有這個，社會便不能繼續下去，不過這調和一不完全而且不確定的；這問題是我們怎樣纔可得到最高限度完全的和確定的調和？

庫洛（Augustin Cournot 一八〇一——一八七七）是第一個富有數學和經濟學的知識，而努力運用數學以討論經濟問題的人。他的書名數學原理上財富學說之研究（Recherches sur les Principes Mathématiques de la Théorie des Richesses），出版於一八三八年。在這書裏面，他所述說的，不過是甘拉德（Nicolas François Canard）以前所做同樣的事業（自然還有他種學說，）甘氏的書於一八〇二年出版，爲學院(Institute)所褒獎，雖是『此書的原理是極端謬誤，而且錯謬的運用。』庫洛雖是有名的數學著作家，可是他的研究一書卻發生很少印象。這原因是一則因他的研究有些地方不甚重要，有些地方不算正確，一則因他進行計算所用的抽象，有時忽略了問題中的眞實部分。他的篇頁充滿了符號，這符號表明未知的『功用』(functions)，至功用之具體形式則以事實的觀察去決定，他認爲這種工夫不是他範圍內的事，他或者只取未知功用的已知性質用爲演繹的基礎。澤豐茲(Jevons)的書目中，包含有數學的經濟著述，內有庫洛於一八六三年出版的第二種作品，名富說原理(Principes de la Théorie des Richesses)。可是實際上此書的才氣很大，有許多反對普通經濟學者的有力的理論，但放棄了數學方法，并且全書中找不出一個幾何公式。著作者承認一般公衆對於用數學符號討論經濟恆表示一種憎惡，雖是他想符號方法，於進行說明，確定觀念，和提示更進的發揮上，大有效用，但他也承認有許多隨着發生的重大危險。他的意思，以爲危險在於研究的人或許對於他所出發和構成公式的抽象的假說過分的重視。他的實際結論是運用數學方法須十分審愼，若是公衆的評判都反對這個，就專可不用，他說『這種評判有暗中的理由差不多常常比個人所持的理由還更可靠。』這是很明白的說法，採用不健全或片面抽象原則作爲論辯的前提，不緣於數學方法之用否；雖是數學方法之運用可以連帶發生一種幻想，卽覺得這些前提是確切的。但是在經濟推理中運用數學法的最大障礙，就是這法是枯索的。若是我們考查一下以前運用數學法的成績，就知道演繹所依據的根本概念，性質上是很空洞而且是形上的。動物的或道德的滿足單位(units of satisfaction)、效用的單位，以及等等，與實質科學是膈膜的，正如睡官(dormitive faculty)單位與牠膈膜一樣；而價值單位，除非我們知道價値是一種商貨在一定情形下交換他種商貨的分量，也不過指示同樣無定的觀念。我們若是已經見出交換的比率了，數學自然可以寫成等式；可是這些比率不是數學推算的本身可以決定的，因爲數目的結論須包合數目的前提，這是數學所沒有的。那麼將來就不需要這種學問，而研究此學不過徒費腦子罷了。可是這種結論，不能影響數學爲達到較高研究的工具之重要。物質的媒介或環境，乃經濟現象之所發生，及其變化的淵源，我們要研究這些，不能不用數學爲工具；幷且數學能給人以合理研究的原始準則，與人以堅決證據的活動情緒，和掃除人們腦筋中幻想的概念及詭辯的聯想，這種引人入勝的功效，我們無論如何都不可棄掉的。所以經濟學者要敍述學說正確，不發出廣漠無定的泛論，至少數學基本原則的知識是必須具備的。就是著名的學者有時在此點也不免有重大的缺陷；所以他們於二數之和（非二數之合）為常數（constant）時，遂認為一數是與他數『反變』的；而於性質不同不能有共同標準的東西之積聚，又認為可用數目計算。第二種錯誤的實例，可舉李嘉圖常說的『勞力數量』（quantity of labour），幷且此說是他的制度的基礎，而其所謂勞力，乃包括各種不同的努力，差不多不能統計或比較的。

意大利

原富最初的意大利譯本出現於一七八〇年。然而此處要討論的這時代最著名的意大利學者，卻不是斯密的信徒。此人即宙雅（Melchiorre Gioja），除了統計的和他種著述外，撰著有一部龐大的書名經濟學新論（Nuovo Prospetto delle Scienze Economiche），共六冊，一八一五——一七年出版；此書幷未完成。）他的意思要把公經濟和私經濟範圍中一切學者之所教授，政府之所實行，民衆之所活動，搜括撰述爲一大辭典。這書是富有學問和才能的著作可是其中充塞了引證和表格，以至不耐人讀。宙雅讚美英國實行的經濟制度，幷極力發揮大規模的地產，製造和商業的利益。他擁護限制政策，認爲國家的行動是實業界中的一種指導，監督和管理的力量。可是他充滿時代的情緒，於教會的權勢和其他中世的餘孽表示反對。我們只可簡單的提說一下羅馬格拉西(Romagnosi，卒於一八三五年，)他因爲常投稿於雜誌，和他本人的教訓，很影響了意大利經濟思想的途徑。西洛雅（Antonio Scialoja）於一八四〇年出版社會經濟原理（Principii d'Economia Sociale），於一八五三年出版的愛國與政府(Carestia e Governo)，他是一個有力的自由貿易信徒，卒於一八七七年。奇布剌里（Luigi Cibrario）以著中世政治經濟學著名（Economia Politica del Medis evo，一八三九年出版；一八六一年第五版；巴爾洛（Barneaud）於一八五三年譯爲法文，）此書實在是那時代全體社會制度的一覽表。波嘉多（Girolamo Boccardo，生於一八二九年）曾著政治經濟學之實行學說(Trattato Teorico-praties di Economia Politica，一八五三年出版。）著名辯論家非拉臘（Francesco Ferrara）自一八四九年至一八五八年爲都林(Turin)教授（在此校中現在大多數意大利教員都直接或間接曾受學於他，）他是極端放任主義派的黨員，又是撰立和巴斯楊特別地租見解的信徒。最後，有尼亞波里丹(Neapolitan)牧師畢安期里(Ludovico Bianchini)著優美社會生活學原理(Principii della Scienza del Ben Vivere Sociale，一八四五年和一八五五年，)他有些地方遵循歷史的方向，并主張相對的原則，而於研究經濟與道德的關係，又有相當的注意，關於此點，意大利經濟學者大概都是很特出的。

西班牙(Spain)

原富於一七九四年由俄提(J. A. Ortiz)譯爲西班牙文。此書或許影響和昧朧諾斯(Gaspar de Jovellanos)，氏於一七九五年提出他的有名著作於加斯提耳(Castile)會議，并於同年付印，其書名瑪德里地之經濟事實與農業法之修正(Informé de la Sociedad Economica de Madrid en expédiente de Ley Agraria)是一個要求改良的有力呼籲，特別注重賦稅和法律之影響於農業方面內包含關於遺產和永業制度的法律。此書的英譯見於拉波耳德(Laborde)的西班牙譯叢(一八〇九年)第四册。

德國(Germany)

斯密最初在德國沒有多大印象，如洛瑟已見出的。他似乎不爲大弗勒得力(Frederick the Great)所知道；他實在對弗勒得力沒有影響。約瑟第二(Joseph II)也沒有注意他的原富。至於德國小諸侯中，如巴敦(Baden)的弗來得里(Karl Friedrich)乃是天治派，自然與斯密的主義不相入。然在十八世紀後半葉情形已大變易，這時代的主要活動係屬於十九世紀的最初十年。普魯士的政治家以前以斯泰因(Stein)爲中心的，現在受斯密的感動而成爲經濟家了。而奧大利麥特涅(Metternich)派重要思想家如根次(Gentz)也成了斯密的信徒。

下述的諸學者，是德國最早註疏斯密學說的人，他們於祖述斯密理論之外，并有許多附益地方。如基督徒克勞西(Jacob Kraus，一七五三——一八〇七)，沙多里亞斯(Georg Sartorius，一七六六—一八二八），和呂得（August Ferdinand Lüder，一七六〇—一八一九）是也。他們從不同的觀察點供獻獨立的見解：第一個從斯密學說影響政府實行的方面立論；第二個從斯密學說在歷史上的關係立論；第三個則從斯密學說與統計學之關係立論，稍後則有胡斐蘭（Gotlieb Hufeland，一七六〇—一八一七），陸宰（Johann Friedrich Eusebius Lotz，一七七一—一八三八）和嘉可布（Ludwig Heinrich von Jakob，一七五九—一八二七）諸人，他們根本上是屬於斯密學派的，而他們自己於科學的基本概念上卻有些改良。這些著作不如舍（Say）氏有廣大的影響，部分的原因是爲他們著作不十分動人，但主要的原因則是那時候德國不如法國之容易得着歐洲人的聽受。左登（Julius von Sodon，一七五四—一八三一）大半是依據斯密，然而他批評斯密卻嚴酷過分，特別是對於他書的體制和排列；他形容原富是一串零碎的寶石，幷責備斯密對於他的全題目，缺乏概括的觀念，而他的傾向又只偏於英國式的。

斯密學說在德國最高的形式可以四大著名的學者爲代表：勞（Karl Heinrich Rau，一七九二—一八七〇），勒布里斯（Friedrich Nebenius，一七八四—一八五七），赫爾曼（Friedrich Benedict Wilhelm Hermann，一七九五—一八六八，）和都倫(Johann Heinrich von Thünen，一七八三—一八五〇。）

勞的特長是『淹通透澈。』他的科學指南(Lehrbuch，一八二六—三二）是一部大辭典，舉凡德國到那時候所有關於經濟學說、經濟政策，和財政學理莫不包括在內。其書富有統計的調查，而討論地理殊異情形所有之經濟影響，是特別有教訓的。此書最適於一般國家經濟的官吏的採用，并且事實上德國政治界截至十九世紀前七十年所有的經濟知識都淵源於此書。勞在早年的時候，曾主張經濟主義改良之必要，著有政治經濟概念(Ansichten der Volkswirtschaft，一八二一年出版，）頗趨向相對論和歷史法；然而他以後發生一種錯謬觀念，以爲歷史法『祇能推求往事，不能研究改革現代的方略，』因茲遂變成了狹義的實行家了。他把『管理的工資』(wages of management）提出分別討論，這是他的功勞。勒布里斯是巴敦(Baden）的牧師，對於德國稅制統一之設立，助力甚多，他所著關於公共信用的小册子（一八二〇，）頗爲人珍視。赫爾曼的經濟之哲學研究(Staatswirtschaftliche Untersuchungen，一八三二年出版，一八七〇年再版，）

不是一種有一定系統的著作，祇是一些重要題目的專論。他缺乏專門知識，所以使他研究有些經濟問題，不能十分優長。他復述經濟學中的主要基本觀念，至爲澈透和犀利。洛瑟說，『他的力量，在能於幾個複雜的概念中，或複雜行爲的各種步趨中，有一種明晰、銳利和盡致的分別。』德國的弟兄把他的分析能力去比較李嘉圖。可是他沒有這位英國經濟學一偏之見的毛病。因此他把公益心妥置在自私心旁邊，均認爲是經濟的動力；認定物價不單由勢力去度量，而只是幾種因子之總合，并且又以爲工人之消費，不是資本家生產費中之一部分，實在是經濟實行的主要目的。都倫以他著名的書得名，書名孤立國與農業及國民經濟（Der isolierte Staat in Beziehung auf Landwirtschaft und Nationalökonomie，一八二六出版，一八七五第三版。）此書是農業政治經濟學的傑作，在此書裏面，確切的觀察與創造的想像聯合，這是很稀有的。他要想說明農業自然發展的狀態，便假定一個與世界隔絕的國，領土圓形，土地沃瘠一樣，沒有可航行的河流或運河，中間只有一個大城，城中供給四鄉的製造品，而換入四鄉的食物。他據此研究四周各區距離這中心市場的遠近，在農業經濟上所生的影響。這種方法是十分抽象，這是可見出的；可是雖是不能有什麼結果，卻也十分合理。著作者不是在幻想之下，盲然不知這假定情形之非眞實在他的意思，要分別研究一個重要的情形——即是位置與市場的情形——假說是不可少的。他的意願（可是沒有完全實現）是要從這個假說，創立幾個關於這孤立國的數種不同假定，以便用同樣方法研究實際生活中各種相聯相衡的情形。此法的非難，在於抽象研究難於反到實際事物上；並且這種困難在牠的許多運用上或許是不能制服的。可是這種研究，能表明各種土地經濟制度繼續進演的情狀，這也是有價值的結論。此書富於農業消費和收入的計算，這些雖於資本家有價值，卻減少一般讀者的興趣。這些計算包函著作者在麥堪堡徐渭因(Mecklenburg-Schwerin)之得落(Tellow)地方他的田莊上所得實際經驗的效果。都倫把中產階級和無產階級劇烈衝突的危險深印入腦海，而熱心研究工資問題，他首先認定工資不單是勞力的商品式的價格，而實是社會孳乘生活的資料。他用許多複雜的數學的推論，得到一種公式表示『自然工資』的總數，即工資 $=\sqrt{ap}$，a表明勞動者必需的生活費，p是他勞力的產物。這個公式他視爲極端重要，以致於囑咐死後刻在他的墓表上。此公式有工資應隨產物總數之增加而上升的含義；這個結論使他在他的田莊上設立一種工人分取田利制度，這制度的大概可見於泰羅(Mr. Sedley Taylor)的勞資之分利制(Profit-sharing between Capital and Labour，一八八四年出版。)都倫在英國沒有得着相當的注意；他之爲人與爲著作者，都是饒有逸趣和創造思想的；在他的孤立國和其他著作裏面，有許多警策和提示的地方。

洛瑟所謂的德俄政治經濟學派，以主要的代表者乃斯多齊(Heinrich Storch，一七六六—一八二五。)重商派的學說，在大彼得(Peter the Great)時已有俄人巴索基柯夫(Ivan Possoschkoff，宣傳。至斯密派的新學說則由基督教徒士羅塞(Christian von Schlözer，一七七四—一八三一)輸入俄國，見於他的教授講演錄和他的國家學之主要原則或國富學(Anfangsgründe der Staatswirtschaft, oder die Lehre vom National-reichtume)一八〇五—一八〇七。)斯多齊是以後俄帝尼古拉斯(Nicholas)和他的兄弟大公爵米歇爾(Michael)的經濟學教師，他的教授材料載於他的政治經濟學講錄(Cours d'Économie Politique，一八一五年出版。)此書的俄文譯本爲那時御史官所禁止，勞於一八一九年出版了一種德文譯本，并附以釋義。此書是一種最高等的作品。『德俄學派』這徽號似乎不甚適用於斯多齊洛瑟本人也曾說過，斯多齊大半遵循英法學者的途徑——如舍、西思蒙第、都果、邊沁、司徒亞爾 (James Stuart) 和休門，而最首推的則是亞當斯密。他的本身地位（士羅塞也是這樣情形）領引他從另一種文化方面去研究經濟學說，與西方民族所受的文化是有別的；這種觀察點的改變，便開闢了相對論的門徑，預備歷史方法之降臨。斯多齊之研究田奴制所生經濟和道德的影響，是特別有價值的。他的名譽特別與一般問題有關係的是：（一）非物質商品的學說（或國家興隆的要素）如健康、材能、道德之類；（二）『生產的』與『非生產的』之問題，乃勞力和消費的性質之所決定，在此點他與斯密不合，而給杜洛葉許多暗示；（三）國家所得與個人所得的區別，在此點他與羅得德爾 (Lauderdale) 相合，與舍相反。舍於一八二三年在巴黎將斯多齊的講錄重新刊行，有時加上許多攻擊意味的批評；而斯多齊遂於一八二四年出版他最成熟而在科學上最重要的作品，以答覆舍之評論，其書名國家收入性質之研究 (Considérations sur la Naturo du Revenu National，一八二四年出版，并於一八二五年著作者自譯爲德文。)

對於斯密經濟學說高倡反對論調的，在德國有兩個學者，他們出發的觀點各自不同，所感受的情緒也彼此差異，而贊成的實行制度又復不同，可是從他們的評論之點說來，都達到同樣的結論；此二人即米勒（Adam Müller）和李斯特（Friedrich List）。

米勒的確是一個實有天材的人（Adam Müller，一七七九—一八二九）在他的主要作品政治策略概論（Elemente der Staatskunst，一八〇九年出版）和其他著作中，他代表一種與所謂浪漫派文學時代相連的經濟思想運動。反斯密主義運動多附麗於中世的原則和社會制度，他是這運動的中堅。他被激動的政治和歷史的觀念，和他對於當時自由主義的嫉惡，以及他有規則的機體的發展之思想——特別是關於英國的——有些成分是從柏克（Edmund Burke）習染來的，因爲柏克的法國革命之回憶（Reflections on the Revolution in France）已由米勒的朋友兼教師的根次（Friedrich Gentz）譯爲德文，則米勒之受柏克影響是很可能的。他的評論雖與中世的俗見相連，然而所有的眞實成分，我們也不能因此而便否認。

他反對斯密學說和近世一般政治經濟學的理由，是以這種經濟學只表明一種機械的原子的，和純粹物質的社會觀；把一切道德的勢力歸於無有，而忽視道德維繫之重要，推到結底，至多不過是私有財產和私人利益的學說，而沒有從民族的互助上和歷史的繼續上討論人民全體的生活。他之所抗議的，是這種經濟只單獨注意於目前有交換價值的物品的生產，和個人暫時的生存；至於社會將來聯和生產之保持，和智識的產物、能力、享有和娛樂，以及國家較高的使命和目的，差不多完全沒有想到。實際的眞理是：國家乃一特別的機體，有牠的顯明的生活原則，有一定的個體以決定牠們歷史進展的軌道。各個個體都是永久存在的，個體卽是全體；幷且『現在』是『過去』的後代，所以應當把將來社會永久幸福常常懸在目前。一個人民的經濟生存不過是全體活動的一方面或一部分，應當使他與社會較高目的和諧；而執行這種調和功用的機關乃是國家。國家不單是維持公道的工具，而且是代表民族生活的全體。米勒以爲分工學說，斯密幷未闡明完全，斯密只以分工起源於人類的交易或掉換的本性；而於分工須依靠資本——須依靠前時代的勞力和積蓄——則沒有相當注意，也沒有把民族勞力併合的原則中分工所必須的平衡和完成，適當的說出。斯密只認識物質的資本，而不知道精神的資本；在一國裏面，物質的資本以貨幣表明，精神的資本則以言語表明精神的資本是一民族的經驗、智慧、善意、和道德情緒的眞正寶庫，每代相傳俱有增益，并使每時代生產的東西比較單純用自己的力量所生產的更要多些。又是斯密學說是片面的英國派；卽使在英國沒有發生不好結果，也不過因爲英國的社會裏面人民精神的與物質的生活所堅牢憑藉的舊基礎，仍然在殘存的封建精神中和全社會制度的內部關係裏面保存着的——舉凡法律、儀式、名譽、和信用等民族資本，因英國地位隔絕的關係，歷代相遺，倘屬完全。歐洲大陸則需要一種完全不同的制度了，在大陸上不認定個人私產之總數爲首要目的，而注重的乃是一國的眞正財產和民族能力之培植，而在分工上則同時注意民族的團結與集中，——注意物質的資本，同時也注意智識的和道德的資本。在米勒的這些主要思想中，有許多地方已隱然映照德國近代的經濟和社會學說的形式，特別是歷史學派的特點。

第二種反對論調以李斯特（Friedrich List 一七八九——一八四六）代表。李斯特是一個有大智能和實行魄力的人，他的著作對於德國稅制統一的造成，很有力量，并因此著名。他的主要著作名國民經濟學（Das nationale System der politischen Ökonomie，一八四一年出版，一八八三年第七版。）雖是他的結論實際與米勒的不同，然而米勒的思想方式，以及對斯密學說的評論，卻影響他不少。他所抗議的特別是近代經濟制度中的包羅世界的原則，以及與這原則同調的絕對自由貿易主義。他提高民族的觀念，并注意民族的環境和發展程度不同所有的特別要件。

他否認斯密體系是實業體系(industrial system)，以爲這種徽號施之於重商制度較爲適宜，而名斯密體系爲『交換價値體系』(the exchange-value system)。他反對斯密主張個人經濟行爲與國家經濟行爲間的平行主義，以爲社會各個分子的切近私利不能引領到全體的最高幸福。國家是居於個人和全民衆間的存在物，以語言、儀式、歷史發展，文化和法制的關係，而形成一個體。這種個體是各個人的安全、幸利、進步和文明的先決條件；私人的經濟利益，如其他一切事物一樣，應當謀求國家的維持完備和鞏固。國家有連續的生命，牠的眞正財富不在於牠所有交換價値的數量，而在一國生產能力充分和多方面的發展——這是李斯特的根本主義。國民的經濟教育，若是我們可這樣說，是比一國目前價値的生產更爲重要，就是現世紀犧牲牠的利益和享樂以圖將來的能力和技術發展，也是正當的。若是一國經濟已達成熟時期，牠的健全和恆常的狀態乃是農工商三種生產能力都是平均發展。但是工商兩種更為重要，因牠們對於全國的文化和國家的獨立，能發生更有效和更有結果的影響。航行，鐵路，和一切較高的專門技術，都特別與工商業相連；而在純粹的農業國中，則有停頓的趨勢，企業缺乏，和古時成見的保持。可是對於較高形式實業的發生，不是各國都甚適宜——只有溫帶的國家最宜，至於熱帶區域，於某種原料品的生產有天然的壟斷；因此在這兩組國家間自然發生了分工和能力的聯合。李斯特於是進而講明溫帶的民族，假定一切必需條件都備具，要達到牠恆常的經濟狀態，所天然經過的發展程序。第一期是游牧生活，第二期是農業生活，第三是農業與工業聯合生活，而最後時期則為農工商業合併的生活。國家的經濟職務，是運用法律和行政的手段，造成各時期中國家進化所需的條件。李斯特的實業政治便從這種見解生出。據他的意思，各個國家起首都應當採行自由貿易，以與較富和較文明的國家交易，輸入外國製造品而輸出原料物，藉此鼓勵改良國內的農業。及到國家的經濟的進步，能自己有製造工業時，則應當採取保護制度，使自國實業能充分的發展，不至在本國市場讓外國較成熟實業的競爭壓倒了牠們幼穉的努力。當一國的實業已臻強大，不懼這種競爭的時候，這最高的進化時期算已達到；此時仍以自由貿易爲常軌，這樣國家纔與世界的實業聯合體澈底的通力合作。在那時候，據他的意見，西班牙、葡萄牙和拉不勒斯（Naples）是純粹農業國；德國和北美合衆國已達到第二時期，他們的工業正在發展途程中。法國則已接近第三或最後時期了，至英國則早已達到這種境地。所以自由貿易，對於英國以及上面所說的農業國，是適當的經濟政策，而施之於德、美，則不適宜。一個國家在保護政策時代，在交易價值上所受的暫時損失，可以在她將來培養的生產力中獲得數倍的報酬——我們若是從國家的生命觀點立論，此種暫時的損失，可嚴格等於國民的實業教育費。李斯特對於他本國所得的實際結論是：德意志若是要經濟進步，須有一個擴大而完整的領土，南北兩端均有海口，以及範圍龐大的工商業；而欲工商業之龐大，則須有保護的法律，及全德意志的『關稅聯合，』幷建立德意志海運，製定航海條例。德國人努力於聯合以企圖國家獨立與富強的民族精神，以及從夢中驚醒而發奮自雄的民族實業，都與李斯特的學說相適合，所以他的書引起了一般人的自覺。他又善於描寫他本國當時的大勢和需要；他的書不但引起思想界和政界對於政治經濟問題注意，并且使一般實行家對於這些問題也注意；所以他於德國的實業政策上有極重要的影響，這是無疑義的。論到科學上，他置重各時代文化的比較歷史研究，以爲這些可以影響經濟問題，而反對絕對的程式，這是有相當價值的；至於他注重民族的發展而抑制個人目前的近利，這種說法，在原理上頗爲健全；雖是他的學說在公私兩方面都覺太偏於純粹財富學，事實上有設立一種新式重商主義的趨向，而不能鼓舞當時人們對於社會改良的努力。

前面所述的諸學者，不管是英國的或外國的，大多數仍墨守斯密學派的舊說，或僅就斯氏學說之某方加以闡發，有時且不免陷於偏見或過當；或改正斯氏所陷的小錯誤，或將其原理而以更有秩序和更明澈的方式述出。有些人攻訐斯密黨徒對於抽象法之濫用，有些人反對李嘉圖及其從者的結論爲與人羣生活的事實不適合，有些人又以爲運用所謂正統派公式（orthodox formulas）之結果，將生一種反社會的結論，因而駁斥之。又有少數學者對於斯密的根本思想加以批評，而以爲有變更斯密經濟學所最終依據的一般哲學基礎之必要。可是在我們已經考察的範圍內，儘管有種種預言的表現，而於經濟研究上眞正新思想之建立，或新講學法之形成，則毫無補益，至少是沒有力量的。我們現在卻要敍述一個偉大的興起的運動，這種運動已經在多數學者概念中大大改變了講學的性質，并且於將來將發生更大的影響。我們所指的即是『歷史學派』(Historical School) 之興起，我們認爲此學派可在近代經濟學之發達史上劃成一第三時期。

第六章　歷史學派 (The Historical School)

十八世紀充滿了反向運動(negative movement)的精神，而在經濟方面，一般口號，則是實業之活動應當脫離一切封建之箝制和政府的束縛。可是從此運動的各方看起來，經濟的和其他的，破壞的程序，不過是歷史上一種新的建設之不可少的預備條件，當時的西歐正力趨一種新的建設，不過牠的確切性質尚未具體表現。舊制度依據的理論之崩壞，往往先於適合領導未來時代的新原則之成立。已經破壞了舊時理論的批評哲學，只能反復循誦牠的『絕對自由』之舊公式，卻沒有建設新原則的能力。因此，我們可以見出，自從法國革命後，西歐全境在社會思想和生活中，都呈露一顯著而繼續不斷的擺動現象，在腐舊的思想和新的傾向之間往復波動，這種新傾向常帶有混亂的性質。

這種擺動情形已給十九世紀以一混沌而過渡的景色，從這擺動所生的唯一產物，是科學的社會學說之建設，可爲綜合研究人類問題各說之始基。建立此種學說乃孔德（Auguste Comte，一七九八——一八五七）的不朽功業，此則世界當永誌不忘的。

據孔德觀察，社會學的主要點當如下述：——（一）社會學一定是一種科學，在此科學裏面，凡社會狀況的一切要素及其彼此的關係和交互的動作都通要研究的；（二）社會學包含動態的和靜態的社會學說；（三）社會學排斥絕對論，以循序變化的概念代替抽想固定的概念；（四）社會學雖不排除其他講學法，卻是牠的主要方法是歷史比較法；（五）社會學充滿了道德觀念和社會責任思想，與從『天則』(jus naturae)論所推演的個人權利相反；（六）社會學的精神及其實行結果，都趨於實現一切構成『公共正義』(popular causo) 的大目的；（七）社會學雖以此爲目的，卻是企圖實現，是利用和平的方法，以進化代替革命。我們上述的各種特點，不是各自獨立的；牠們是彼此連結得很緊的。其中有數點，我們現在須加以充分的討論，其餘諸點則俟詳於本篇之末。

孔德在他的實證哲學（Philosophie Positive 出版於一八三九年）之第四集，於精論社會學的研究法中，卽指出社會靜態學與社會動態學之大區別——前者係研究社會共存的法則，後者係研究社會進化的法則。前者的根本原則，是各種社會官能和功用之間所有的『公意』(general consensus)，這種『公意』我們卽引用一個有用的譬喻，說牠與動物驅體中各官能和各功用之間所有的『公意』相類似，也不爲過。動態社會學之研究則與靜態社會學之研究不同，而且隸屬於後者，因爲進化爲『物則』(order)之展發，此乃事實，正如生物進化之研究與生物結構和功用之研究有別，而且隸屬之之狀相同；生物之結構和功用在進化中每一上昇的階段內自表顯其本來的狀態。社會共存和進化的法則可供觀察的材料，正如一個有機體的生活中各種相應的現狀可供觀察的材料一樣。個體進化之研究，可說生物學家所習用的比較法，是最適宜的研究法。我們必須把社會繼續進展的各階段作一種有系統的比較後，始能發現牠們的因果關係，決定他們各種特質相生相緣的道理。

雖是我們要注意，在靜態和動態的研究中，不要忽略或衝突人性的根本要素，可是要想從這些要素，用直接獨立的觀察去紬繹某種法則，也是不可能的事。人類社會的一般結構及其進化的途程，均不能如此說明的。這種情形對於動態法則之研究特更爲顯明，因爲社會從這個時期到那個時期，其主要的動力乃是過去時代各勢力之總合，這些勢力至爲繁糅，不是演繹方法所可探測的——有一個結論，我們現在必須隨時懸諸眼前的，卽是有些所謂人類學家想把社會學作爲生物學之副產和附庸。生物學的原則自然是社會學的根底，這是毫無疑義的，然而社會學自有，而且必須有牠的研究範圍和特殊的研究法。牠的範圍卽是最廣義的歷史範圍，包含同時代的事實；而牠的主要研究法——雖不是唯一的研究法——如我們說過的，卽是社會學之比較法，最適當的稱之爲「歷史法」(historical method)。

這些普通原則之影響經濟學，也不亞於影響其他社會科學，而於經濟學方面，特別發生重要結果。這些原則表明出來，若脫離其他社會各面而欲構成社會之經濟組織和作用的眞學說，實屬幻想。自然，經濟方面的單獨研究是一件不可少的預備工作，可是若把社會之經濟官能與功用認爲與其他官能和功用無關，也不能得出合理的學說。換句話說，單獨的經濟學，嚴格說來，是不可能的，因爲牠只是代表一個複雜機體之一小部分，而此機體之各部分與其作用都是常常相感應和相修正的。因此，我們可以推論，從一個單獨人性的研究中，我們即可繹出若干有用的知識，而社會之經濟結構與其進展的方式，也不能演繹的見出，只可用直接的歷史考察法纔能決定。我們已說過牠的『進展方式』也因爲這是很顯然的，我們對於人事的各種社會原素，須有一種動態的學說，所以對於經濟方面也須有此種學說，以說明社會經濟狀況各時代演進之理；而且即在一般公認的制度裏面，此種學說也是我們的目的物，因爲在這一方面的研究，除有少許部分的破片的見解以外，毫無成就。并且更有進者，一個歷史時期的經濟結構和作用與另一時期的經濟結構和作用是不同的，我們必須去掉一個絕對制度放諸萬世而準的觀念，而代以制度隨時演進的觀念，雖是這種演進程序不是勉強的，但也受牠自身法則之支配。

孔德的努力雖是偏於建設方面的，目的在奠定科學的社會學說之基礎；可是他對於以前研究社會科學各部的人們之著作，也不免加以評論。在被評的人們中，經濟學者是我們必須考察的；孔氏在他的實證哲學以及他的實證政治學(Politique Positive)的許多地方，對於從前經濟學者的一般觀念和研究法，都提出或暗示反對，特別是對於我們所說的李嘉圖及其黨徒的觀念和方法予以非難。約翰穆勒（J. S. Mill）曾對於孔氏的評語發生憤怒，說此種評語實足以見『孔氏之如何淺薄』（卻是他又認爲孔氏是一個足與笛卡兒（Descartes）和來布尼茲（Leibnitz）抗衡幷列的思想家）——這種憤語可謂是穆勒不幸的觀察，要是他能預料歐洲將來思想的趨勢，以及孔德評論之大受歡迎和闡發的程度，或許不作此語。

德國

在經濟學中這種新運動之第二表現，是德國歷史學派之發生。此派的思想，與孔德的社會學的方法論不同，不出發於一般的哲學觀念而更似法律的歷史學派思想擴充到經濟的範圍內，此派最有名的代表爲薩棼宜（Savigny）氏。法律制度不是固定的社會現象，而是在社會進程裏面此一時代與彼一時代不同的；幷且牠與同時幷存的其他社會要素有密切的關係；又是在法律方面，往往適合於此時代的，不適合於彼時代。這些觀念也可適用於經濟制度；因此便進入相對的見解，前此之絕對態度遂不可維持了。學說中的萬有主義(cosmopolitanism)，或制度中推諸四海而皆準的假設，和學說中所謂的永久主義(perpetualism)或制度中推諸萬世而皆準的假設都同樣的不見信於人了。而德國的歷史學派似乎即於此發端。

我們對於歷史學派以前種種預備的表徵，和未成熟的學說，可略而不論；而直溯此派的來源於洛瑟(Wilhelm Roscher，一八一七—一八九四)。在他的歷史方法中經濟學之主要原則(Grundriss zu Vorlesungen über die Staatswirtschaft nach geschichtlicher Methode，一八四三年出版)裏面，此派的根本原則已經說明，雖是有時態度尚屬游移，而且最不幸的是他以歷史法與哲學法(philosophical method)相對比。下述諸點，是氏書序言中所持論的要目。

「歷史法不僅是牠的外形是按時代的順序以研究現象，而且具有下列的根本觀念。(一)牠的目的是要在經濟方面說明民族之所思，民族之所欲，民族之所發明，什麼是民族所努力的，所已達到的，并所以達到的理由。(二)一個民族不僅是現在活着的一大堆人，單是觀察同時代的事物是不夠的。(三)凡是我們所知道的民族，就應當從經濟的觀點去研究他們，比較他們，特別是古代的民族，因爲他的進化狀態更爲完全。(四)我們不要只是讚美或是咒咀經濟制度，牠們少有對於各種民族和文化的各時代都是完全有益或完全有害的；而且科學的主要使命，就是在說明「怎樣」和「爲什麼」一種制度在彼時是合理的、有益的而在此時則常是不合理的、有害的。」我們上述洛瑟的一段話，所有原理都大體無錯，不過第三項中之一部分略可非難；古代民族的經濟，在研究上，不能比近代民族的經濟更重要；實在說來，二者之間孰重要孰不重要問題，根本就不應發生。因爲一切社會學健全研究之主要條件，是依靠歷史上進化最完全的各時代全部的比較考察——即如我們所知的西方各民族所構成的『泰西共和』系(Occidental Commonwealth)，或更簡言之『西方』。我們選擇這種社會體系，以及初先差不多完全限制我們的研究於此點的理由，孔德在他的實證哲學裏面言之最有力量，無可非駁的。自然，希臘和羅馬是這個體系內的要素；可是社會學應當注意的是牠的全部進展，而不是牠任何部分的進展，這樣纔可決定牠進化的法則——正如研究生物的進化，不是一個機體的某時代可認爲特別的重要，全部進化的順序都是研究的對象。至於洛瑟的其他重要貢獻，我們以後還要詳說；我們現在說他的不過是關於這個新學派的來源之一點。

喜爾德布藍 (Bruno Hildebrand，一八一二——一八七八)於一八四八年即刊行其著作之第一卷，雖是喜氏享年最久，卻嗣後并未繼續完成其書名現代和將來之國民經濟學 (Die Nationalökonomie der Gegenwart und Zukunft)。喜爾德布藍的確是一位超等的思想家，恐怕德國的經濟學者中，沒有什麼人比他的智力更為深沈和敏銳。凡是德國學者所常患繁贅和晦澀的毛病，他都完全沒有，他用確切而有力的手筆畫一個廣大的界線。他的書對於前代和當時的經濟學說，如斯密的、米勒(Müller)的、李斯特的，以及一般社會主義派的，都有雄傑的評論。然而對於我們現在發生趣味的，主要是他所取的一般態度，以及他對於政治經濟學的眞正性質之見解。他告訴我們說，他的書的目的，在開闢經濟學的領域到一個澈底的歷史方向和方法那邊去，并欲進而改變此種科學為民族經濟發展法的學說。并且這是看來很有趣味的，他改良政治經濟學所立的目標，不受歷史派法律學之感動，而是受方言學之感動，因為在十九世紀方言學也是改造過的，其抉擇的方式，喜氏以為可表明比較法是最適當的方法。在法律學和方言學裏面，我們都感覺時間有序變化之存在，所以結果以相對觀念代替絕對觀念。

克尼斯（Karl Knies 一八二一——一八九八）的著作於一八五三年出世，名歷史方法之政治經濟學（Die politische Ökonomie von Standpunkte der geschichtlichen Methode）。此書對於歷史方法之能適用於經濟學，有精透的說明和辯論，可說是新學派之最有系統而最完備的宣言，至少是在邏輯一方面。他的根本主張是：一方面一時代的社會之經濟制度，和他方面同時代的經濟思想，都是一定的歷史的進化之結果；經濟制度和思想兩者都是與那時代全部社會機體緊相關連的，隨着而進化發達，并且受同一時間、地域、和國性的支配；因此，經濟制度只可認爲在一種順序上與繼續不已的文化各時期相應而進的東西，在這進程中之任何點均不能視爲已臻完全的固定的形式；現代社會的經濟組織不能認爲比前代的經濟組織絕對的好和對，只能視之爲繼續的歷史進化中之一部分；并且同樣的，現在流行的經濟學說不能卽認爲完全的最終的學說，只能認爲代表眞理繼續進展和揭示的長程中之某一段。

此書的題旨，克氏寫來或許不免過分的擴大和瑣碎，著者頗能表出他的智力與學問，其批評前人的錯誤、矛盾、和浮誇的地方，都很有力量。可是他對於歷史法之解說和闡發，於孔德之所成就者毫無增益。氏書的第二版刊行於一八八三年，在此版裏面他作一個奇怪的聲明，說當他在一八五二年撰著此書的時候，對於這種由一八三〇年到一八四二年就已出版六集的實證哲學，他完全不知道，并且他又說，或許所有德國經濟學者都不知道。這種說話，頗於他們心地的光明上或是文字的愼密上發生疑問的，設若我們記得穆勒在一八四一年已經與孔德通信的事，和一八四三年出世的邏輯學（Logic）裏面穆勒稱頌孔德的話。可是，克尼斯嗣後研究孔德的作品時，他告訴我們說，他在此書中發見這樣多與他的結論相同的意見，令他驚詫不已。他或許是很驚詫，因爲他的方法論中眞正有價値的見解，而被孔德說來，則規模較大，魄力亦較雄厚了，這都足以表明哲學中巨匠之不同。

在德國歷史派之經濟學者的見解中，有兩點似乎可以非難的：

1. 克尼斯與其他一些學者在經濟學上持相對原則，似乎在一個特殊地方沒有保着相當的均衡。學說中的兩種絕對論『萬有論』(cosmopolitanism)和克氏所謂的『永久論』(perpetualism)，他似乎均置之於絕對同等的地位；換句話說，他認爲忽視地方情形和國性的變化，與忽略歷史進化各時代的區別，其錯誤的程度是相等的。可是其實不然。在社會學之任何部分，後者的關係卻大於前者，一有此種錯誤，則我們全部的研究都將歸於無物。要是我們忽略了社會進化的事實或誤解社會進行的方向，我們算是在最根本的地方有了大錯——這種最根本的地方也是各個問題含有的。至於因種族不同而生的變化，如影響體魄和智力之秉賦，或是因外圍環境而起的殊異，不過只是次等現象；這些現象，在我們研究一般社會進化學說的時候，就應擱置一邊，等到我們考查進化的性質由特殊情形而生起變異的時候，纔能取爲論料。幷且，即使地域的天然性質是條件之一，而這條件之影響於經濟現象，大都具有特別的力量，他最能影響的乃是各種實業的技術方式和發展的程度，而非各實業的社會動作，或他們全體相關相對的動作，全體相關相對的動作纔是經濟學者應當研究的題目。

2.此派有些學者，因急於確定科學相對論之故，似乎又陷入完全否認經濟法則存在的錯誤；他們至少是關於經濟方面不願說「自然法則」(natural laws)的。他們認爲「法則」只能適用於無機物的世界，此種名詞在實際經濟中最容易使他們傾向固定的觀念和永久制度的見解。可是，設若我們轉移我們注意於有機科學上，有機科學是更與社會科學接近的，我們就可見出『自然法則』這名詞并沒有這種含義。我們說的也不止一次生活的重要意義是『發展』(development)，換句話說，即『循序變化』(ordered change)。而此種『發展』也發生於社會各要素的本體和作用中，這事實是不能否認的，并且這事實也是這些學者自已極力確說的。各社會要素之間，此一要素的變動實包含或決定彼一要素的變動，這種關係之存在，也是同樣明白的；那末為什麼對於『共存』和『遞變』(co-existence and succession) 的恆久關係，則拒絕自然法則之名稱，其理眞不易解。這些法則，若已普遍適用，則可構成抽像的經濟進化學說；然而德國歷史派之一部分學者頗欲去掉此學說，而代以各民族經濟的實寫，舉凡地域之人種特殊情形的動作都囫圇引為論料——如我們已經指出的——而不留為以後變化發生的根據，具體說來，不作為研究人類普通進化所繹出的初步通則。

德國政治經濟學歷史派的基礎之奠定，是依靠上述三學者，洛瑟、喜爾得布藍和克尼斯。可是洛瑟自己以後的著作，似乎未十分感受他在許多地方所曾揭櫫的方法之影響。在他的國民經濟制度 (System der Volkswirtschaft) 裏面（第一集名國民經濟原理 (Grundlgen der Nationalökonomie) 一八五四年出版，一九〇〇年二十三版，英譯於拉洛 (J. J. Lalor)，一八七八年；第二集名農業國民經濟 (N. O. des Ackubaues) 一八六〇年出版，一九〇三年十三版；第三集名工商業國民經濟 (N. O. des Handels und Gewerbfleisses，一八八七年七版）專斷的和歷史的材料是兼舉并列而不十分併合的。這是實在的，他很能利用他的博大精深學識於特殊的歷史研究上，特別是關於經濟學史的進展。他的國民經濟學和古代正統派之關係論 (Über das Verhältnis der Nationalökonomie zum classischen Alterthume，一八四九年出版）他的英國政治經濟學史 (Zur Geschichte der englischen Volkswirtschaftslehre，一八五一——二年出版）和此外最足表現他的博學和勤苦的作品德國國民經濟史 (Geschichte der Nationalökonomik in Deutschland，一八七四年出版，此書有人說他曾費十五年的研究）都是關於歷史方面最有價值和特出的作物，雖是最後一種繁瑣過甚，不便德國以外的人們作普通的研究。

此外尙有幾種有趣味和用處的短文彙載在他的政治經濟學之歷史觀（Ansichten der Volkswirtschaft vom geschichtlichen Standpunkte，一八六一年出版，一八七八年第三版）裏面。又是在上面所說的系統著述內，他對於經濟學中各種學說之起源和發達，不少歷史的敍述。然而我們不能因此便說他於政治經濟學之改革，遂有多大力量，其實他最初的工作，似乎在這方較有希望；戈沙（Cossa）說得好，洛瑟的專斷工作，於赫爾曼（Hermann）和勞（Rau）氏的原則，實質上沒有什麼影響。

歷史法的主要特點，在較晚出的德國科學經濟派手裏，闡發更爲完備，其中可舉述的，爲布稜他諾（Lujo Brentano）、赫爾德（Adolf Held）、拉斯（Erwin Nasse）、西摩勒耳（Gustav Schmaller）羅斯倫（H. Rösler）、謝富勒（Albert Schäffle）、社耳（Hans von Scheel）、松貝耳（Gustav Schönberg），和瓦格涅（Adolf Wagner）。除了歷史法之經濟學的通則外，此派最力持的主要觀念，略如下述：1. 在經濟研究上應特注重道德的原素。對於這種見解說得最有力的，是西摩勒耳，在他的法律與道德原論（Grundfragen der Rechtes und der Moral，一八七五年出版，）和謝富勒，在他的人類經濟之社會制度(Das gesellschaftliche System der menschlichen Wirtschaft 一八六一年出版，一八七三年第三版）裏面。克奈斯(G. Knies，卒於一八五八年）似在評論約翰穆勒時對於此點也言之甚詳。按照此學派最進步幹部的意見，實用經濟裏面應有三種組織原則在活動；而與此三種原則相應的，又有三種不同的制度或活動的範圍。此三種制度即(一)私經濟，(二)強迫的公經濟，(三)慈善範圍。在第一種裏面個人的利害關係獨重；在第二種裏面社會的公共利益特高；在第三種裏面慈善的衝動最甚。可是，就在第一種裏面，個人利害的行動不是絕無限制的；此處說的不是指公共權力之干涉，而是說在此方面過根本原則之過度和濫用，須以經濟的道德制止之，管理之；經濟的道德無論在學理方面和實用方面都不能置而不論。在上面所說的第三種範圍內，道德的力量自然是優越的了。2. 經濟學和法律學之間須有密切的關係。這種道理已經爲斯泰因(L. von Stein)和羅斯倫揭櫫，可是將此理論組織來最有系統的乃是瓦格涅——自然瓦氏是現在最著名的德國經濟學者之一人——特別是在他著的原論(Grundlegung)，裏面現在此書已成爲他與拉斯教授共同刊行的巨著政治經濟學教本(Lehrbuch der politischen Ökonomie)之一部。『天則』(jus naturae)說，如我們已知道的，是天治學派據以建立經濟學說的，此時已在信仰上失其根據，而舊時個人自由和財產的抽想絕對概念亦隨之而讓步。現在我們見出，個人的經濟地位，不單是依靠所謂自然權利，也不僅是倚賴本人的天然權力，而是形成於當時的法律制度，這制度的本身也是歷史的產物。因此上面所舉關於自由和財產的種種概念，半是經濟的，半是法律的，有重新考驗之必要。特別是從瓦格涅研究經濟的觀點看來，尤爲其然。一切人們反來復去討論之要點，正如瓦氏所說的，仍是個人對於社會關係的一個舊問題。無論何人偏於較舊的法律政治哲學和國民經濟學，而以個人爲社會中心的，此時必陷於不可維持的結果，如經濟方面，主張自由競爭的重農派和斯密派乃前車之鑒。瓦格涅則異於是，在一切事物之先，他首先考察社會經濟生活的狀況，然後依據此種結果，決定個人經濟自由的範圍。3.他們對於國家功用的觀念與斯密派所持的不同。斯密派大概追隨盧梭和康德(Kant)之後，以爲國家的唯一職務在於保護社會的分子不受暴力和欺騙的侵害。此說與『天則』說和社會契約說相調協，於掃除舊經濟制度的重重枷鎖和束縛是暫時有用的。然而此說不能抵敵合理的歷史說之批評，更不能抵敵近代文化興起的實際要求。實在說來，因欲推翻歐洲愚盲和不可信賴的政府制度，故將無限制競爭之罪惡宣揭於世，不知同時也不可抗力的已將公共行動須遵照新的更開明的方法之必要表白出來了。德國歷史學派認定國家不單是一個維持秩序的機關，而是民族的公務機關，凡是個人自由努力不能適當完成的事務都應由國家去辦理。若是一種社會的目的，只有經由國家的行動纔能達到，或是纔能最便利的達到，則國家這種行動即是正當。至於國家正當干涉的範圍，一面須將此事本身的成績，他面須將民族進化的階段，分別考究，纔能決定。國家自然應當提高智育和美育。國家應當有公共衛生的設備，和生產運輸的正當管理。國家應當保護社會的弱分子，特別是婦女、小孩、老人、和流落者，至少在這等人沒有家庭的維持和保護的時候。國家應當保障工人凡非自己疎忽所致的身體傷害之惡結果；應當以法律的承認和監督去幫助勞働階級團體的以及個人的自動的努力，應當保證他們收入的安全，若是國家受了此種委託時。

晚近德國經濟學者，又頗受理想社會主義的影響；我們以後可以見出，社會主義是一種黨派的組織，所以也影響他們的實用政治學。我們現在在本文不討論此類學者，如聖西門（St. Simon）、傅立葉（Fourier）、蒲魯東（Proudhon）、拉薩爾（Lassalle）、馬克斯（Marx）、恩格爾（Engels）、馬耳洛（Marlo）和洛柏圖斯（Rodbertus）等等，然而我們須承認他們對於晚近德國經濟學者有極大的刺戟力（所云『經濟學者』係指狹義的解釋。）他們甚至把後者的科學結論都修正了，主要是因他們批評所謂正統派的影響。特別可以說謝富勒和瓦格涅對於他們的辯論是十分欽崇和注意的。我們前面所提及的重要論點，如個人的經濟地位係倚靠現存的法律制度，最顯著的係倚靠現存的財產組織法而形成，最初特別是社會主義派所堅持的。他們又指出現在關於財產的制度，如承繼法、契約法等等，都是『歷史的目錄（historical categories），這些目錄是幾經改變的，并且將來還要改變的』（用拉薩爾的話；）而在正統經濟派，這些東西則被認為世事不易之法則，在這種法則的基礎上個人建立他自己的經濟地位。我們已見出，約翰穆勒曾經注意到財富分配的事實，以為財富分配與財富的生產不同，不單靠自然的法則，且須靠社會的規定，可是主張此說最力的，乃是晚近德國歷史派的經濟學者。然而我們欲改正而且完成此說，我們須記得，這些社會規定的本身不是勉強變化的，而是社會一般進化的程度所自然形成的。

上述諸學者在經濟的政治方面所佔的立場是居於德國的自由貿易派（或是他們有時被不甚洽切的稱爲曼撤斯德派（Manchester）與社會民主派之間的。社會民主派鼓吹國家萬能，欲爲無產階級的利益而劇烈的馬上改造現在社會的經濟制度。自由貿易派則欲限制國家的活動，除了維持公共秩序和保障個人的安全及自由外，不許有其他目的。我們現在討論的學派諸人，一進入這些實際問題的範圍內，他們是取的中間地位。他們反對社會革命，也同樣反對極度的放任。他們一面排斥社會主義的方案，而他面又以爲國家的干涉若與上述的理想原則相合時亦是必要的，如減輕社會的弱份子在現代實業制度中所受的壓迫，和擴充文明進步的幸福到一般勞動階級去，這些目的都須求助於國家的。謝富勒在他的資本主義與社會主義（Capitalismus und Socialismus，一八七〇年出版，現在已併入一較大的作品內）裏面，瓦格涅在他的社會問題講錄（Rede über die sociale Frage，一八七一年出版）裏面和松貝耳在他的德意志帝國之勞工（Arbeitsämter: eine Aufgabe des deutschen Reichs，一八七一年出版）裏面關於工人問題，均力主此類政策。這一類的見解，大多數德國政治經濟教授都深表同情的，卻被自由貿易派嚴厲的攻擊，他們認爲這些說法是『新式的社會主義。』因此兩者之間劇烈的論戰開始了；新派的黨徒益覺嚴密的團結和實際政治組織之必要，遂於一八七二年十月在愛森拉齊(Eisenach)召集會議，討論『社會問題。』參與此會的有德國各大學的經濟教授，各政黨的代表，工界的領袖，以及少數大資本家。在此會議中上述各原則均經詳明規定。採取此類原則的人們，反對派命之曰『講席社會主義者』(Katheder-Socialisten)，此綽號是俄白恆 (H. B. Oppenheim) 發明的，可是被稱的人們很不願意承受。自一八七三年這個團體卽已組爲『社會政治學會』(Verein für Socialpolitik)，在此會裏面，因辯論減少了，故自由貿易派也加入。可是在此團體中派別又自然形成了。左派主張在合法的範圍內本着社會主義的方向漸次的有系統的修改財產法律，以期主義之實現，而大多數則贊成以國家的力量在現存的法律制度基礎上以謀改良。謝富勒甚至主張用社會主義的組織來代替現在的資本主義制度；可是他與約翰穆勒相同，把這種改變推之於將來時代，而期望這改變是自然進化之結果，或『社會選擇』(social selection) 之所致。他唾棄任何急遽或猛烈的革命，反對任何只立『抽想的平等』而不顧個人努力和成績之生活制度。

德國歷史派學者於他們所提出的各方面研究愈深遠，則愈見出來所需要的事不僅是政治經濟學之改良，而且是糅合此學於完全的社會學內。這種見解自孔德以來即已主張的；其立論之正確乃日漸顯明了。現代最優秀的德國經濟學者亦傾向此方甚力。謝富勒（一八三一——一九〇三）是大受孔德和斯賓塞爾（Herbert Spencer）感動的，乃欲實行擴充經濟學於社會科學的工作。他在他的最重要作品社會之組織與生命（Bau und Leben des socialen Körpers，一八七五—七八年即已次第刊行，新版於一八九六年）裏面，即提出一種包含人類社會的解剖學、生理學以及心理學之偉大計畫。他認爲社會的進化與有機體的進化是相同的。這種譬喻孔德已用過，其理論之健全而有意義自然是勿庸疑慮的，可是謝氏推論此說或許不免有過於瑣細和穿鑿之處。同樣的概念，里林斐爾德（P. von Lilienfeld）在他的社會科學將來之推測（Gedenken über die Socialwissenschaft der Zukunft，一八七三—八一年出版）裏面也會採用，而且言之過誇。在桑德（Adolph Samter）的社會科學（Soziallehre，一八七五年出版）裏而——雖是此書對於社會的經濟方面會有特別的研究——和在西摩勒耳的幾個根本問題（Ueber einige Grundfragen，此文前已提及）裏面我們也可見出經濟學溶和於社會學的趨勢；這種變化之必要，社耳（H. von Scheel）在他的德譯的英論文政治經濟學之現在與將來（On the present Position and Prospects of Political Economy，一八七九年譯版）的序言上頗言之有力。

有時有人把『唯實派』（realistic）的名稱加於歷史學派，特別是對於他的最近形式，命名似乎未當。命名之意在於表明歷史派的唯實法與正統經濟學的抽象法是相對的。不知正統經濟學的錯誤不在於用抽象法，而在於濫用抽象法。一切科學都含有抽象的地方，始能於變換之中得出一貫的道理；各種學問的問題乃是抽象理論之建設如何始與具體事實相關。區新學派為歸納法也不十分對的。演繹法自然在舊式經濟學者中被過於注重；可是我們要記得的，演繹法也是合理的方法，若是牠的出發點不是抽象的假設，而是證明的綜論的時候。由此看來，經濟學及一切社會學的適當方法不是這種特殊形式的歸納法，如所謂比較法，更非『社會各級』（用穆勒的術語）之比較研究，如命名甚當的歷史法。若是我們現在批評的歸納法可以任其流行，則此學派將有非科學性質的危險。牠或許單以統計的研究爲事，在經濟生活各部的繁瑣研究中，而忘卻哲學的大觀念和各原則相關相成的必要。要是經濟學仍然是一種獨立科學，而尙未併入社會學以前，新派的思想家最好的是保存原來歷史學派的眞義。

除了上面所曾提及的作品外，歷史派和其他德國學派的學者曾出版許多有價值的著述。這些作品在科學上（包含實用方面）各部分的貢獻可散見於瓦格涅和拉斯共同刊行的政治經濟學教本和松貝耳編撰的大手册(Handbuch)。下面所舉的書目，不敢說是完全意在指示學者研究相關的題目時不可忽視的種種書册而已：——

1. Knies: Die Eisenbahnen und ihre Wirkungen (1853), Der Telegraph (1857) Geld und Credit (1873-76-79).

2. Rösler: Zur Kritik der Lehre vom Arbeitslohn (1861).

3. Schmoller: Zur Geschichte der deutschen Kleingewerbe im 19 Jahre (1870).

4. Schäffle: Theorie der ausschliessenden Absatzverhältnisse (1867), Quintessenz

des Socialismus (6th ed., 1878), Grundsatze der Steuerpolitik (1880).

5. Nasse: Mittelalterliche Feldgemeinschaft in England (1869).

6. Brentano: On the History and Development of Gilds 置於 Toulmin Smith's English Gilds 之前 (1870), Die Arbeitergilden der Gegenwart (1871–72), Das Arbeitsverhältniss gemass dem heutigen Recht (1877), Die Arbeitsversicherung gemass der heutigen Wirtschaftsordnung (1879), Der Arbeitsversicherungszwang (1881), Die klassische Nationalökonomie (1888).

7. Held（生於一八四四年忽於一八八〇年淹死於都恩湖 (Lake of Thun)：Die Einkommensteuer (1872), Die deutsche Arbeiterpresse der Gegenwart (1873), Sozialismus, Sozialdemokratie und Sozialpolitik (1878), Grundriss für Vorlesungen über Nationalökonomie (2d ed., 1878), Zwei Bücher zur socialen Geschichte Englands 死後出版 1881).

8. Von Scheel（生於一八三九年）：Die Theorie der socialen Frage (1871), Unsere social politischen Parteien (1878).

9. Von Böhm Bawerk: Kapital und Kapitalzinstheorien (1884–89)

10. L. von Stein: Die Verwaltungslehre (1876–79), Lehrbuch der Finanzwissenschaft (4th ed., 1878).

杜林格（E. Dühring）是少數德國的揆立（Carey）派之傑出者，我們曾提及他的經濟學史。屬於『俄德學派』(Russian German School)的是本哈的(T. von Bernhardi)的著作，其書是從歷史的觀點作的，名 Versuch einer Kritik der Grunde welche für grosses und kleines Grundeigentum angefuhrt werden（一八四八年出版。）德國自由貿易派於俄國的實用經濟上曾立不小的功勞，特別因他們對於該國古代的特權和限制制度作有系統的宣戰。哥布登（Cobden）給該國以政治實施的準則，舍(Say)和巴斯楊(Bastiat)立該國的學理基礎。此派學者最爲一般英國人所習知的是蒲靈斯斯密(J. Prince Smith，死於一八七四年，可視爲此派的首領，）多賁乞克(H. von Treitschke，曾於一八七五年刊行 Der Socialismus und seine Gönner 以反對講席社會主義派，）波麥提 (V. Böhmert 曾於一八七八年作 Die Gewinnbeteiligung 一書鼓吹工人分紅制，）安明哈 (A. Emminghaus 於一八七〇年刊行 Das Armenwesen in europaischen Staaten 一書，此書之一部分曾譯於伊斯特尉克(E. B. Eastwick 的 Poor Relief in Different Parts of Europe 內，一八七三年出版，）和德里支(J. H. Schultze Delitzsch，他是德國平民銀行的創始者和合作制度之熱心贊助者）諸人。我們已說過，社會主義派的學者不在我們現在歷史研究之列，我們也不略爲敍述關於社會主義史或社會主義辯論諸經濟學者（與此名稱相當的）的著述。

德國新學派建設的運動以及由此運動而生的各種進展，自然使德國在現代經濟學上佔優越的地位。德國的勢力足以影響他國學者思想的改變——最厲害的或許是意大利，而最少的或許是法國。此種勢力也漸次進入英國，雖是我們當權的學派很富於孤僻冷靜的性質，不容易接受外來的思潮，而使此勢力時被阻滯。隨着此勢力的鼓盪，一般對於正統派的憎惡便自然的發生了，一半是由於懷疑該派方法之不健全，一半是由於深不滿意牠所提倡的事實以及放任政策顯出的空虛，因此各處新的思想和新的研究雲湧風起，大爲一時好，尙牠們都是與歷史派經濟學者的系統思想相調和的。於是二元論便這樣建立在經濟界內，新興的學派日進於隆盛，而舊學派則仍力保殘壘，雖是牠的黨徒漸次改變態度，承認新思想的價値。

意大利

意大利的近代經濟著述爲英美二國知之者甚少，這是很抱歉的。戈沙(Luigi Cossa)的指導(Guide)因澤豐茲(Jevons)的提議而譯爲英文名政治經濟學研究指南(Guide to the Study of Political Economy，一八八〇年出版）我們從此書可見出彼邦著作之性質及其重要之一斑。意大利自政治維新後財政問題最爲切迫，以致學者的研究大半都趨於實用一途，出了許多關於統計和行政問題的論文。可是他們討論經濟學上的一般主義也還不錯。戈沙稱麥舍達里亞(Angelo Messedaglia，生於一八二〇年，巴達(Padua)的教授）是當時意大利經濟學者的巨擘；他著有關於公債（一八五〇）的和關於人口的（一八五八）論文，他被認爲是研究貨幣和信用問題的宗師。他的學生郎白提哥（Fedele Lampertico，生於一八八三年）著書甚富，其中最有系統和最完備的是他的人民與國家之經濟學(Economia dei popoli e degli stati，一八七四—八四年出版)。明格提（Marco Minghetti，一八一八—一八八六）乃意大利的閣員，除曾出許多作品外，著有公經濟與道德正義之關係（Economia pabbdica e le sue attinenze colla Morale e col diritto，一八五九年出版）一書。祿莎底（Luigi Luzzrtti）也是一位知名的政事家，撰有許多作品以預備改良的道路。西西里人辜蘇馬洛（Vito Cusumano）和沙倫洛(Giuseppe Ricca Salerno) 也出了許多精美著述：前者是關於中世紀的政治經濟史（一八七六），以及德國經濟學派與社會問題之關係（一八七五）；後者是關於資本工資和公債的學說（一八七七—八一—九）。東尼俄洛(G. Toniolo)、拉撒里(E. Nazzani)和羅里亞(A. Loria)，於地租和利潤學說以及其他當代最重要的實際問題都有精到的討論。我們知道種種詳細，不能不感謝戈沙，而戈沙本人也有許多作品，以作成他的盛名，例如他的財政學(Scienza delle Finanze，一八七五年出版一八八七年第四版，）和他的政治經濟基本原理（Primi Elementi di Economia Politica，一八七五年出版，一八八八年第八版，）此書不久已被譯成歐洲數國文字了。

上述一篇不完全的學者姓名錄，其對吾人之興趣，遠不如意大利仍有經濟二元論出現的事實之甚，我們在前面已說過二元論是我們現代的特色。意大利也有兩學派——舊的或所謂正統派，新的或歷史派——他們各有修正後的形式，而面面對面搏戰的。戈沙向我們說，在意大利北部的新派經濟學教員曾於一八七四年被公然斥指為『德國派，』社會主義派，和青年意大利的腐敗者。因反駁這種罪狀，祿莎底、郎白提哥和西洛雅（Scialoja）於一八七五年在米蘭召集第一次經濟學會，目的在於否認敵方加他們的考語，說他們曾說『經濟學生於亞當斯密及其註疏者，亦死於諸人之手』的話，拉甫雷（M. Emile de Laveleye）所撰很有趣味的意大利的文學（Lettres d'Italie，一八七八——七九年出版，）於意大利最近年間經濟學界的狀況言之甚明。明格提在他們意大利學者公宴拉甫雷的席上，曾演說這兩種自然發生的趨勢，及他個人對於新派的贊許。非剌里斯（Carlo Ferraris）是瓦格涅的學生，也追隨同樣的方向。至於歷史方法之正式宣佈和擁護，則出於喜塔勒拉（R. Schiattarella）和馬梯（S. Cognetti de Martiis）二人，喜氏的社會經濟學之方法（Del Metodo in Economia Sociale）於一八七五年出版，馬氏的社會經濟學與歷史之關係（Delle attinenze tra l'Economia Sociale e la Storia）於一八六五年出版。沙倫洛在他的博學而正確的論文中則採用歷史法甚多，特別是他的政治經濟學之方法論（Del Metodo in Econ. Pol.，一八七八年出版。）祿莎底和傅提（Forti）有時出版一種季刊名經濟雜誌（Giornale degli Economisti），是新派的機關報，可是當戈沙著書的時候，即已停止出版了。戈沙本人一面拒絕加入新派，以為他們把政治經濟學退化為純粹的事實敍述了——我們頗可說觀察常把眞理誤——但他面卻承認新派在有些方面是極有用的，特別是如給舊派的誇大主義一種很好的——雖是戈氏以為過甚的——反動表示。

法國

在法國歷史學派沒有這樣大的印象——自然一半是因爲李嘉圖派的極端主義在該國沒有什麼強固的根基。澤豐茲認爲法國免掉了這些誇大毛病，所以他宣言『法國學派，眞理尙存，』而於我們英國經濟學者則斥爲『居於愚人的樂園。』民族的癖性對於上述的結果也有關係，現代一般法國人必動輒說『有什麼好東西可從德國出來』的諷語。但是我們已說過，歷史學派一切理論的哲學基礎最初啓示出來的乃是一位法國大思想家——孔德——他的彪炳的功績，恐怕他本國的人們大多數在當時而且到現在沒有相當的認識。另外致此結果的原因或許可說是官僚的勢力了；因爲他們在高級教育的行動頗足以阻止獨立思想之自由運動，例如戈商(Cousin)淺薄的折衷論，竟因官僚勢力，致使在哲學的較大時期上彪炳一時，這是很可見出的。歷史觀的傾向畢竟出現於法國，正如在他地方一樣；不過此種傾向關於修正一般主義之意少，而於過去經濟思想和制度詳細重新研究之意多。

在政治經濟學史上——或認爲是學說的會萃，或認爲是政策的一組或多組——法國學者有許多有用的工作（比利時學者在這方面可與之相連。）布浪葵(Blanqui)的經濟史（一八三七—三八）自然不算是上乘的作品，可是把牠當作一種初稿也是有用的。徽爾涅甫（Villeneune-Bargemont）的學史（一八三九）表現天主教徒對於經濟學之進展及趨勢的意見，也是有趣味和實益的。培朗(C. Perin)的近百年之經濟學說(Les Doctrines économiques depuis un Siecle，一八八〇年出版）也由同樣的觀點而作的。法國學者又有許多關於特殊的政治家或思想家的有價值的論文——例如，巴比（A. Batbie）之論都果(Turgot)，有哲學家經濟家和政事家之都果(Turgot: Philosophe Économiste, et Administeur，一八六一年出版；）勒馬克(A. Neymark)之論都果，有都果及其學說（Turgot et ses Doctrines，一八八五年出版，）克雷蒙（Pierre Clémont）之論科爾白特（Colbert），有科爾白特及其政績史（Histoire de Colbert et de son Administration，再版於一八七五年；）波得里拉(H. Baudrillart)之論波當(Bodin)，有波當與其時代十六世紀之政治學說及經濟思想（J. Bodin et son Temps Tableau des Théories politiques et des Idées économiques au 16e Siecle，一八五三年出版；）納非列（Léonce de Lavergne）之論天治派，有十八世紀之法國經濟學家(Les Économistes français du 18e Siècle，一八七〇年出版。）拉甫雷（M. de Laveleye）的財產及其原始形式（De la Propriété et des ses Formes primitives，一八七四年出版；一八七八年爲馬里俄提（G. R. Marriott）譯爲英文）一書是特別值得研究的，不僅是因爲此書關於古代的各種財產形式有詳細論列，而且是因牠從相對的觀點去考察每一經濟生活的時代，認爲是過去歷史的產物，與當時社會全部狀態是調和的，并在此時代的懷下孕育將來時代的種籽，而預定牠的主要性質，雖是牠後天的性質是可改變的——此種精神極與新時代的趨勢合協的。

拉甫雷盡力鼓吹一般人對歷史派的普通原則加以注意，在這方面他是德法二國間的一個最有力的介紹者。然而他在他的最後作品自然法與政治經濟學之鵠的（Les Lois naturelles et l'Objet de l'Économie Politique，一八八三年出版）裏面似乎又自已屏棄於此派秀優學者之列，而陷入最大的錯誤否認經濟學有與文學相別的眞正科學性質，并反對於個人意志之外有獨立的經濟法則或趨勢之存在。這種否定似乎含有否認一般社會法則存在的意義，在我們現代思想界而有此退化的態度，算是奇怪的事，而且於實證哲學出世以後，則更不能自解其咎了。他用形上學的術語『必然法則』(necessary laws)，致使問題不明；其實我們只說『實事上流行的法則』就够了。拉甫雷依靠道德，以為我們所關涉的不是自然法則，乃是『令命性的法規』而視此等法規若未含有明見的共存性及因果性為其基礎似的，又若世間無道德進化這回事似的。他似乎在此方向觀點謬誤之巨，正如他的舊派敵人在彼方向觀點謬誤之巨一樣。他的一切辯論所要證明的是這個假定——自然是個眞的假定——經濟事實不能以與社會其他方面無關係的學說來解釋，因此我們研究和說明經濟現象必須與社會較大科學的結論相緊連。

自舍(Say)以後，或實是自加內(Germain Garnier)的政治經濟學原理略論(Abrégé des Principes de l'Économie Politique，一七九六)出版以後，關於歷史法之闡發差不多有不斷的著述，我們只可略略論及。例如德士都(Destutt de Tracy)即以此論構成他的觀念學原論(Éléments d'Idéologie，一八二三年出版)之一部分。德洛(Droz)特別提出經濟學與道德學之關係以及財富與人類幸福之關係，見於他的政治經濟學(Économie Politique，一八二九年出版。)洛西(Pellegrino Rossi)係意大利人，然其成經濟家乃受學於瑞士，後講學於巴黎，以法文著書——在他的政治經濟講錄（Cours d'Économie Politique，一八三八—五四年出版）裏以『經典式』(classic form)去註解舍、馬爾薩斯和李嘉圖的學說。瑟發雷(Michel Chevalier，一八〇六——一八七九）特以他關於金價低落一文名金之低落（La Baisse d'Or，一八五八年出版）知名於英國，其書已被哥布登譯爲英文，他在他的政治經濟講錄(Cours d'Économie Politique，一八四五—五〇年出版）裏面於最近實業現象，於貨幣與貴金屬之出產諸問題，特別給出有價值的材料。波得里拉（Henri Baudrillart）著有道德與政治經濟之關係(Les Rapports de la Morale et de l'Économie Politique，一八六〇年出版；一八八三年第二版，）奢侈史（Histoire du Luxe，一八七八年出版，）於一八五七年刊行政治經濟學手册(Manuel d'Économie Politique，一八七二年第三版，）此書戈沙稱爲『有名的提要』(admirable compendium)。加內(Joseph Garnier)著有政治經濟學論（Traité de l'Economie Politique，一八六〇年出版；一八八〇年第八版，）在有些地方是跟從杜洛集(Dunoyer)的。辜色勒色呂(J. G. Courcelle-Senenil)，約翰穆勒學之譯述者，倭克爾教授(Prof. F. A. Walker)

認爲是『舍以後法國經濟學者中之最傑出者，』除著有銀行之理論及實用（Traité théorique et pratique des Opérations de Banque）和企業學說（Théorie des Enterprises industrielles，一八五六年出版）外，并撰有政治經濟學論（Traité d'Économie Politique，一八五八—五九年出版；一八六七年再版，）此書頗爲人珍視。末了，日內瓦人祉耳步雷（Antoine Élise Cherbuliez 卒於一八六九年，）戈沙稱之爲法文經濟學中最優秀的作者，著有經濟學簡論（Précis de la Science Économique，一八六二年出版。）勒翁瓦拉斯（Léon Walras）在他的純粹政治經濟學原論（Éléments d'Économie Politique pure，一八七四—七七年出版）和社會富之數理說（Théorie Mathématique de la Richesse Sociale，一八八三年出版）裏面步庫洛（Cournot）後塵，欲以數理研究經濟學。

英國

我們因企圖較深的研究，不能不犧牲經濟學史上嚴格的年代次序，前已破格的引論了戀茲

(Cairnes)，稱他爲英國學者中最後一個有創造力的作者，他純全是舊學派的黨徒，他在方法上和主義上都是李嘉圖派；他雖是自稱幷且實在覺得對於穆勒有深切的敬意，卻仍然追隨李氏之後而自附於其公共的宗師。薛知微（Mr. Sedgwick）以爲懋茲的經濟學原理新論『使穆勒學說將近半世紀所享的特殊權勢大受搖動，』這話是對的，在此處與在其他的地方，懋茲或許是一種破壞勢力而趨於劇烈改變的；然而設若他已經施展這種勢力，他也是不知覺或非故意做的。其實有許多勢力在有些時間都是無形的把舊制度的基礎侵蝕了。孔德的學生已認出舊式方法是一個錯誤的方法。喀萊爾（Carlyle）的高尙道德說已使最上乘的思想界對於『曼撤斯特學派』的卑陋格言加以唾棄。納斯欽（Ruskin）不但抗議盛行學說的爲我精神，幷且指出牠不能成爲科學理論的眞正弱點。至此，一般人便覺得就是舊派最熱心的黨徒也承認，舊派一切工作主要是屬於破壞的，因爲牠的性質是這樣。懋茲本人也宣言舊經濟學，一般最有學問的人認之則以爲在將來不能發達，而熱心的思想家認之更以爲是將來改良過程中的實體障礙。馬鐵奴女士（Miss Martineau）最早是一個澈底的李嘉圖派，至此也以爲她當代人們所讚頌的政治經濟學嚴格說來，完全不配稱爲科學幷須經過一度根本改變，將來人們於舊經濟學除在人事的一部分得着一些普通法則之建立外，將無他物。勞働階級對舊派的憎惡衝動也繼續不斷的，不管他們的上層怎樣努力的把這些教訓去灌輸他們——此種努力或許常出於階級利益之見而非出於公德心。種種徵象已預兆將來的改變；可是這些徵象表現於一般學術界及社會思想方面比在經濟界更爲顯著。可是一旦這種在新的和更有希望的線上之大運動開始了——特別在德國——英國經濟學者也馬上知道改良的必要，而促進牠的降臨。在這種革新道上的主要人物爲巴佐特（Bagehot），勒斯力（Leslie）和澤豐茲——第一位限制當權學說的範圍，而欲歸納在一較小的領域內；第二位則直擊舊說，建立新方法以與舊方法對敵幷代承其地位；第三位則承認現代是舊學的朝代的崩潰時期了，主張有變改法統之必要，幷承認新學派入繼大統。這樣，大陸所有的二元論也在英國成立了；而且我們更有理由可以相信，歷史學派之在英國將比在法國或意大利更能迅速的確定的代替牠敵人的地位。除了在德國，新思想之宣傳，沒有比在英國的更劇烈和更有效，這是一定的。

巴佐特（Walter Bagehot，一八二六——一八七七）曾著一本關於英國金融情形及其特性的傑作名朗巴多街(Lombard Street，一八七三年出版；一八八二年第八版）并著有數種關於貨幣特別問題的論文，對於這些問題，他的實地經驗以及他的科學思想性習都使他很適宜於研究的。關於經濟學的普通原理上他著有些很重要的論文，彙載於經濟研究（Economic Studies，爲哈丁(R. H. Hutton)所輯，一八八年出版)內，此書的目的在表明傳襲的經濟學說——即李嘉圖和約翰穆勒的學說——所依據的某種根本假設事實上不是普遍眞實的，只是在一最小限度的時間和境地內纔能實現的。巴氏的著述不適用於各種社會，『只能適用於商業已大發達，而發達的形式且與英國相同的社會。』牠是『大的貿易社會的營業學』——是英國所以致富的大商業之分析。可是除此以外則無他物；牠不能說明較古時代的經濟生活，又不能解釋我們現代其他社會的經濟現象；因爲後一個原因，所以牠長此孤僻，除了在本國外，沒有受過他國的充分歡迎。實在說，氏書是一種備用的計算者，能幫助我們略略計算，在一定情形之下在朗巴多街，在證券交易所，和在世界的大市場所將發生的事情。『牠有許多假定原則，所以牠是一組最方便的教材；這原則是不完全眞實的，并且在許多時期和許多國家內是絕對不眞實的；然而於近世英國的主要狀況是十分接近，以英國人來研究他們自己，是有用的。」

穆勒和懇茲都曾說過，他們所教的經濟學是一個假設的科學，其意是此學所研究的是一些假定的人——經濟人——這些人只認爲是純粹的『賺錢動物』(money-making animals)。可是巴佐特則更進一步：他說，不管這些學者曾經說過什麼，不過其說終未明澈，就是這些假設的經濟人所活動的世界也是『一個很有限制而特殊的世界。』他說這特殊世界的標示即是資本和勞力流動之敏捷，從此種事業流到彼種事業，完全以各業間報酬之多寡爲轉移——究竟此種敏捷在當時英國社會中有無眞實的存在，巴氏是十分游移的，不過全體看來，他認爲是實在表現出來的。

巴佐特描述他自己是『反穆勒時代之最後者，』他的經濟學乃學自李嘉圖；他對於李氏似乎至終贊許過甚。可是他能及身得些歷史學派的知識，他『不特不與之爭辯而且極表同情。』他說，『這是見對了的，歷史法不是眞正抽象法的敵人，』我們不須再停而研究此處名舊派法爲抽象法之是否適當，也不須堅持一切科學均屬抽象的；所能發生問題的，是抽象的適當程度，或更普通的說，抽象和具體間所構成的適當關係——這一類的道理。我們更適當的認為巴氏調和二法的見解與大多數正統派經濟學者的見解是十分有別的。他們通常對於歷史法都帶一種傲慢的神氣，以為僅足供他們學說以有用的實例或說明。可是按巴氏之意，則以二法之適用乃在兩個極不同的場合。他所稱為『抽象法』的，是限用於最狹小而極有趣味的近代進步的實業生活方面；至於歷史法啦，則適用於過去全體人類的經濟現象和現代人類一切其他現象。他自己表現在這種歷史研究上是很有能力的，而且他於一般人較不注意的貨幣制度所生經濟的和社會的影響，以及社會較古時代資本之形成，特別具有眞知灼見。可是他的主要效果，我們夷考上面所說的，使我們對於演繹法的功能之概念，反更低減，比他的前輩所影響於我們的尤甚。他在事實上把演繹法能在普通社會學中代替富之研究的觀念根本打消。至於經濟學與社會學其他方面的關係，他認為抽象的科學對之是完全盲然的。此種科學既不考察人類慾望的區別，也不注意滿足各種慾望所生的社會效果，除了影響富之生產那一部分的。在此種科學的眼中，『一瓶牛奶和一幅圖畫——一部宗教典籍和一盒紙牌——都是等量齊觀的。』因此便為某種科學留下一大餘地，一面該科學須將『富』當一種社會事實而研究其所有繼續發展的形態，他面又須將『富』當爲人類社會道德的和物質的保存及進化之工具而考察其眞正性質。

此雖稍離本題，我們卻最好在此處將演繹法功能之消縮再加以考察，這種情形頗可見於薛知微的政治經濟學的名著中。他以爲約翰穆勒雖是一面宣言演繹法是經濟學的眞正研究法，『而且此學所有著名宗師均以是解說，以是詔教，』卻是他本人研究『生產』則遵循歸納法（或者至少是與演繹法迥異的方法，）而『僅據分析和綜合我們對實業事例的普通經驗知識以求結論。』欲解明這種奇特的矛盾，薛氏以爲穆勒普通討論方法，只注意在『分配』和『交易』的靜態研究。就是在此種研究，薛氏主張演繹法，只要是愼密的運用，只要是提出的前提是精細考察過，而『結論又加上前提中所略去的要素予以臆度的修正，』卽以之研究進步的實業社會『也不是純全錯誤或不對的。』牠的結論在假設上是正確的，雖是『牠有無解明具體事實的功效須依靠運用者有無充分觀察和歸納的知識以爲斷。』我們覺得這種說法是不可反對的，雖是我們主張從假設而生的演繹法只是偶然有用的邏輯術，幷其爲此術，則在靜態的與在其他方面的研究均完全合法的，而不認爲是經濟學任何部分之主要研究法。薛知微以爲在分配問題中只有對於『文明社會所羣趨爲準則的事例』纔能適用演繹法，此種論調似乎與巴佐特一致，承認『時』『地』不與此類準則相應時仍有用歷史法之必要——此法，作如是觀時，不但不排除而且積極包含事實之『回憶分析』(reflective analysis)和『人爲的動機』以反決定的環境之種種解釋。在『富』之動態研究——富之分配的變遷不亞富之生產的變遷——中，薛知微認爲演繹法『只能佔一最附屬的地位。』我們則應說就在此境，演繹法的功用雖大縮減，然以之爲一種邏輯術則有時亦甚有用，雖是牠所擬的假論不應與適用於已成熟的實業時期之假論相同。然而主要的功能終仍爲歷史法，於社會進化的各面須作一比較的研究。

與近代實業學說相關的尙另有一題目，這題目巴佐特雖是偶然的論及，卻比他以前的學者研究的更爲滿足——其題目爲何？即是企業家 (entrepreneur) 之功用問題。企業家在穆勒和懇玆眼中除了被認爲資本的所有者以外，差不多不知其他。在懇玆的經濟學原理新論裏，企業家的『自動合作』(active co-operation) 很少計及，這是一件十分稀奇的事。一般人以企業家之報酬名曰『監督工資』(wages of superintendence)，巴佐特亦甚反對，以為提示一種於企業家功用的性質之錯誤觀念；他於企業家的大而複雜的活動與功用，以及欲完成此種資格所應具的天才和學識，均描寫盡致的。前述贊成合作（所謂的）制度之結論有時使經濟學者將這種重要考慮置諸腦後，這是不須懷疑的。這些事實輓近在馬爾薾教授(Prof. Marshall)和倭克爾教授(Prof. F. A. Walker)的著述中已佔相當的重要，不過他們兩者於企業家報酬額之決定原則沒有十分弄明白，且完全未證明。

我們已見出，準茲(Jones)在他專斷的教義裏於此新學派的態度已有幾分預言；在英國經濟史上，圖克(Thomas Tooke)和牛馬齊(William Newmarch)著有價格史(History of Prices，一八三八——一八五七，)洛澤斯(James E. Thorold Rogers)著有英國農業與物價史(History of Agriculture and Prices in England，一八六六——八二，)算是很重要的作物了。可是第一個有系統的說明歷史法之哲學基礎及為經濟研究的正當方法之英國學者，乃為勒斯力(T. E. Cliffe Leslie)，見於他刊登在都伯倫大學季刊黑馬森那(Hermathena，一八七六)

的一篇論文，嗣後此文併入他的道德與政治論（Essays Moral and Political，一八七九）中。此文可說是穆勒的政治經濟學未決問題各論出版後經濟學邏輯方面第一次出世的最要作物；雖是懸茲於穆勒的見解有所發揮和講明，但於實質上是少補益的。勒斯力的見地則正與他們的相反。他批評正統派的原理與實行是很有力量和精采的。人們若是見過克尼斯（Knies）和其他德國學者在此題的著述，將贊許勒斯力此論之新穎和創出他指出正統派經濟學者所推溯他們所研究的一切現象之根本動力——即是「富慾」（desire of wealth）——之散漫與空洞。所謂「富慾」者實際代表各種需要、願望和情感，牠們的性質和經濟效力是迥不同的，幷且在社會進化的各時代中是須經重要變化的（實在的，富之構成素本身也要變化的。）這眞理是經濟的動力，利他的和利己的，實有多種；牠們不能以粗疏的綜合便併而爲一。抽象的或純粹的演繹法不能解明管理「富性」和「富量」的原因，也不能講明各種社會制度中——例如英國的和法國的制度——富之分配的變異。「一個民族的全部經濟是長時期進化之結果，在此進化裏面曾有繼續和變遷之發生，而經濟現象只是這進化的特殊方面。經濟的定律乃經濟現象所由生，須於歷史中以及社會一般定律和社會進化中求之。』社會進化之智識的、道德的、法律的、政治的、和經濟的，各方面都是緊相關連的。因此，法律的事實，關於財產的、職業的、和貿易的，呈顯於社會活動中，也是經濟的事實。更普通的說，『現代英國的或其他任何社會的經濟情狀乃是全部活動之結果，這種活動已經產出政治組織、家庭組織、宗教形式、學術事業、文藝和科學，以及農工商各業的狀況。』要了解現有的經濟關係，我們須追溯歷史的進化；而『政治經濟學的哲學方法須要能解釋那種進化。』此文很顯明是向舊派的方法論挑戰的，雖是牠的結論被人非難，而其結論所依據的論辯則不可駁斥的。

至於正統派經濟學者之專斷的綜合論，勒斯力以爲其中有些是不眞確的，牠們全部都須嚴加限制的。在他最初的作品，他已指出『工資基金說』(wage-fund theory)之空洞，雖是他不算第一個駁斥此說的人。他反對工資平均率和利潤平均率的學說，以爲除了在斯密所假定的限制之下——即是實業界『最簡單而且幾近停頓的』情形時——這種狀態是不有的。他以爲工資平均率以及工資基金這一類的油滑論調，『很能隱蔽工資的眞率，和管理此率的眞因，以及工資取給的眞源，」這是很有害的。他所勤苦搜集的事例，他認爲無論在何處都與此說相反的。在每一國裏面實在『有無數的工資率而眞正問題是，發生這各種工資率的原因究係何物？』至於利潤，他否認有法的周知一切資本投放的收益和紅利，幷宣言資本家能逼測商情的說法不過是一種虛語。我們已知道，巴佐特已放棄民族工資和利潤的平行說，以爲除非在英國當時這種特別情形的實業社會是不能實現的；而勒斯力則甚至於此種社會而亦否認之。此說旣破，則生產費決定物價之說亦隨之而崩壞，另一原則遂代之而起，以國家的和國際的價値不依據於生產費而依據於供給和需要——雖是此項公式應有許多說明始能用來平穩而有利。懇茲前已主張在無競爭的團體（指國際貿易）中生產費不能影響價値，至是勒斯力將此種對舊說部分的否認擴充到全部的國內實業了。自然他於這種有限的範圍內，如利潤和工資的率度是已確定幷周知的場合，也不反對生產費於價格所生的影響；然而他以爲生產費在大宗商品上的影響殊迂遠而不確定，以致我們不能認之爲價格的管理者。那末，要是如此，則李嘉圖根據生產費和物價一致的概念所建立的學說，以及其說似是而實非的簡切、勻合、完備諸優質，均將歸於烏有了；而此剩下的淨地實足爲取代舊說的新論之建設基礎。勒斯力幷預言要是政治經濟學在其名義之下不能屈身以負建立新基的使命，則此種職務將迅速的被社會學從其手中攫之以去。

勒斯力研究數種經濟問題頗算成功——如農業經濟問題、租稅問題、貴金屬之分配問題、物價史，又如已敍述的工資運動問題，他均有獨到的見地。可是他的最重要工作乃在經濟學的方法和根本主義方面，因爲這是最合時機和最需要的工作。雖是他享年不永，不能盡其所學，而他撰著的又只不過偶然片碎之作，然而他的功績，比許多學者身後留有更有系統更精采而浮誇的著作的，更爲偉大。

近世英國學者在政治經濟學上最有創造力的是澤豐茲（W. Stanley Jevons，一八三五—一八八二）。他於確切的統計研究具有夙好和靈慧，於解明結果又特具智巧和天才，因此我們對於他的才智便聯想到配第（Petty）了。他有將經濟學與自然科學發生密切關係的強烈傾向。他欲企圖從煤料中以取得智識，此種創舉已深印一般人心中的。他以爲商業恐慌之循環與太陽的癍點週期有關係，我們雖不能說他建立此說之成功，亦足見其科學想像力之豐富和勇敢了。他有一名著名貨幣與交易機關（Money and the Mechanism of Exchange，一八七五）幷有許多關於貨幣與財政的論文自氏死後卽都爲一集在其文中於此類性質的問題均有劇烈的論辯，例如複本位問題（他是極端贊成單一的金本位制，）和幾種有價值的建議，如國內和國際的最完備的貨幣制度以及特別主張擴充英國的紙幣制於最小的幣位等。他在其他著述裏面會提出直接增高工人地位的許多方法，其中只有一部分的經濟意味，諸法中最重要之一是關於提高工廠中已婚女子工作狀况的。他唾棄放任主義的事例很多，此點不過是其例之一，自然他在書中國家與勞働關係（一八八二年刊出）一文裏面駁斥放任主義至爲明晰確切，而沒有改變他平昔自居自由貿易派之見地。他逝世過早，在他的晚年，他已漸次拋棄『形上觀及形上論的迷夢，』這種迷夢足使他對於會社事實不能認識或迷亂其見解。他自己的話很明白的來到這結論：『欲得眞經濟制度之唯一希望是在一次的幷永遠的拋棄李嘉圖派迷離乖謬的假論。』至於方法，雖是他宣言他的目的『在歸納的探究工商業的複雜現象，』可是他的見解或許尙未得確定的方式。他的遺著的編輯者不願決定他在歷史派所佔的確切地位。關於此點最完全的表示，可見於他在一八七六年政治經濟學之將來(On the Future of Political Economy)之一講演。他已見出歷史法在經濟學中之重要和必須，他的本性也有些地方引致他從事此面研究。可是他於歷史法的全部含義尚未有認識，而錯誤的持與『理想法』(theoretical method)對比，幷且顯然認爲歷史法職在證實解明某種依據獨立基點的抽象學說罷了。因此，他一面宣言自己贊成『澈底的改良和改造』的，而他面又欲保存演繹法與歷史法共進而齊驅。實在的他以爲政治經濟學已分裂而成爲幾種或多種各別的研究，其中首要的厥惟『學理』如他最優秀的前輩所傳襲下來的，特別是法國學派；而另一種則爲『歷史研究，』如英之準茲，洛澤斯，和其他所從事的，而一般原則上如他的同時學者勒斯力所宣示的。此種折衷論甚多，均無永久的實效，茲之所舉不過其一，但其用處則在預備過渡之降臨。此兩種方法能暫時的共存，這是無疑義的，然而歷史法至終將取其敵人而代之。凡澤豐茲所指爲『學理』(theory)的，他卽以數學法(mathematical method)治之，見於他的政治經濟學理(Theory of Political Economy，一八七一年出版；一八七九年第二版。)這種辦法，我們已見出的，在他以前的學者也有人試行過，幷且收了部分的結果，不過他說李嘉圖和穆勒也以數理著書，因爲他們有時用一定的數量去解釋他們的假論，像這一類的說法便把前人這一派的著述過分的虛增和強合了。數理的解法，穆勒研究國際貿易問題時會給出一個標本，其實也無須用數學爲經濟研究之工具之必要，甚至研究並存共進的經濟眞理亦不須用數學。當我們討論庫洛的時候，即已說明運用高級數學於經濟學上必失敗之故（如我們認爲的），所以我們不能想到這種辦法能在澤氏之手成功的。他的『極限效用說』(theory of final utility)是特創的。可是此說不過表明在貨物品質相同而增數極微極等的場合之價格觀念；若欲用此以範疇經濟學理於數學法中，其非幻想幾何。他費了百餘頁數理論辯的勞力而得出他所謂的『奇異結論』『舉凡一切交易學說以及經濟學的原理問題之樞石均在其中。』其結論是『任何兩種貨物之交易率等於交易後該貨物用於消費上的數量之「極限效用級」之反比(the reciprocal of the ratio of the final degrees of utility)』。我們現在仍墮於形上名詞『效用』的迷癥中，而此學說也無法證明，實在也不可捉摸，因爲我們無法以數目去度量極限或任何他種效用之心理印象。可是我們一旦把牠翻成實際生活的名詞，而以一人願給出之物以度量他所收入的效用，則此結論卽立見其眞。澤氏所稱爲『極限效用』的，亦不過量數中每單位之價格，其說卽是在一個交易中給出貨物量與此量每單位價格之乘數，與收入貨物量同樣而得之乘數，完全相等——此理至明，無待運用高級數學以發明之。要是我們不能得出比這個更具體的結論，則亦無極力講求此理之必要，事實上其說將僅等於高級學院之游戲品，而無他物，且有包含前此唾棄的『形上觀和形上論』的眞正弊害。澤氏被一般人認爲明睿而熱烈的思想家，博情甚廣，獲譽至贍。可是不顧本人之承否，而遽認他爲李嘉圖之從者和繼承人，或是闡發經濟學說主要作者之一人，此種辦法實足以貶損他的價值，因爲把他的工作置於不能經受批評的地位了。澤氏之名留傳，不與新學理之設立相連，實與他於實際問題之討論有關——他的新鮮活栩的議論，和新經濟法之熱烈傾向，如我們已見出的，均足使人紀念不忘。

圖卑（Arnold Toynbee，一八五二——一八八三）是一位喜愛眞理熱心公益的學者，在他身後留下光榮的紀念，他有許多片斷而未完成的作品；這些作品，或是從牠的本身價值着眼，或以牠能表明一切最高學術的潮流——特別是他們青年人當中的——在經濟問題研究上，卻是很値得注意的。他相信『德謨克拉西』(democracy) 的組織權，其實此權是不易分取的；他又有一般熱血青年的奇異觀念，例如他說『馬志尼 (Mazzini) 是我們時代的眞導師』他於李嘉圖的政治經濟學，意見頗不一定，在有個地方他宣稱之爲被識破的『智騙』(intellectual imposture)，而在另一個地方則以爲此學在近代『不過被修正，重述而置之於「生活科學」的適當關係上了，』所謂『生活科學』(science of life) 卽是指一般社會學，這顯然是受了巴佐特的影響。然而他認定我們將來的大助力將來自歷史法，因爲現在已來的不少了，所以在他自己的研究中，他特別置重此法。而且他於歷史法的眞諦甚至比許多倡導此法的人們認識更深；因爲他說此法不但能講明特別地方的或同時的情狀，或經濟現象之活動，而且因比較各國各時社會進化的階段，『能發見普遍適用的定律。』我們知道，要是牛津大學有一羣青年，他們經濟思想的見地都完全與圖卑相同，這種事實乃是此學前途的好現象。

美洲

我們已知道，美洲在經濟學方面於很長的時期中貢獻絕少。這種原因最顯著的解釋，與一般哲學的研究有關的，卽是美洲民族的能力完全被吸於實際事業中。此外更深入的理由可見於兩論文內——一是敦巴教授(Prof. Charles F. Dunbar)在北美評論(North American Review，一八七六）登載的，一是勒斯力 (Cliffe Leslie) 在兩週評論 (Fortnightly Review，一八八〇十月）登載的。

我們已提過哈密爾敦 (Alexander Hamilton) 的工業報告(Report on Manufactures)；加拉廷(Albert Gallatin) 於一八三二年草擬的，幷由『費省會議』(Philadelphia Convention)提交國會的關稅改良案，可說是反對保護制的雄辯文。原富在美洲於一七八九年，一八一一年和一八一八年出版了三次；李嘉圖的原理亦於一八一九年翻印。雷門 (Daniel Raymond，一八二〇年的），庫柏(Thomas Cooper，一八二六年的），菲力普斯 (Willard Phillips，一八二八年的），威蘭(Francis Wayland，一八三七年的）和菲色克(Henry Vethake，一八三八年的）的幾種論文，已將斯密與其門徒的學說宣揚於世。累(Rae)氏係蘇格蘭人而遷居於坎拿大者，於一八三四年刊行一書，名新政治經濟學原論(New Principles of Political Economy)，其書大爲約翰穆勒讚美（見氏書一集第二章）特別因他論資本積聚之原因有獨到見解。嗣後的重要著作，一直到南北戰爭時候的，則有玻恩(Francis Bowen)的政治經濟學原論 (Principles of Political Economy，一八五六）後易名爲美洲政治經濟學 (American Political Economy，一八七〇）；巴斯康(John Bascom)的政治經濟學(Political Economy，一八五九）以及科威爾 (Stephen Colwell) 的支付方法與工具(Ways and Means of Payment，一八五九。）在戰爭期中及戰爭以後的作品則有倭克爾 (Amasa Walker) 的富學 (Science of Wealth，一八六六年出版；一八八三年第十八版）和培理 (A. L. Perry) 的政治經濟學概論 (Elements of Political Economy，一八六六。）倭克爾和培理均自由貿易者；而後者乃巴斯錫的門徒。揆立 (Carey) 我們已詳細敍過他的美洲私淑者有柏顯斯密 (E. Peshine Smith) 著政治經濟學手册 (A Manual of Political Economy，一八五三）和愛爾德 (William Elder)，著現代問題 (Questions of the Day，一八七一）以及湯卜遜 (Robert E. Thompson)，著社會科學

(Social Science 一八七五。)美之經濟學者中惟倭克爾將軍(General Francis A. Walker,為亞馬沙倭克爾之子)之名為最高氏曾有特別問題的作品如勞働問題(Wages Questions,一八七六,)如貨幣(Money,一八七八,)又有一般原理的精透著作如政治經濟學(Political Economy,一八八三年出版;一八八七年第二版)。最早的美國經濟史則有波爾斯(A. S. Bolles)的合衆國實業史(Industrial History of the United States,一八七八,)和合衆國財政史(Financial History of the United States,一七七四—一八八五,刊行於一八七九及以後各年。)

美國學者於近世在其國流行的問題研究愈精深,愈博大,又加以外來的勢力,在美國也發生了兩個經濟學派——舊派和新派——也正如我們在別的地方見到兩派的對峙一樣。一八八五年九月在沙拉塔加(Saratoga)曾召集一會議,在是會中成立了所謂『美國經濟學會』(American Economic Association)。此種運動之宗旨在反對經濟研究的領域已封閉了的見解,而提出較大較豐富的經濟問題。這同樣的精神便發生了經濟學季刊(Quarterly Journal of Economics）在波斯頓（Boston）出版，哈佛大學（Harvard University）主編。此刊之第一篇即敦巴的百年來美國政治經濟學之評論（A Century of American Political Economy），我們已提及過，在此篇裏面他將兩派的趨勢說明，欲從而調和之。

這種思想的分派在討論經濟學的方法和基本原理的時候，表示更爲顯著。此種討論發生於一種期刊名科學（Science）的之中，嗣後則刊單行本名科學經濟論辯（Science Economic Discussion，紐約，一八八六）。在此論戰中新派的議論和主張頗爲精透。舉凡經濟方法之眞性，經濟制度和思想之相對論——其發生乃依據各種社會條件，經濟主義與同代法律的密切關係，經濟學與社會倫理學和協之必要，以及消費研究之重要（這是約翰穆勒及其他學者所反對的）——等等問題，都討論得很清晰而有力。我們與勒斯力一樣，有各種理由相信美國將在將來經濟問題之研究上和解決上佔一活動的地位。

（附註）新派的投稿者爲塞利格曼博士（Dr. Edwin R. A. Seligman），哲姆士教授（Prof. E. J. James），伊里教授（Prof. Richard T. Ely），亞當斯（Henry C. Adams），

麥克斯密(Richmond Mayo Smith)，和巴騰(Simon N. Patten)。舊派的代表者爲牛鏗教授(Prof. Simon Newcomb)，陶西格(F. W. Taussig)，和哈德栗(Arthur T. Hadley)。

第七章　奧國學派及近世之發展 (The Austrian School and Recent Developments)

(附註)此章係威士康孫大學教授司各脫(Prof. William A. Scott of the University of Wisconsin) 著，初見於此版。

1. 奧國學派

在前世紀七十年間奧國發生了一種新運動，一面要改造正統派經濟學者所建立的主要經濟學說，他面又同樣的予歷史學派以相等的反動。

這兩種方向的前驅和領袖是維也納的孟革(Karl Menger)。在一八七一年他刊行經濟學原論(Grundsätze der Volkswirtschsftslehre)，在此書裏面他以新的創造的方式說明經濟學的一些根本概念和學說；於一八八三年他又刊行社會科學及經濟學的方法論(Untersuchungen über die Methode der Socialwissenschaften und der politischen Ökonomie inbesondere)，在此書裏面討論經濟學之性質及各部分適當的研究法，很警闢而詳細。書中因德國歷史學派之批評，遂引起柏林大學教授西摩勒耳(Schmoller)的回辯，刊行於德意志帝國法律政治經濟年書(Jahrbuch für Gesetzgebung Verwaltung und Volkswirtschaft im deutschen Reich)中，名政治及社會科學之方法論(Zur Methodologie der Staats und Sozialwissenschaften)。孟革對此答以許多通信式的文章，於一八八四年在維也納出版，名德意志國民經濟學中歷史主義之謬誤(Die Irrtümer des Historismus in der deutschen Nationalökonomie)。氏又於一八八九年以同樣的觀念作一文，名經濟科學分類之原則(Grundzüge einer Klassifikation der Wirtschaftswissenschaften)，刊載於國民經濟與統計年書(Jahrbuch für Nationalökonomie und Statistik)。

據孟革之意，經濟活動之研究不屬於一種科學，而屬於數種科學，他分為歷史的、學理的、和實用的。第一類經濟史和統計學屬之；第二類經濟學說屬之；第三類經濟政策、公共財政、和私經濟學屬之。

歷史經濟學的領域是個別現像，靜態的和動態的之研究；學理經濟學的領域是一般經濟現象及其標準模型和關係之研究；實用經濟學的領域是因達特種目的或希望的適當方法之研究。

歷史法只適用於第一類，而特別適用於此類中經濟學史一項。第二類的研究則絕對需要抽象法，因爲我們在此地關涉的不是個別的現象，而是一般的現象，這種現象在性質上只有用抽象的推演纔能發見的。在此場合須運用演繹法，或孟革所習稱的『抽象的經驗法』(empirical form of abstraction)，不過由此法得出的結論沒有從他所謂『確切法』(exact method)所得的結論那樣可靠，『確切法』者，卽是將現象分析至最簡單的元素，而個別研究其一元原與其他元素分離時和合併時的狀況之方法。

經濟科學中之各類是互相牽涉的，而全體均歸於『實用』。歷史研究是供其餘二類研究的資料和助力的，故又適當的命之曰『輔助科學』(Hilfswissenschaften)。可是其餘兩類必需的材料，牠幷不能完全供給。普通的觀察和日常的經驗須補其不逮。實用經濟學利用其餘兩者所供的材料，而理想經濟學又常爲經濟歷史家和經濟統計家的嚮導。公私方面的實行家自然可從各類得助力，不過大多數的助力是屬於實行這一類，雖是這些助力不能爲牠解決一切問題。牠們的目的不在供給實行的教義，而在指示在假定的或可能的情狀下怎樣可以達到某種目的。達到一定目的的方法將隨假定情狀之不同而變異，而假定的情狀又絕不能與實際狀態切合。

因團卑與西摩勒耳之辯論而某種根本原則遂以顯出，這些原則是兩人所共許的，也是大多數的，雖使不是全數的，經濟學者所贊同的。其原則是：歷史的和統計的研究法，以及抽象的研究法，或用歸納的形式，或用最低元素的個別研究形式，不但均在經濟科學上有其地位，而且同爲科學發展的要素。持此同點相較，則此二人的異點便似乎比較的不重要了。

西摩勒耳置重歷史的和統計的方法，以爲可供理想家研究的材料，幷以爲現在的材料，或至少舊正統派經濟學者時代所有的材料，均已得出牠們所能得出的結果。團卑承認歷史和統計的價值，但是否認牠們是唯一的材料策源地，而堅持舊正統經濟學者所用的材料只是不完全的或部分攻治過的，若加以正當的分析和研究，尙能得出有價值的結果。西摩勒耳或許於就事論事的學說沒有像孟革那樣的重視，幷似乎於孟氏所謂實用經濟科學之性質及於實用上的關係也不贊同，可是這種注重點的歧異主要係原於二人性質剛柔之不同。經濟學說若不能直接用以解決實際問題，則其價值殊難衡量，人們對之而有軒輊，大半係依據性情而來。人們對於此種不合實用的學說常有低視的危險，半由於科學之幼稚，半由於此學說所依據的材料與自然科學中類似學說所依據的材料，其性質各異；自然科學之重要，『時間』已把牠表示出來了。

我們若把他們二人思想的實質來分析，而不注視他們立論的方式，則其外表歧異之處，將即歸於消滅，或至少縮至最小限度。此事於他們用歷史法這名詞之時更爲顯著。西摩勒耳用此名詞時，係包括抽象法、分析法、歸納法而言，而其結果又多爲孟氏認爲屬於經濟學理一類的；至孟氏之用此名，則含義較狹，只不過包括本身的描述和分析而已。

西摩勒耳批評孟革於方法論的貢獻，其最終結論說，孟氏方法之價值須以其所得之結果爲衡量，這話是對的。孟氏的主要方法載列於他的經濟學原論，是書照他的界說應屬於學理經濟學一類的。在此書裏面他已實用他所謂的『確切法』即是從經濟生活中分析爲最簡單的原素，而就此等原素盡量研究之之法。

孟氏起首研究的原素爲人類慾望、貨物、和因果律。貨物爲慾望滿足之因，而貨物彼此又互成因果。他分第一級的貨物第二級貨物之果，而第二級爲其因；依次第二級貨物爲第三級貨物之果，而第三級爲其因，展轉類推，以至無窮。他又分第一級以上的各級貨物爲補充物，因爲低一級貨物之生產須賴高一級各物的合併或協同力量始能成功。

（譯者按此段文義糾折，若無具體說明，殊難索解，特據己意附表於此，藉供參考。）

第三級	第二級	第一級
麥	麵	餅

貨物從此級進化到彼級，『時間』是必需的要素，而需時之長短又因類別而大異。例如製造森林，須需百年或百年以上的時間，至製作最簡單的食品則需時不過數分鐘。又是在有些生產中

尙有『不確定』的原素，卽如產額之變異。此原於生產手續之某部分係超出人類智力以外的。然而科學進步，人類智力的範圍大增，這種不確定的分量也漸次減少了。

人們的快樂與福祉緣於慾望之滿足，慾望之滿足又受財貨製取之範疇，而財貨之製取，又受人類智識及宰制慾望與財貨間，和各級財交互間之因果情形而定。欲達此種目的，愼心、思慮、和努力均屬不可少之事，因直接適於滿足慾望的財貨，由『自然』無償的供給人類的，爲數有限。因而一切經濟活動結果均含社會的和個人的兩種性質，蓋人們欲於最瘠薄的供給中要得較豐富的享受，彼此間之通力合作，實屬必要的事。因此每人的財貨只有一部分爲其直接享受的，而餘一部分則持出以供他人享受的。一民族的經濟乃一極縱橫錯雜的現象，一人之物與力與他人之物與力構成各種因果關係。

直接適於滿足慾望的財貨，『自然』不能無償的供人們以充足的數量，此種事實亦關於價值現象；因爲慾望之滿足量係依靠供給物之單位量，減少一單位供給物，結果必減少一定量之滿足，增加一單位供給物，結果亦必增加一定量之滿足。因是一單位供給物所生之滿足量實可衡度此物之經濟重要或價值。價值之分量，一面依靠此物所滿足的慾望之輕重，他面又依靠此物供給量之多寡，對於前者是正變的，對於後者是反變的。因是在任何財貨中，一百個供給單位中之一單位，其價值必較高於一千個供給單位中之一單位，因前者一單位所得的滿足量大於後者一單位所得的滿足量。故設若我們稱任一單位供給物之滿足量爲『界限效用』（murginal utility），我們即可說一物之價值以其『界限效用』而決定，此『界限效用』與供給量是成反比的。因我們所有各種慾望，無論何時均覺其重要程度於吾人的快樂與福祉中輕重各別，所以高級的慾望之『造值力』(value-creating power) 較大於低級的慾望之『造值力』。

財貨的價值係緣於慾望之滿足，然滿足慾望，第一級與較高級的財貨之間有一重大的區別，前者發生『滿足』係直接的，後者發生『滿足』乃經由與低級的因果關係，爲間接的。例如，麵包直接滿足饑餓，麥麵則僅由與麵包之因果關係而間接滿足之，麥子則經由與麥麵之因果關係，土地與勞力則經由與麥子之因果關係，以間接滿足之。價值乃存於此因果之鎖鍊上，因此，第一級之財貨直接與慾望生關係，而爲較高各級財貨取得價值之媒介物。此種原則發見消費與價值之關係，與正統派經濟學者所推論的相反．卽生產料之價値係生於其所生產物之價値，非生產物之價値生於其生產料之價値。

生產料通常是協合的而非單獨的活動以生產次級的財貨，因此在這種情形時，定價的單位似屬於一集合體的財貨而非屬於單一的財貨。但是，因每一生產料與其他生產料組合的變更而生出種類和性質各異的財貨，則此生產料合力的結果已可明瞭，而其獨立評價的基礎亦便成立了。無論何時，其律如是：生產料之價値以經驗證明離此料則不能存在之生產物之價値度之。例如，X、Y、Z各代表A、B、C各生產料之最終單位，經驗可證明，在生產程序中各物有一定的配合，任取其一單位從此組入彼組，其結果必致損失，而且每單位在其加入生產之物中於其消費者效用量之某數增加爲絕不可少之條件。此增加之量之價値卽決定問題中此生產料之單位價値。因此，如土地、資本勞力，以及此三者之各變形，亦不過是生產料而已，此律乃富之分配問題的鎖鑰。

交易之動機與生產之動機同，亦曰求慾望的滿足，或較優的滿足。A與B交換貨物，必因收入的貨物比付出的貨物可生較大的滿足。因此交易的主要條件是交易兩方於貨物的評價須各異，而此稀異點又可決定交易率兩端之極限。例如，A於X貨的評價爲20，於Y貨的評價爲5；而B於X貨評價爲3，於Y貨評價爲15，則此兩人的交易，其最高率與最低率，於X必爲20與3，於Y必爲15與5。設此二貨有幾個買者和賣者，其評價在此最高和最低限度中有數等級，則交易率之成立，其伸縮範圍必因競爭而更縮小，或許到最小限度。由此稀分析，而供需定律便有意義和解釋，使此律更確切而有用。

孟革於一八八八年在經濟與統計年書中著有一篇批評和分析經濟學中資本概念的論文，甚爲透澈，名資本學說（Zur Theorie des Kapitals），可是他在本論中於利息問題之分析，并未比在原論中有任何的進益。在兩書中他均堅持生產料之評價，按照上述原則，應可爲解釋利息的基礎，而所留下的問題乃僅是爲什麼生產料之價值不能達到其生產物之價值全量，如原則所昭示的之一點。他自已的解釋是因爲生產程序中含有『時間』的要素，則生產料之配合須經歷一時期乃屬必要之事；又因此種配合爲數有限，則配合的本身亦成爲評價之目的物，而須與生產料同樣的計算爲生產要素之一。

孟革原論出版以後約十餘年，世八於其學說才有廣大的贊助。德國歷史學派之當權或許是使孟氏學說不能迅速推行的原因。孟氏於歷史學派的評論在一八八三年出版後，一般闡明發揮此種學說的著書和論文始出現於世。其中最重要的是：威色(Friedrich von Wieser)的經濟價值之來源及其定律（Über den Ursprung und die Hauptgesetze des wirtschastlichen Wertes）和自然價值（Der natürliche Wert 一八八三）；波巴威克（Eugen von Böhm-Bawerk）的資本利息說之歷史及批評(Geschichte und Kritik der Kapitalzins Theorien，一八八四），貨物經濟價值之原理（Grundzüge der Theorie des wirtschaftlichen Guter-werts見於經濟與統計年書一八八六）和資本之實體說（Positive Theorie des Kapitales，一八八八）以及薩克斯(Emil Sax)的理論經濟學原理（Grundlegung der theoretischen Staatswirtschaft 一八八七。這些著述於孟氏原論中的學說頗有實質的增益。

威色的主要貢獻在闡明消費和補充物之評價，及應用此說以解明富之分配。他從孟氏生產料的價值係來自生產物的學說，而闡發其推論——即同一生產料或同一配合之生產料發生數種生產物時，則此生產料之價值係來自諸生產物中之極限的或最低值的這一種之說——幷進而指出此種學說與舊經濟學者之生產費說的密切關係。在此點他的推論是這樣加於消費物或生產料之價值又被此等物轉移於極限以上之生產物（即界限生產物〔marginal produce〕以上之生產物，）而為其價值。所以此種生產物的價值，在這方面解釋，可說是以其生產費決定，如舊經濟學者所主張的。舊經濟學者講說此問題的弱點，在於他們未有認出解明生產料本身價值之由來之必要，而且不能持出這種說明。

威色於直接耗費物或第一級物之價值係以其『界限效用』決定之說所持的論辯，與孟革所用的完全相同。其要點是某種和某量滿足之得來須依於某稀財貨之享有。『供給』與『享用』之關係一經成立，則供給物之評價及其價值之分量亦即決定。至在生產料的情形，此種供給享用關係之成立，則只有借徑於牠們的『界限生產物，』因為祇有此種生產物之成立纔須估去一定量的生產料；經濟行為的要求是使生產物供給之某量減除所生之損失推移到極不重要之點去，而此點恆是生產料所生價值最低的生產物。可是生產料的價值一旦成立，則其值即成為極限以上各生產物之供給之決定素因此種供給將增進不已，直至此生產物之極限效用降低到此物生產料之價值所定之點爲止。

此種論辯可以下述實例解明之：假定我們生產的直接消費物爲X、Y、Z三種，各物一單位的價值分別爲20、18、16；此三物的生產料爲A，幷只用A的六單位。又假定一單位之A，可生產一單位之X，或一單位之Y，或一單位之Z；X，Y或Z每增加一單位，則X，或Y，或Z物之值即減低2點。即是說市面上有2單位而非1單位的X物時，則X物之值即爲18而非20，假若有3單位時，則X物之值即爲16而非18，餘可本此類推。

我們首先須考量6單位A物之最經濟的使用法。這是很明顯的，6單位A物可完全用以生產六單位之X物，或六單位之Y物，抑或六單位之Z物，又可以幾單位A生產三物中之一種，而以其餘單位生產其餘各物。在各種可能的變用中，其總生產能有最高價值的乃爲最有利的用法。

若是六單位A物全用以生產X物，則得總值60，因在此時X物每單位之值僅爲10了。若將全A物用以生產Y物，則得總值48，若將全A物用以生產Z物，則得總值36。因此，若是我們只於三物中生產一物，則以X爲最宜。可是若以3單位之A物生產3單位之X，以2單位A物去生產2單位之Y，以1單位A物去生產1單位之Z，則總值可至96，因此每物照此分量產出，則其每物極限單位之價值均爲16，而可有六單位之物提供於市。

6單位A物之其他任何配合，均不能生出這樣大的價值。例如假使我們把用於Z物之1單位A取出而加於X或Y之生產，則價值必將減低。若此增加之一單位爲Y，則3單位X之各值爲16，總值爲48，而3單位Y之各值爲14，總值爲42。48加42其和爲90，此有一單位Z物之生產時價值減少了6。若此增加之一單位爲X而非Y，則4X之各值爲14，總值爲56，2Y各值爲16，總值爲32，兩數之總合僅88。

因此生產料A的最經濟使用法乃在於一單位Z之生產，即是須用於三物中最不重要之物之生產，所以Z物可適當的名曰『界限生產物』(marginal product)，X和Y可名曰『界限以上之生產物』(supramarginal product)。

在此種情形之下，A之價值爲16，即是牠的極限生產物之價值，因此生產物之存在，乃繫於A

物5單位外之一單位之增加。可是決定X和Y之有利生產的單位數亦爲此價值，因之此價值可說是牠們的極限效用和價值。所以在這種意義，X和Y之價值可說是被決定於牠們的生產費，即是生產料A之價值。然而我們不要忘記，A加於牠的『極限以上生產物』X和Y之價值，乃A本身取給於牠的『極限生產物』Z之價值，而非A自有的。

於補充物(complementary goods)之價值之講明，威色與孟革異趣。孟氏以此等物價值之決定，係以從一種配合中每一補充物或每補充物之一部之取出所生的損失衡量之，每物取出時所生之損失，即定爲該物應有之價值。威氏則以下列方式描述並批評孟氏的論法(見Der natürliche Wert-Smart 的英譯本八三頁)：

『假定有三種生產料使用於最合理的可能的生產方案中，由其配合所生之產物，其價值爲10單位。假使將此三種生產料另外配合而置之於其他生產料中，自然牠們可提高其他生產料之產物，可是這是與我們假設相反的——我們的假設是最合理的生產方案——我們的假定是可以生產10單位價值的；若是加入其他組合可多生價值，則我們第一次所假定的配合即不能算爲最好的了。此三種生產料自然可有無數的配合法，然而應當採行的只有一個，即最好的一個：若乘此取彼，其結果必較小，雖是有時相差甚微。

「又假定將此三種生產料用於另一種方案中——我們須記着，這種方案是要生產料各個分別的加入。假定每一生產料各別的加入一種生產組合時，每組合因加入一生產料之故，而增值3單位，則三生產料在三種組合中共增了9單位價值之收入。

「在這種情形，按照孟氏的原則，每生產料之價值究怎樣決定呢？以生產料之取出以致收入之低減而決定。在這種情形，其低減之數應爲10——即最好組合法之全收入至此已消滅了——不過因其餘二生產料之新運用已恢復了6單位之值；因此最後的損失爲4，此4單位之損失加於三生產料中之任一種而皆然的。於是三生產料之全值將爲12。可是這種得數是不可能的，因在最有利的生產時，我們假定只有10單位之收入故。」

按威氏的意思，孟革的錯誤在於方法之推演，他乃另提一法，即是用代數方程求出每補充物確切貢獻之方法，每補充物所加入之每種組合之性質及結果，均以方程式確切表出。例如，假定A、

B、C三補充物用下列比例以從事X、Z、Z三物之生產。X的價值爲145，Y爲160，Z爲260；X的配合爲2a 3b 4c；Y的配合爲3a 6b 2c；Z的配合爲7a 2b 8c。據此可得下方程式：2a＋3b＋4c＝145；3a＋6b＋2c＝160；7a＋2b＋8c＝260。解開方程之結果：a＝10；b＝15；c＝20。因爲在生產程序的進化中補充物實際可有無數的配合法，普通的會計法可使營業者立出必要的各種方程式，因而便可容易算出每生產料於生產物所有的貢獻，此之所謂貢獻，自然不是物質的貢獻，因爲這是不能與其他生產原素的物質貢獻分開的，而是在價值中的貢獻。

威氏在自然價值裏面推論生產要素價值計算的定律，在供給、需要和質量的情形變異時亦能適用。在供給方面，他指出生產料的供給是多數的而非單獨的時候，價值計算仍依極限定律，卽是『須計算到每一單位或數量在當時情狀下依經濟的目標而運用此單位或數量所能生的最小結果。』因是生產料的供給增加將減低其價值，以減低了牠的極限產物故生產料的供給減低，其結果適與相反，生產料的需要，因其生產組合之數量和種類有增減而發生變動時，也以同樣情形而價值或增或減，至生產料的種類相同而質量有不同時，將按照優良的等第以定不同的價值，因爲質量的優良將增加生產組合中的出品，此出品增加的數量祇可算爲生產料的優質所致。

此種定律運用於土地、資本和勞力上，孟革以爲可說明地租、毛利（gross profits）和工資。按照此定律，地上的產物，當某種土地比較稀少時，應以其價值之一部分屬於某種土地，若各種土地均比較稀少時，即應以其價值之一部分屬於各種土地。各級土地價值之計算以其肥瘠程度之不同而變異，實質上與李嘉圖所揭示的「等級律」（differential law）完全一致，不過極限土地當比較的稀少時亦能發生地租，這是稍異之點。按孟氏之意，李嘉圖地租出於「壟斷」（monopoly）之說，若解釋工資毛利均出於壟斷，則其說可通，即是說生產料在聯合生產物中之所以有分者，乃因此生產料之供給量不逮需要量之故。在同樣情形，在聯合生產物之三生產素中勞力和資本所有之分亦以此定律決定，正如各級勞力工資的區分之決定一樣。「壟斷」因影響供給之故，遂亦影響價值之計算以及財富之分配了。

利息的解釋給吾人以另一問題。價值計算律似可說明資本在產物中應佔一分的原因，但不能說明資本所佔之分爲什麼能超過資本本身價值的原因。這種問題不發生於土地和勞力，因爲牠們是原始的而非製造的要素。——威色於此問題的討論可說是不滿足。其理由除訴之於經驗外，差不多別無所據。他說：（其書第三册，第三編，第十七章）『土地、勞力、資本三生產素的全報酬，其數足以補償所消耗的資本而生純利，這是毫無疑義的。這是最顯明的經濟事實，不須有若何證明，正如有所謂貨物或生產等事實不須證明一樣。自然，生產事業亦有偶然失敗，不能補償消耗的；自然有許多事業沒有得到甚麼有用的產物的；可是此類乃屬例外。而通常的事例，純利均可獲得；並且純利的數量至爲巨大，不但巨萬的人口可因此而生活，而且資本可因餘利而增集。

『然而尚有一事須問的——是否在此毫無疑問的純收入當中，應有一分屬於資本要素。但是這個問題并不利害。爲什麼單是資本不應享此分？若是我們知道并且承認資本是生產的經濟要素之一，生產的報酬歸入其他要素同時也應歸入資本，那末我們也應知道和承認在生產報酬所構成的純利中資本在道理上也應有一分。我們能假定資本在生產中常常不能補償自己麼？這種假定是武斷的。我們又可假定不管生產怎樣勝利，而資本之所入僅足補償自己的損失麼？這種假定也是同樣武斷的。無論何人若拒絕資本之有純收入，無異拒絕資本之有任何收入。』

對於這個問題和其他與利息有關的問題，波巴威克（Böhm-Bawerk）論之最精，頗有特殊貢獻。在他的資本利息說之歷史及批評中他講明此問題的性質，類列前人的各種解答，而給予透澈的盡量的評騭。在這樣廓淸一切之後，他在他的資本之實體說中發闡他自己的結論。（二書刊行爲上下兩集定名爲資本與利息。兩集均由格拉斯哥大學斯馬特（William Smart）譯爲英文，由 Macmillan and Co. 出版，前者刊行於一八九〇年，名資本與利息（Capital and Interest），後者刊行於一八九一年，名資本實體說（The Positive Theory of Capital）。

在他歷史的批評的研考中，關於利息最重要的學說不外下列幾種：生產力說、使用說、節制說、勞力說、和搾取說。他以爲「生產力說」最缺乏解明的能力。此派的有些學者簡直沒有握住利息問題的眞際，幷沒有一人對此問題有圓滿的說明。有些說出資本的物質生產力便翩然自足；有些僅證明資本也能生產價值，但沒有人說明爲什麽屬於或計算到資本上的產物價值，其數均一般的超過資本本身的價值。

「使用說」的普通論式，以利息是使用或役使資本所付之代價。此派的有些學者區分資本之使用和消耗，有些又不作此區別。只有前者於利息眞象提出說明，但按波巴威克之意，他們的缺點又在不能指出他們所確說的『用益』之存在。波氏的結論是『一切有形財均因其本身所含物質力之活動而有用於人類，』因此『財之功用乃祇在「力」之發放、供給、或射出而了無他物。』因此，『人們得財之「用益」(use) 須將財之能力轉移於工作中。』因此資本財之『用益』的評價，不過是財本身之評價而此種解說也非所以說明構成利息的剩餘價值。

『節慾說』(the abstinence theory)，按波氏之意，乃依據於名費用爲犧牲 (sacrifice) 之生產費價值說，以生產資本財所含之勞力犧牲說明資本價值，以集聚資本所含之節制犧牲說明利息。波氏以爲以極限效用代生產費說，自身已把此種利息學說推翻，然而他採取另一方面以施評擊，即是極力證明此派的學者一面計算勞力的犧牲，同時又計算節制的犧牲，於計算資本集聚所含犧牲的總合中可謂重複。波氏以爲這種犧牲應認爲是變換的方式而非集聚的方式；即是我們計算集聚資本所含的犧牲量，或計生產資本財時所費的勞力，或計勞力用於生產資本而不用於其他生產和活動所犧牲的滿足，二者只能取其一，決不能有其二。

波氏說，『欲解明此說，可舉一鄉間的人爲例，此人正考量欲作何種勞働以度此日。呈現於他面前的或許不下百餘種道路。只說幾種最簡單的——他可釣魚，或打獵，或採果實。此三種勞働都歸於一點，即是結果是目前的——甚至當天的薄暮就可得到的。假定我們這位鄉下朋友決定了釣魚，而入夜即攜三魚歸家。他費了什麼犧牲以得此三魚？

『除了魚具微末的磨損侵蝕不計外，他所犧牲的祇是一天勞力，而並無他物，這是很顯明的。然而他可以從另一觀點以衡量他的損失。他可將他若以此日工作用於他事所能生的滿足以衡量其損失。他可這樣計算：設若我今天去打獵而不去釣魚，我或許得了三支兎；但是現在我已決不能得此三支兎的滿足。』

波氏於是又用下述的想像：『我用整天工夫栽植果樹，期望十年以內可替我結果子。忽然今晚上來了一陣風暴，把我的種植完全毀壞了。遇此意外，使我勞而無功，其犧牲之大爲何如？我想任何人將說，只是犧牲了一天勞力，并無他物。現在我要問：若是風暴不來，所植之樹又不需任何勞力便可於十年以內結出果子，那末我的犧牲不比一天勞力的犧牲大嗎？要是我作一天工夫而於十年以內便可享其收入，與我作一天工夫，而因風暴破壞之故，便須待至無限年以望收入，相較，其犧牲不較大嗎？欲作此種確說是不可能的。』

各派勞力說都一致解釋利息是資本家所出勞力之工資。他們於論資本家要求此項工資的根據，則各執一詞，所以我們不能用一單純的批評去駁斥他們。波氏分析各派議論并一一評騭之，而以爲在有些地方，利息的當否與利息的解釋混爲一談，并沒有一種解釋可認爲確當的。他的結語如下：『因此勞力利息說，不管牠的派別衆多，都不能給利息以一種顛撲不破的學理解釋。實在的，沒有一個中正不偏的人能希望從此說得其他任何結果。除了特別嗜好迂說曲解的人，沒有那個能稍有懷疑資本於作資本家之「勞力貯存所」外，尚有其他經濟力在其後。所以利息不但是名稱上的而且是實質上的與勞力工資有別，這是不能有疑義的。』

波氏於『搾取說』(exploitation theories) 之批評不能切當的歸納於一段內。他的評論包括洛柏圖斯 (Rodbertus) 和馬克斯 (Marx) 的各派學說。有兩點於此二人可同樣適用的，現在把牠們述說於下。第一點，他們都主張財貨從經濟方面看來須認爲勞力之結果，而且單純是勞力的結果。波氏評之如下：『此說純全錯誤。就是純粹天然財，要是牠們的供給與需要相比是稀少的，也含有經濟的意味。假若一塊實金從天空中像隕石般的墜落於一個人的田間，那末生塊金便不能用經濟的眼光去觀察嗎？又是在他的田上偶然發現銀鑛，那末這種銀質也不能用經濟的眼光去觀察嗎？而此田的主人竟因此金與銀乃天然的賞賜而已毫無勞力，遂冥視不顧，或棄置一旁，或浪費不惜嗎？他將不盡心保存此種金銀如他用勞力掙來的金銀一樣，置之於安全地方以防他人之竊竊，仔細的將牠們在市場上易為貨幣——總而言之，以經濟的方法處置牠們嗎？又是，有些財貨本為天然特產，人們只加少許勞力以完成天功，那末此種財貨便無經濟關係嗎？若說無經濟的關係，則人們很可合理的將一瓶精製的萊因酒與一瓶精製而天然品質較劣的鄉酒列於同等的地位，因為人類的勞力用於二者是相等的。雖則如此，然而萊因酒的價值恆十倍於鄉酒，此係日常經驗的事實，這種事實給洛柏圖斯的學說一有力的反證。』

波氏極端反對的第二點是洛柏圖斯和馬克斯從前說所得的推論，即是勞力應當收其產物之全價值。他描述此說如下：『勞働者應收其產物之全值有二義，或勞働者應於「現在」收其產物「現在」之全値嗎？抑應於「將來」收其產物「將來」之全値呢？而洛氏及社會主義者說此話時似意在以勞働者於「現在」而收其產物「將來」之全値，且其詞氣似乎此說已毫無疑義，而其實此說僅足爲前說之唯一解釋，何嘗有實際的證明？』

波氏之意，以爲同一種類同一品質的財，而在現在的比在將來的其價値必較高，這種事實足以說明利息的由來，而完全爲洛柏圖斯、馬克斯及其他社會主義者有未見到的。此說的解明載於氏書資本實體說的第二集。

他最初便說明資本的定義及其功用，因爲利息這個現象原始卽與生產中的資本要素有關係的。他於澈透講明財及生產之性質，以及人與自然的關係後，遂於各家的資本學說作一種歷史的批評，乃復進而立出下列的定義：——

「資本者，普通看來，我們可稱爲用作取財工具之一組產物。在此普通概念之下的乃是「社會資本」(social capital)的狹義觀念。我們可稱「社會資本」爲一組產物，以社會經濟的意思用爲取財的工具；或是因爲此種「取得」(acquisition)須經過生產手續，我們又可稱之爲用作再生產資料之一組產物；或是更簡言之，稱爲一組居間的產物。「取得資本」(acquisitive capital)這名詞與上述廣義的資本同義，最可採用至一般更適用的「私人資本」(private capital)這名詞亦可適用，不過不如此之確切。又「社會資本」本屬狹義的資本，我們亦可適當而確切的稱之爲「生產資本」(productive capital)。』

許多自然力須經過一長久時間纔能爲人利用，資本的功用乃在使勞力在生產程序中能利用此種自然力。因此，資本在生產中不是原始的而是間接的要素。人要滿足他的慾望，則必須取用自然力，有些自然力是可容易而且可迅速利用的，可是有些自然力則須假手於機器，工具和其他器械纔可供人使用，而此種工具之創製和運用又必需時間。又是在各種生產方式中自然力之完全利用必經『時間消費』(time-consuming)的程序，其常例爲程序較長因而消費的時間更多，則自然力之屈服於人力者亦較高。在人與自然間之過渡程序中所用的各種財均爲資本。資本乃生產和貯畜之結果；貯畜卻非實施於財上，因爲財祇有消費纔能完成其目的；而乃實施於原始的生產力上——自然和勞力——二者經貯蓄的手段，乃用於將來的而非現在的目的。

資本財是將來的財，其意是說資本之滿足人類慾望僅在將來。資本在製造中爲生產料，而成熟爲完成的產物，不過須在一段時間之經過後。直接消費財可稱爲現在財，因爲牠們能發生立刻的滿足，資本與直接消費財交換時須減低價値或被折閱，一部分因爲大多數的人都期必或至少是希望，物之滿足其慾望於將來者應比其滿足慾望於現在爲尤多；或是因爲將來是不確定的，不能被大多數的人充分的期望或認許；或是因爲現在財在技術上比將來財較優越，因前者可使生產者能有更長因而更富生產力的程序；又或者因爲上述前兩個的共同原因。

資本財的評價較低可以解釋各種利息的原因。若是一個人貸給銀一百元於他人，以一年爲期，則此人是以現在財而易將來財，其應收的利息代表在市場的現狀下一年後始行取用之財所有的折扣。若是一個製造家買入原料、機器、勞力、土地等等，而製造貨物，這貨物只能在將來利用的，則此製造家是以現在財而易將來財，那末同樣的折扣程序亦將發生。因此利息是根據生產中人和經濟行爲的性質之評價的結果，這種評價情形，就在社會主義的國家，或任何形式的社會，只要人類慾望之滿足須要經濟行爲與自然力相輔而行，都要發生的。

現在財與將來財的交易，在市場上固發生於資本，而亦發生於土地與勞力，因爲從經濟上看來，土地與勞力也是將來財。因是之故，在土地與勞力的評價中也有減價折閱的程序發生，如在資本的情形一樣。

評價定律威色稱爲『自然價值律』(laws of natural value) 應用此定律於集合經濟 (collective economies) 或國家經濟上，此種工夫乃作於薩克斯 (Emil Sax)，見於他的經濟學原理。因一切經濟行爲均與此律吻合，所以國家以及個人皆同隸於此律。例如，國家的和私人的經濟分配社會的全收入，其中有一原則乃一切評價的根本定律的，是財之使用，須使用於最重要的方面，即是財之用在滿足慾望上須有最大的報酬，這個定律是當遵守的。即是說，一種財若爲私人所有比爲國家所有能生較大的報酬時，此財即不應由國家取用。薩氏稱此定律爲『個人和政府的比例供給原理』(principle of proportionate provision for the wants of the individual and the wants of the government)。

薩克斯又於孟革威色發揮的慾望財貨經濟和價值諸學說中，發見租稅學說的主要條件。一個公民衡量國家役務的價値與他衡量財貨的價値幷不殊科，而他所付出的租稅在其心目中應不當超過國家所作役務的價値。因財富的分配不平等，公民的慾望各別，所以國家役務的價値，若以收入的單位評定之將大有區別，因而公民之支付租稅，其數量亦將因人而異。欲決定公民支付租稅之數，須視各人的財富收入和慾望的情形而定，國家立稅當以此爲準則。

奧國學派給學理之研究一新衝動，而提高此種研究的地位。此學派不單是批評和修改舊正統派的學說，幷且在近年來尙有許多建設的工作。因評論新學說的原故，遂又激動了新的思想和研究，而最顯著的企圖乃在繹取新舊兩派的精髓而合併爲最新的學系。

歷史學派的勢力仍然繼續，最顯著的事實是每年出的歷史的統計的和敍述的作品甚多，而一般經濟學者從事此項硏究所費的時間和勞力也日益增加。各專門大學經濟學生所作的研究工夫大概屬於此類，經濟各方促進學術研究的組織也大概屬於此類。可是從事此項研究的經濟學者也常常採用學理，幷認識學理的重要。其對於學理研究的態度至少是容忍的，而且其時是高興的。他不像較早的歷史學派那樣的極端論者。

大多數的現代經濟學者均不能歸入任何學派。他們承認歷史研究和學理研究的重要及其在科學進展中的地位，并且他們許多分致其力於兩種之研究。他們又承認歸納法和演繹法以及抽象法和經驗法之同等重要。他們的心眼對於新學說是開放的，而同時也是批評的。他們注重綜合，同時也注重分析。

在我們現代經濟生活的迅速發展中，以及由發展而生的許多急待解決的困難問題中，一切經濟研究已收了不少的刺戟。營業單位之膨脹；產業組合，托辣斯和壟斷業之發達；國際競爭之猛進；產金額之增加與金價之低落，因而有物價增高生活費用上升的現象；工人與雇主的組織發達以致兩者間的仇視愈深——種種情形已經向科學提出新要求，而增加了人們於此學的注意力。我們目前急待解決的緊切問題不但鼓動了經濟學者的加倍活動而增集了許多生力軍，并且打開了他們的心思，使他們對於各方面來的意見加以接受，對於一切可以得出結論的研究法予以容忍。

這種形形色色的刺戟已發生了著作界的活動，欲總論其作物，此事甚鉅，非本篇範圍所能包括的。我們的企圖僅在將此種進展在世界諸國中的主要特點作一種綱領的敍述。

2. 近世之發展

德國

德國歷史學派的勢力仍然很盛，在此國內所出關於統計的歷史的和敍述的論著仍繼長增高。許多此類的作物見於這一類的定期刊，如康拉德(Conrad)的國民經濟與統計年書(Jahrbücher für Nationalökonomie und Statistik)，西摩勒耳的德意志帝國法律政治經濟年書，謝富勒(Schäffle)的完全國家學雜誌(Zeitschrift für die gesamte Staatswissenschaft)，柏盎(Braun)的社會法律與統計彙錄(Archiv für soziale Gesetzgebung und Statistik)顯斯(Schanz)的財政彙錄(Finanzarchiv)和亨斯(Hirth)的北德意志聯盟與國稅聯盟年書(Annalen des norddeutschen Bundes und des deutschen Zollvereins)(後名為德意志帝國法律政治經濟年書(Annalen des Deutschen Reichs für Gesetzgebung, Verwaltung und Volkswirtschaft)），并見於社會政治學會(Der Verein für Sozialpolitik)和其他學會的出版物以及統計局大學研究院的出品中。大學的出品中最著名的是柏林大學西摩勒耳教授的著書，其書卷帙甚多，名：國家與社會之科學研究 (Staats-und sozialwissenschaftliche Forschungen)。此外與此有關的尙有各種統計的刊物和特種專著，專門研究國外貿易，殖民政策，保險，勞働問題等等的。

此類著作已奠定歐洲經濟史的基礎，并已創立一部分的建築。我們於現代各種制度的性質與活動也因此而得着較多的知識。此類著作的作者甚多。除了西摩勒耳外，其中著名的爲布稜他諾(Lujo Brentano)，瓦格涅(A. Wagner)赫斐里齊 (J. J. Helfferich)，松貝耳 （G. V. Schönberg），布協(K. Bücher)斯梯德 (M. Stiede)，基林 (T. Geering)，克拉卜 (G. F. Knapp)，韋柏 (M. Weber)，顯斯(G. Schanz)，赫爾德(A. Held)，西林 (M. Sering)，科因(G. Cohn)，勒西斯(W. Lexis)，拉斯(E. Nasse)，阿倫特(O. Arendt)，部士(J. B. Busch)和梭特伯爾(A. Soetbeer)。德意志和英國的經濟史與制度固已爲上述學者所極注意，即其他國家

——包含美國——亦在他們研究之列。欲解明此類著作的範圍和性質，我們可列舉下述各書：西摩勒耳的十九世紀德意志手工業史（Zur Geschichte der deutschen Kleingewerbe in 19 Jahrhundert）一八七〇），平民紡織工會（Die Strassburger Tucher und Weberzunft，一八七九）分工事例（Die Thatsachen der Arbeitsteilung，一八八九）分工性質與社會階級形成（Das Wesen der Arbeitsteilung und der socialen Klassenbildung.一八八九）企業之史的進化（Die geschichtliche Entwickelung der Unternehmung，一八九〇——九三）現代社會與實業之政策（Zur Social-und Gewerbepolitik der Gegenwart，一八九〇）幾個社會政治及經濟學之根本問題（Über einige Grundfragen der Socialpolitik und der Volkswirthschaftslehre，一八九八），憲法行政經濟史綱要與研究（Umrisse und Untersuchungen zur Verfassungs-Vorwaltung-und Wirthschaftsgeschichte）；松貝耳的十四十五世紀巴沙城之財政狀況（Finanzverhältnisse der Stadt Basel in 14 und 15 Jahrhundert，一八七九），布協的紀元前一四三至一二九年不自由工人之亂（Die Aufstände der unfreien

Arbeiter 143—129 v Christ，一八七四）；十四十五世紀弗蘭克斐城之人口 (Die Bevölkerung von Frankfurt a. m. in 14 und 15 Jahrhundert，一八八六）；國民經濟學之原始 (Die Entstehung der Volkswirtschaft）講演與研究 (Vorträge und Versuche，一八九三）；斯梯德的德意志基爾特制度之原始 (Zur Entstehung des deutschen Zunftwesens，一八七四）；基林的巴沙城之商工業 (Handel und Industrie der Stadt Basel，一八八六）；克拉卜的普魯士農奴之解放與雇農之發生 (Die Bauernbefreiung und der Ursprung der Landarbeiter in den älteren Theilen Preussens，一八八七）；布稜他諾的現代之工會 (Die Arbeitergilden der Gegenwart，一八七七）；現代法律中勞働階級之狀況 (Das Arbeitsverhältnis gemäss dem heutigen Recht，一八七七）；現代經濟法律中之勞働保險 (Die Arbeiterversicherung gemäss der heutigen Wirtschaftsordnung，一八七九）；農業政治 (Agrarpolitik，一八九七）；顯斯的中世紀末葉英國之商業政策 (Die englische Handelspolitik gegen Ende des Mittelalters，一八八一）；赫爾德的關於英國社會史之二書 (Zwei Bücher zur socialen Geschichte Englands，一八八一）；科因的英國國會之調查（Über parlamentarische Untersuchungen in England，一八七五）；哈斯巴赫（Hasbach）的英國勞働保險制（Das englische Arbeiterversicherungswesen，一八八三）；近百年來英國之農人與圈地（Die englinchen Landarbeiter in den letzen 100 Jahren und die Einbogungen，一八九四）；勒西斯的法國出口獎勵金（Die französichen Ausfuhrprämien，一八七〇）；法國之工會與雇主同盟（Gewerkvereine und Unternehmerverbände in Frankreich，一八七〇）。

與歷史統計材料之搜集同時並進的，則有現代各種制度之歷史的分析的描述的著作，以形成小册子和論集。其中最著名的是瓦格涅的政治經濟學教本（Lehr-und Handbuch der politischen Ökonomie）和松貝耳的政治經濟學手册（Handbuch der Politischen Ökonomie）和西摩勒耳的普通經濟學綱要（Grundriss der Allgemeinen Volkswirtschaftalehre）。

瓦氏之書之第一集出世於一八七六年，仿勞（Rau）的科學教科書指南（Lehrbuch）的講製而改訂之。第二版出世於一八七九年，已爲一種單行本在一八九二年而刊行第三版。瓦氏又宣布了一種偉大的計畫，包括政治經濟學的全範圍，幷約拉斯教授(Prof. Edwin Nasse of Bonn)爲共同擬稿者，然而這計畫幷沒有完全實現。一八九○年拉斯之死致使此計畫的修改，幷宣布布協和狄哲爾(H. Dietzel)爲共同擬稿者。數年後，狄氏退出另選玻爾教授(Prof. Pohle of Frankfurt)遞補其缺。第三版原論(Grundlegung)所宣布的最後計畫包含：第一集原論，瓦格湼著，共二册；第二集經濟學說，狄哲爾著；第三集經濟實踐分四部：(一)交通與交通政策，瓦格湼著；(二)農業與農業政策，布森貝格(Buchenberger)著；(三)森林與森林政策，布協與布森貝格和著；(四)工商業與工商政策，布協著；第四集財政學分四部，瓦格湼著；第五集政治經濟學史。其未完成者如狄哲爾於一八九五年編述之第二集，序言和第一集第三集之第一第三第四各部，以及第五集全部。瓦格湼在柏林大學講演的增訂稿於一九○七——一九○九年出版的上下兩部書名普通的和學理的國民經濟學或社會經濟學(Allgemeine und theoretische Volkswirtschaftslehre oder Sozialökonomik)，頗可一部分的代替第二集和第三集之第一部的地位。

在原論裏面瓦格涅表示他的意見，以爲英國的正統派經濟學，他與其他許多德國經濟學者均稱之爲斯密主義或「經濟的個人主義和自由主義」的，已被各批評家之襲擊而暗蝕其基礎，其間最有破壞性的評批家乃是社會主義者；因此經濟學的根本須重新檢查，而其建設須從基礎上另外改造，此乃必需之事。在完成這種使命中，原論已擔任了必需的預備工作；在此論裏面瓦氏盡量的批評和考查正統經濟學者和社會主義者所用的前提和方法，他又研究近代社會的各特點，如法律的權利和關係，國民經濟之組織，私經濟與公經濟的關係，以及自由和財產之經濟的社會的觀察。在此種評論和研究之基礎上瓦氏建立他所謂的眞正社會經濟學，而注意於三問題，即是：(a)心理的和純粹經濟與技術的力量，道德和宗教的影響，習慣和風俗於人類動機的形成，以及經濟生活的動力種種交互的關係和交感的行爲；(b)純粹經濟的觀點與歷史法律的觀點之別，絕對的純粹的經濟範疇與變化的歷史法律的經濟範疇之別；(c)生產問題與分配問題的區別和關係，以及此種問題的性質與其正當解決的方式須依社會情形不同而有差異，至社會情形的不同，乃緣於法律關係，個人自由的範圍，公私財產間的關係，契約的法律等等之不同。

瓦格涅在正統經濟學者和社會主義派之間取一種居中的途徑。他說，在政治經濟學中一切事物都集中於個人與社會之關係這一點。他相信此種關係的眞理既非拜趨於社會主義，亦非拜落入個人主義，而是此兩主義間之調和點。他說，眞正科學和理性的實行將迴避兩方之極端，可是『這是一般人承認的「社會原則」在現在是得勢的，而且應當得勢的。』他也不贊成歷史學派對正統派政治經濟學所取的態度。他以爲正統派的錯誤不十分在方法而在於他們的前提的性質不完全，吾人所需要的不在於根本改易方法而在於如何善用其法。他雖相信歷史法之用處，而同情於歷史派的工作，他卻不相信原理的尋求須有待於材料之搜集，而先以全力赴之。他於奧國學派對歷史學派所施的反動也表同情，不過其限度乃在批評歷史方法之一點，他幷不因此便輕視歷史派的工作，而不與之合力幷進。

政治經濟學彙編（Handbuch der Politischen Ökonomie）第一版於一八八二年出世，此書爲都柄根大學（University of Tübingen）松貝耳教授所主編，爲其餘二十五位經濟學者所合編。第二版頗有增加，刊行於一八八五年，第三版於一八九〇年。此作的目的是要將政治經濟學所含的各部分按照此學在當時已達到的發展情形作一種完備的敘述。因爲作者甚多，所以於出版時已臻完備，第一次出版即有兩巨册，嗣後便增訂爲三册；此書在這點已比瓦格涅的原論優勝，因爲原論一集一集的出版，歷時約有一代，而且尙未完成。可是此書缺乏瓦氏原論的透澈和一貫，而且於經濟學的性質範圍基礎和原則，也沒有如原論所具的特別見地。牠是各個專家論文的彙錄，選集一處以覆蓋經濟學全部的，而非一篇整個的論著。

此書的三大部爲經濟學，財政學和行政學。經濟學分爲二集：第一集是通論，共分爲十三章：國民經濟學，松貝耳著；政治經濟學爲一科學，社耳著；社會主義與共產主義，社耳著；經濟概念，訥伊曼（Neumann）著；普通經濟生產，克倫瓦特（Kleinwachter）著；物價之形成，訥伊曼著；衡與量，若勒（Jolly）著；貨幣與鑄造，拉斯著；信用與銀行，瓦格涅著；運輸與交通，薩克斯著；分配論，米多弗（Mithof）著；消費論，勒西斯（Lexis）著；人口學說，路墨林著。第二集是各論，分爲十四章：農業三篇，第一篇哥爾支（Von der Goltz）著，第二篇墨成（Meitzon）著，第三篇康拉德（Conrad）著；森林學，赫斐里赫（Helferich）著；狩獵學，羅勒（Lorey）若勒合著；漁學，布森貝格著；採礦學，盛刻爾(Schenkel)著；實業三篇頭二篇松貝耳著，第三篇可倫（Kohler）著；商業勸西斯著；保險，瓦格涅著；人身勞役，松貝耳著；人口政策，基弗鏗(Geffcken)著。財政學分爲十一章：財政之性質問題和歷史，基弗鏗著；國家費用，基弗鏗著；自辦企業之收入，祉耳著；捐費(Fees)，沙爾（Schall）著；租稅(Taxes)分五篇赫斐里，赫瓦格涅，來爾（Lehr），力克(Riecke)和沙爾各著一篇；公共財政之組織與公共信用，瓦格勒著；地方財政，勒寸斯臺因（Reitzenstein）著。行政學分爲九章：行政學之基本概念性質和問題，邁爾（Meyer）著；統計學，路壘林著；內地行政之組織，邁爾著；保安警察，舍得爾(Seydel)著；公共衞生，若勒著；貧民救濟，羅林(Löring)著；道德警察(Moral Police)，羅林著；教育，若勒著。

因爲西摩勒耳在歷史學派中的威權很大，而此派最早的一種主義，卽是普通的論著須暫擱置，直到事實的詳細研究和敍述安置了較大的綜合基礎後；所以一般人對於西氏的普通國民經濟學概論（Grundriss der Allgemeinen Volkswirtschaftslehre，此書初刊於一九〇〇年），特別有興趣。在此書的序言裏西氏說他作此書的用意蓋有幾種；其中之一乃是欲於多年在文卷庫裏勞瘁之後，而一探索此學的較大普通問題。他說：『我覺得我必須在這些事件上掃空一切，而從文卷庫裏的詳細研究中以取得最好的結論。』他對於哲學和心理研究的舊嗜好，他以前的工作對於普通研究所立下的廣大基礎，而特別是他在柏林大學教授了三十六年哲學心理學的事實，仍然能影響於他。此書，或許比其他一切的較好，代表歷史學派的領袖們觀察在我們現代的智識中普通原論應具的何種體式，幷且至少可表明他們認爲這種論著應該怎樣。

西氏的槪論包括一篇導言與四册。導言討論經濟學的性質和界說，經濟學的心理的和道德的基礎，以及經濟學之著作和方法。第一册名土地人民與技術；第二册名國民經濟之社會組織；第三册名貨財流通與收入分配之社會程序；第四册名一般國民經濟生活之發展。

導言之第二篇包括九章，其性質大半屬於社會學的。題目爲：社會生活的目的與工具促進人羣相互了解之「心物和合」(psychophysical)的工具——即語言和文字；精神自覺與合羣力量之範圍；個人之情感和需要；人類的衝動；取財衝動與經濟道德；道德的性質，社會生活風俗，正義和道德之強制力；經濟生活與道德生活間之一般關係。

概論第一册計有四章，其目次爲：一民族的經濟乃依靠外部的天然種族與人民；人口的質素與活動；技術發達之經濟意義。其第二册所討論的爲：家庭經濟；社會羣體——城與鄉——之居留及生活狀態；國家與其他政治單位之經濟；社會的及經濟的分工；財產的性質及其分配之特點；社會階級之形成；營業的組織與活動之發展。其第三册又分爲九章，目次爲：交易，市場和商業；經濟競爭；權衡，度量，錢塊，貨幣；價值與價格；財產，資本，信用，包括地租與利息；信用機關及其近世的發展，包括銀行；勞働關係，勞働法律，勞働契約與工資；較新的最重要的社會機關，如關於貧人的救濟，保險，雇用，勞働組合，和仲裁法庭；收入及其小目之分配，如利潤，地租，財產的收入，勞力的收入。其第四册所討論的爲：國民經濟之擺動和恐慌；階級衝突，及由國家，法律和改良所生的階級消長；國與國（包括商業政策）間的經濟關係和衝突；人類與各民族（包括各民族的發生與盛和衰落）之經濟的和一般的發展。

西摩勒耳教授討論這種範圍博大的題目之特點乃是淵博，客觀，清晰，和優美。除了特種經濟的領域外，——他不願涉及的——凡是有關於政治經濟學的題目差不多都有所論列，而他研究每一個題目又能恰如其分。他不單叫人注意社會學，法律學，心理學等等與政治經濟學有關係；他并且實際在他的論著裏面包含政治經濟學所依據各種科學之成分，或者他所認爲構成經濟學之部分的。

他的態度對於所研究的一切題目差不多都是一個註解者和歷史家，而非如持有特殊見地或學說的黨徒或教主。在辯爭的問題中，他雖是辯論之一方，卻也是十分持平的。對於孟革和其他奧國學者他不但表示承認，而且在許多地方他實行採取他們的見解。他的論斷通常是保守的和缺乏終極的這個很可表明在他的心目中科學是正在變化的，人要得着眞理，心境必須是廣大的。他的材料的組織和排列是合於邏輯的，而立論亦復清澈到底。

從社會學的歷史的觀點的論著，此書可算是模型。西摩勒耳永沒有將此事置之度外。人是社會動物，他的朋伴很能影響他的情感，行爲和判斷。至於敍述社會組織的性質，進化和活動，也博大而明澈；牠們的感動力亦復懸於前面。現代的國民經濟是一長期進化的產物，而且繼續進展的，這種事實他也同樣的注重，但不出於常常的提說或支離的史論，而於立論的態度和結論的性質表明之。

此書出版後，歷史學派和其他派經濟學者間的論辯已無若何存在餘地．只有極端論者對於西氏於經濟學的根本問題所取的態度以及研究此種問題的方法，索瘢求疵。西氏與其他著名經濟學者之間的歧點現在似已比較微小，而其同點則殊爲重要。

在彙編和通論的目錄中尙須列入的，則有科因（Gustav Cohn）的國民經濟學（System der Nationalökonomie），其第一集名國民經濟學原理（Grundlegung der Nationalökonomie）出版於一八八五年，第二集名財政學（Finanzwissenschaft）出版於一八八九年，第二集的英譯本於一八九五年在美國出版。

德國經濟學者的勢力因他們在大學所占的地位而大增——大學吸收了世界各處的學生，而德意志帝國裏面有勢力有地位的人們都曾受學於此等大學。瓦格涅，西摩勒耳，科因，布稜他諾以及其他學者都是大教授，大研究家和大作家。

布稜他諾的根本概念是個人主義的。他熱烈的相信社會改良，但是他希望那種改良出於自覺的明白的個人之活動，而不出於國家之強行。

因為過去的國家常被自私的人所利用，口頭宣稱促進國民的利益，而其實則憑其權力以遂其自私的目的，所以布稜他諾不相信國家直接立法。這是他贊成職業組合之半私的活動以解決保險問題而不贊成國家保險的組織之最深理由，這也是他所以為自由貿易論者的原因。自然，他也承認有系統的關稅政策可發生大變動，可是他見得很清楚的，保護主義之需要是緣於區域的而非緣於民族的衝動，他又恐怕保護關稅反造成了特權階級。

布稜他諾的最大成績不是他的著書和論文，而是他的講演。他是德國多年的著名講演家，他教訓了從世界各處來的無量數學生。許多學生是他的親切門徒，緊密的與他共同撰著，而散佈他的思想於全世界。

布稜他諾的主要出版物錄列於左：

(1) Die Arbeitergilden der Gegenwart（一八七一——七二）

(2) Über die Verhältnisse von Arbeitslohn und Arbeitszeit

（3）Zur Arbeitsleistung（第三版一八九三）

Die Arbeiterversicherung gemäss der heutigen Wirtshaftsordnung（一八七九）

（4）Der Arbeiterversicherungszwang（一八八一）

（5）Die Gewerbliche Arbeiterfrage（一八八二）

（6）Die Christlichsoziale Bewegung in England（一八八三）

（7）Die Klassische Nationalökonomie（一八八八）

（8）Über die Ursachen der heutigen sozialen not（一八八九）

（9）Die Stellung der Gebildeten zur sozialen Frage（一八九〇）

（10）Abeitseinstellungen und Fortbildung des Arbeitsvertrags（一八九〇）

（11）Agrarpolitik（一八九七）

（12）Die Grundlage der deutschen Wehrkraft（一八九七）

(13) Gesammelte Aufsätze（第一集，一八九九）

(14) Der Schutz der Arbeitswilligen（一八九九和一九一三）

(15) Reaktion oder Reform（一八九九）

(16) Der Freihandelsargument（一九〇〇）

(17) Die Schrecken des überwiegenden Industriestaats（一九〇一）

(18) Ethik und Volkswirtschaft in der Geschichte（一九〇一）

(19) Die Wirtschaftlichen Lehren des christlichen Altertums（一九〇二）

(20) Die Getreidezölle als Mittel gegen die Not der Landwirte（一九〇三）

(21) Wohnungs-Zustände und Wohnungs-Reform in München（一九〇四）

(22) Die Entwickelung der Wertlehre（一九〇八）

(23) Versuch einer Theorie der Bedürfnisse（一九〇八）

(24) Die Malthussche Lehre und die Bevölkerungsbewegungen der letzen

Dezenien（一九〇九）

(25) Die deutschen Getreidezölle（一九一一）

(26) Über Syndikalismus und Lohnminimum（一九一三）

英國

在前世紀末之二十五年間英國政治經濟學之發展，一面受了歷史學派的影響，一面又受了奧國學派的感動，然而一派都沒有特別當權。英國經濟學者中有少數的學者如威克斯梯得(Wicksteed)和斯馬特(Smart)，可說是屬於奧國派，又有少數學者如阿士力(Ashley)和堪林干(Cunningham)，可說是屬於歷史派，可是大多數的學者則不能歸入何派，而正統派經濟學者的勢力仍然繼續的強大。

斯馬特是格拉斯哥大學(University of Glasgow)教習，他於一八九〇年把波巴威克的資本利息說之歷史及批評譯爲英文，於一八九一年又把波氏的資本之實體說譯爲英文，因此使操英語的人們對於波氏的著述更容易的入門。他又於一八九一年刊行一種小冊子以發揚奧國派的價值說，名價值學說概論(An Introduction to the Theory of Value)。在一八九五年他出版經濟學之研究(Studies in Economics)，在一八九九年出版收入之分配(The Distribution of Income)。前一種是關於工資，泉幣和消費的短篇論文之彙錄，而大部分的文章均曾披露於刊物的；後一種是企圖從貨與幣的觀點而確切的具體的解释國民收入，并描述其分配的方式。他的議論很足證明現代分配手續的優點，而得一種結論：現代富之分配不如以前之壞，或至少不如一般想像的壞。他在研究的導言裏宣言他是奧國學派，說：『近年來我所樂意的工作是介紹奧國學派的學說於英國的讀者，因而使我完全變爲此派根本教義的信徒，承認價值學說是經濟學之開端，并驅迫我本此說的見解而修正我一切的結論。』

斯馬特的其他著述是：地價稅與單稅(Taxation of Land Values and the Single Tax 一九〇〇)；重採保護貿易政策(The Return to Protection，一九〇四年出版，一九〇六年第二版)；十九世紀經濟年鑑(Economic Annals of the Nineteenth Century，一九一〇)。

威克斯梯德也盡力推廣澤豐茲和奧國學者的學說於英語的民族。他於一八八八年刊行經濟學初桄(The Alphabet of Economic Science)，在此書裏面凡是這些學者的根本學說都被盡力的闡發，幷在一九一〇年他甚至從這些學者的觀點而出版一更有價值的作品名：政治經濟學常識，包含經濟法則之人性基礎(The Common Sense of Political Economy, including a study of the human basis of economic law)。此書開宗明義的討論就是他所謂的『選擇之心理』(the psychology of choice)。他幷且主張極限效用原則『不單是適用於實業或商業的事務，而且爲我們一切活動的普遍的主要的力量』。他將此書第一册的其餘部分專來研究此種原則之適用於商業和實業的生活，計分八章，名：極限——漸減的心理報酬；經濟行政及其困難；貨幣與交易；營業與經濟連環；市場，共三章，第一章是通論，第二章是利息，工具和土地，第三章是收入和分配。

氏書第一册的作法是在應不知政治經濟學的人的需要；而第二册的許多題目則是屬於專門的，如利用圖解曲線等等方法，幷有許多關於舊經濟學說的評論，如增加的與減少的報酬，貨幣與物價之關係，國際貿易，和銀行之類。

國氏在他的書的第三册裏面表示「他在前二册所揭櫫的原則可使政治社會的改良家得一個確切的工具用此工具他可分析羣衆生活的普通現象和各種運動以及關於社會改良的建議。」他在此書裏面所用的方法是分析法，如分析下列題目頗可為此法的樣式：「居住問題，失業問題；跌價與恐慌；救濟困難的辦法，或費用變遷之急切的和永久的效果；國民收入的意義以及財富平均分配時個人所有財貨和勞役之平均支配；」「租稅的普通性質；」「不生產的費用之借貸；」共用普通生產工具，或特別的是土地之計劃；職業組合主義。

厄治衞司(Mr. F. G. Edgeworth)是在牛津大學繼承洛澤斯(Thorold Rogers)的位的人，因他的著作之故，遂以數學派經濟學者著名。他於一八八五年出版數理物理學(Mathematical Psychics)又於一八八九年出版數理的政治經濟學(On the Application of Mathematics to Political Economy，見於皇家統計學會雜誌)，他又被歸入奧國學派。

在前世紀末之二十五年間英經濟學者於經濟史也有許多貢獻。伯明漢大學的阿士力教授(Prof. W. J. Ashley of Birmingham)和劍橋大學的堪林干教授(Prof. W. Cunningham of Cambridge University)，我們已說過是歷史派的黨徒，是經濟史方面的領袖。阿氏的英國經濟史與經濟學說入門(An Introduction to English Economic History and Theory)分二篇，前篇是中世紀(The Middle Age，第一版一八八八年，第二版一八九二年，第三版一八九四年)，後篇是中世紀之末(The End of the Middle Ages，一八九三年初版)。此書對於下列題目作透徹的和學者式的研究：莊田和村落社會；商人工會與同業工會(Merchant and Craft Gilds)；經濟學說與法律（從十一世紀到十四世紀）；城市之優勝；手工業；毛織業；農業革命；貧人救濟；和法師主義（Canonist Doctrine）。阿氏的其他著述爲：英國毛織業之較早歷史（The Early History of the English Woollen Industry，一八八七）；愛德華第三及其戰績 (Edward III and his Wars 自一三二七至一三六〇年，一八八七)；英國之莊田(The English Manor，一八九一)；歷史的與經濟的探測(Surveys, Historic and Economic 一九〇〇)；封建制度 (Feudalism 一九〇一)；工資之調處(The Adjustment of Wages)；英美煤鐵業之研究(A Study in the Coal and Iron Industries of Great Britain and America，一九〇三)；稅則問題

(Tariff Problem，第三版及增訂版在一九一一年)；二十五年前間德國勞働階級之進步(The Progress of the German Working Classes in the Last Quarter of a Century，一九〇四)；價格之增高(The Rise in Price，一九一二)；金與價格(Gold and Prices，一九一二)。

堪林干教授的主要著作是他的英國工商發達史(Growth of English Industry and Commerce)初刊於一八八二年此書第一集之第二版頗有增益，包含近古及中世紀，刊行於一八九〇年。其第二集則包括近世紀，刊行於一八九二年。堪氏此作的目的和計畫見於第一集初版之導言中：「我作此書的目的在簡明的敍述英國工商業的發達，使一般不熟習此國歷史的，和沒有政治經濟知識的讀者，都能容易的了解；在註解裏面學者可尋得更重要的材料，因爲我不單引了關於各學者的參考資料，并且包含有關於爭論問題的簡單討論，和其他民族所經驗有趣的事例。但欲詳細論列此種事件，又恐支離了讀者的注意，而忽略了英國民族生活最早和最近時期中之繼續性，以及吾國工業的和政治的歷史間之「互倚性」(interdependence)。」

堪林干的其他出品是：到知識之路(The Path Towards Knowledge，一八九一)；貨幣之用途及其濫用(The Use and Abuse of Money，一八九一，見於來提教授（Prof. Knight）主編的擴大大學作物彙編(Series of University Extension Manuals)）；經濟方面之近代文明(Modern Civilization in Some of its Economic Aspects，一八九六）；經濟方面之西方文明(Essay on Western Civilization in its Economic Aspects，一九〇一）；和自由貿易之消長(The Rise and Decline of Free Trade，一九〇四）。

在此時期裏面英國學者在經濟史上的有名貢獻尙有：塞波門（Frederic Seebohm）的英國之村落社會與莊田制和部落制及與公用制或放田制之關係(The English Village Community, Examined in its Relations to the Manorial and Tribal Systems, and to the Common or Open Field System of Husbandry 一八八三）；加里爾(Russel M. Garnier)的英國農人年鑑(Aunals of the British Peasantry 一八九五）；麥特蘭（Frederic William Maitland）的末日書及世外(Doomsday Book and Beyond，一八九七）；不拉熱洛（R. E. Prothero）的英國農作之先驅與進展(The Pioneers and Progress of English Farming,

一八八八）；泰羅(R. Whateley Cooke Taylor)的工場制度史(Introduction to a History of the Factory System，一八八六）；近世工場制度(The Modern Factory System，一八九一）和工場制與工場法(The Factory System and the Factory Acts，一八九四）；衞卜夫婦(Sidney and Beatrice Webb)的職業組合主義史(The History of Trade Unionism，一八九四）和工業民治主義(Industrial Democracy，一八九七）；霍蒲孫(John A. Hobson)的近世資本主義之進化(The Evolution of Modern Capitalism，一八九四）自由主義之危機(The Crisis of Liberalism New Issues of Democracy，一九〇九）和盎文(G. Unwin)的十六十七世紀之工業組織(Industrial Organization in the Sixteenth and Seventeenth Centuries，一九〇四）。關於這方面尙可提說的有經濟評論（The Economic Review）和經濟雜誌（Economic Journal），此兩種刊物均創始於一八九一年，前者爲『基督教社會協會之牛津大學支部』(The Oxford University branch of the Christian Social Union) 所主辦；後者爲英國經濟學會(The British Economic Association) 的機關報。兩種刊物都是介紹

經濟學各方面的重要著作的機關；而特別是經濟史方面的。

要是把政治經濟學在英國的發展比之爲一條河，則在前世紀末二十五年的主要河流當推尊馬爾蕭 (Alfred Marshall)，尼科爾孫 (J. Shield Nicholson)，逢涅 (James Bonar) 和堪論 (Edward Cannan) 一流人的著作，而非剛纔所說構成支流的人們之撰述。這同一河流的先河則爲亞當斯密的原富，以及李嘉圖和穆勒的原理 (Principles)。馬爾蕭教授在他的經濟學原理 (Principles of Economics) 第一版序言裏面描述正統學派的工作與他當代的工作之關係，其說如下：『現代有些最好工作初看來似乎與較早學者的工作是敵對的；可是歷時稍久，當此種工作已歸入牠的相當地位，和其粗糙的圭角已經磨去了的時候，我們就見出這工作在科學進展的繼續線中幷沒含有眞正的斷裂。新的學說已經代替了舊的學說，已經擴充，發揮，而且有時糾正了牠們，幷常常因所施注重點之不同，而使牠們變爲一種不同的腔調；然而卻少有消滅牠們。』至其本人此書的目的，他描述如下：『本書在借現代新的工作之協助和新問題之參考而給舊時學說以一近代的修正。』

馬爾薦的最早努力是欲使舊經濟學適合於新時代的情形，在一八七九年他曾刊行一小書名實業經濟學(The Economics of Industry)，他撰著此書時他的夫人亦曾共同工作。此書之作係應劍橋大學『擴大講演會』(extension lectures)的請求，包括價值工資和利潤等問題，當時并欲作一本銀行國外貿易和租稅問題的書以附之。他的經濟學概論(Elements of Economics)之第一集名實業經濟學概論(Elements of Economics of Industry)的，初版於一八九九年。而較大作品名經濟學原理(Principles of Economics)的之第一集卻於一八九〇年出世。在一八九一年和一八九八年此書尚再版二次。所謂一集或數集者皆係遵循此書的計畫，可是至今尚沒有出世。

馬爾薦的工作之特質即是他所謂的『繼續原則』(principle of continuity)，即是在初見似乎毫不相屬和別有物則的各種紛繁現象中有一種單一的原則或定律的活動存在，（而此原則又恆是正統經濟學者所欲闡發的）。例如他指示出的倫理力量影響到於各級人種，并包含『經濟人』；『自然價值』(normal value)學說亦可同樣的應用於非營業階級之活動，雖是不如應用於商人或銀行家之詳盡確切；』和『因在自然活動與一般認爲可暫時忽略的非自然活動之間沒有嚴明的界線，所以在自然價值和「流行的」或「市場的」或「偶然的」價值之間也畫不出確切的分野。』

這個原則可說明他作書的計畫及其研究主要題目的方法。在他的書第一册裏面作一種預備的考查後，他便討論自由工業和企業之發生，經濟科學之進展，經濟學之範圍，經濟定律之性質和研究的方法；在第二册裏面，他研究基本概念，財富，生產，消費，勞力，必需品，資本與收入，而其論料的排列則依據於供求學說。其第三册名需要與供給 (Demand and Supply)；第四册名供給或生產(Supply or Production)；第五册名供求平衡說（The Theory of the Equilibrium of Demand and Supply)。而第六册則名價值或分配與交易 (Value, or Distribution and Exchange)，其細目的分類係以供求法則爲中心；其主要各章乃是勞力之供求，資本之供求，土地之供求等等。

馬爾蕭的主要觀念在他的實業經濟學第二版序言裏面已詳細說明，其言曰：『在價值，工資和利潤諸學說的不同部分中有「統一」(unity)之存在。各種工作的報酬，資本的利息，以及商品的價格，在長時期中仍以按照這根本相同的定律之競爭而決定。「自然價值定律」有許多詳細的變化和許多不同的形式。可是在各種形式中都表現價值之決定係由於某種供求關係；而決定供給的諸因素中生產費佔一主要的地位。」

馬爾薰在他的推論中認出差不多一切正統派的主要學說以及奧國學派的主要學說都可同樣的在有些方式中利用和擁護的。在根本上他認爲這兩派的思想是相需爲用的，而非敵對的，一派大多數的貢獻是屬於供給方面的，另一派大多數的貢獻是屬於需要方面的。凡是不能調和的衝突眞正存在的地方，馬氏照例的趨重於正統派而不趨重於奧國派，然而他的腦筋是公平的，他的同情心和思想習慣是廣大的，幷於分析原則和學說之精粗，和探尋其在全經濟現象中之適用所在，能表現他的偉大技能。

馬爾薰對於他的方法本身所含的困難幷沒有完全的戰勝。他重述舊學說使之合於現代生活的情形，幷使之與新學說調和，然而卻毀棄了這些學說的精神而減少其用處。在有些地方他對於這些學說所包含的根本結果和難點，祇是避而不談。例如，馬氏解釋一切現象都用供求學說，其實於科學上之困難有若干眞正說明都頗有疑問的。他在這種企圖裏面推行過渡，於各類現象之錯綜關係以及尋求解釋牠們的關鍵之困難，反致隱晦了。他沒有發見這關鍵之所在，也沒有給他人之發見以許多助力。這同樣的評論也可部分的施於他之引用自然價值和生產費學說。他沒有把正統派學者和奧國學者對生產費說之根本區別握住。他在此點最近實際的議論可見於其書第三册第二章關於慾望及與活動之關係的討論，可是他用『慾望』這名詞的含義過狹，反使論點晦暗而不明瞭。

尼科爾孫(Prof. Joseph Shield Nicholson)曾任劍橋(Cambridge)，倫敦和維多利亞(Victoria)三大學之監察官，現是愛丁堡大學的政治經濟學教授，他是現代的正統政治經濟學之傳述者。他雖承認他於『歷史方法之價值印之最深，如英之洛澤斯，勒斯力，德之赫爾德克尼斯，洛瑟，拉斯和布稜他諾，所表顯的，』而他撰著第一種書：機器於工資之影響（The Effects of Machinery on Wages，一八七八，第二版一八九二）卽係受諸人之感動；然而他仍然是忠心於舊學派，特別對於亞當斯密和約翰穆勒。

他的著述大半都是普通性質的，如歷史進化與理想中的社會主義（Historical Progress and Ideal Socialism，一八九四）；罷工與社會問題(Strikes and Social Problems，一八九六)；貨幣論與貨幣問題各論(A Treatise on Money and Essays on Monetary Problems，一九〇一)；關稅問題與工資及雇傭（The Tariff Question with Special Reference to Wages and Employment，一九〇三）；英國穀物法令史(The History of the English Corn Laws，一九〇四)；影響於農業之租稅(Rates and Taxes as Affecting Agriculture，一九〇五)；農業中地租工資和利潤之關係及其與鄉村人口減低之影響 (The Relations of Rents, Wages and Profits in Agriculture, and their Bearing on Rural Depopulation，一九〇六)。但是他的政治經濟學原理三集 (Principles of Political Economy，一八九三——一九〇一；第二版一九〇二——一九〇八）和英帝國計畫帝國主義經濟學之評論與亞當斯密之思想（A Project of Empire, A Critical Study of the Economics of Imperialism; with

Special Reference to the Ideas of Adam Smith，（一九〇九）二書也可說是對專門學者的著作。

尼氏的政治經濟學原理是根據於穆勒的政治經濟學原理，不但論料的排列是緊相遵循的，而且闡發的原理和學說也都無二致。雖是氏書與穆勒書的出入很大而很重要，不能直說是穆勒書的改訂本可是也不能證明氏書是一種新的獨立的著作。此點是氏書與馬爾蕭的經濟學原理很相反的地方，因爲後者確是科學中一種新的重要的貢獻。然而尼氏也與馬爾蕭一樣，利用較新的學說，並承認自穆勒以來發展的新狀況。

英帝國計畫一書，如牠的名稱所包括的，是在應用亞當斯密在道德情緒學說（Theory of Moral Sentiments）和原當中所表示的思想於英帝國之改造問題上。關於此點他稱讚斯密說：「其他學者均不及斯密眼光之遠大和認識帝國主義經濟學中所包各種要素之明晰。」此種要素中最重要的是：民族主義和民族自衞的精義；民族經濟中勞力與資本的功用及其彼此之關係；資本不同運用之比較重要；國外貿易的眞正利益；國內實業保護的意義；生產者與消費者的關係；

以及國家與商業之關係。尼氏主張斯密在這些問題和其他相關的題目之見解是根本健全的，並且給英人解決新問題以一鎖鑰。

尼氏在討論此問題時幷糾正一般人對斯密在這些問題上，特別是民族主義、保護和自由貿易等問題的見解之錯認。他宣言所謂民族主義者很錯誤的認斯密為世界主義者，幷說『他之注重國內市場和一國資本在國內運用的利益，比以後的學者更甚。』他又利用他所謂的『失掉的斯密思想』(lost ideas of Adam Smith)，其中最重要的是：祇有剩餘資本纔可輸送國外，一切國內的需款應儘先供給；和『國外貿易之進行係依靠國內一部分資本之輸出』。

逢涅(James Bonar)於一八八五年出版一書名馬爾薩斯與其著作(Malthus and His Work)，於政治經濟學有重要的貢獻；他在此書裏面描述人口論之進化，幷評論馬氏在此點和其他問題上的見解，而述敍其身世。二年後，他又刊行李嘉圖致馬爾薩斯之書簡(David Ricardo's Letters to Thomas Robert Malthus)。更後一點，在一八九九年，他與約翰斯哈布金大學教授荷蘭德(Prof. Jacob H. Hollander of Johns Hopkins University, Baltimore, Md.)和編一書名李嘉圖致特羅威及其他人書(David Ricardo's Letters to Hutches Trower and others)。逢氏又探索哲學與政治經濟學之史的關係，而以靈妙的手筆撰著一書名哲學與政治經濟學之史的關係(Philosophy and Political Economy in some of their Historical Relations，一八九三)。在一九〇三年他的政治經濟學(Political Economy)出世，在一九一一年他的政治經濟學之變動素(Disturbing Elements in Political Economy)出世。

堪倫教授(Prof. Edwin Cannan)是一個批評的和分析的學理家和評論家，他的著作是以正統學派爲根據，著有政治經濟學(Political Economy，一八八八)；一七七六至一八四八年英政治經濟學中生產分配學說史(A History of the Theories of Production and Distribution in English Political Economy from 1776 to 1848，一八九三，再版一九〇三)；英國地方稅史(The History of the Local Rates in England，一八九六，再版於一九一二)和經濟現勢(The Economic Outlook，一九一二)。

前世紀末二十五年間其他著名的對於政治經濟學有貢獻的學者，尙有：都柏林大學教授巴斯塔布(Prof. C. F. Bastable of the University of Dublin)曾刊行國家財政學(Public Bastable，一八九二，第二版一八九五)，民族之商業(The Commerce of Nations，一八九九)，國際貿易學說(The Theory of International Trade，第三版一九〇〇)；撲來斯(L. L. Price)曾刊行工業之平安其利益其方法及其困難(Industrial Peace: Its Advantages, Method and Difficulties，一八八七)，西方之野蠻或康華鑛業中之工作與工資制(West Barbary or Notes on the System of Work and Wages in the Cornish Mines，一八九一)，英國政治經濟學小史(A Short History of Political Economy in England，一八九一)，貨幣及其與物價之關係(Money and its Relation to Prices，一八九六)和經濟科學與經濟實行(Economic Science and Practice，一八九九)，英國工商業小史(A Short History of English Commerce and Industry，一九〇〇)，經濟史之研究的現勢及其將來(The Present Position and Future Prospects of the Study of Economic History，一九〇八)；帕爾格累甫(R. H. Englis Palgrave)曾刊行大不列顛和愛爾蘭之地方稅(The Local Taxation of Great Britain and Ireland, 一八七一）, 大不列顛愛爾蘭瑞典丹麥和漢堡之銀行論 (Notes on Banking in Great Britain and Ireland, Sweden, Denmark, and Hamburg, 一八七三）, 一八四四至七二年間英蘭銀行交易之分析 (An Analysis of the Transactions of the Bank of England for the Years 1844—72, 一八七四）, 英法德之銀行利率，自一八四四至七八年 (The Bank Rate in England, France, and Germany, 1844—78, 一八八〇）, 一八四五至九一年間銀行法與銀行率 (Bank Acts and Bank Rate, 1845—91, 一八九二）, 幷撰有經濟學辭典 (Dictionary of Political Economic) 和英國經濟現勢之研究（An Inquiry into the Economic Condition of the Country, 一九〇四）; 霍蒲孫 (John A. Hobson) 除了我們已提過的他於經濟史有貢獻外, 幷與毛梅勒 (A. F. Mummery) 合力於一八八九年出版工業之生理學 (The Physiology of Industry); 於一八九一年出版貧乏問題 (Problems of Poverty); 於一八九六年出版失業問題 (The Problem of the Unemployed); 於一八九八年出版社會改良家納斯欽 (John Ruskin, Social Reformer); 於一九〇〇年出版南非之戰 (The

War in South Africa)和分配經濟學(The Economics of Distribution)；於一九〇一年出版社會問題(The Social Problem)；於一九〇四年出版國際貿易(International Trade)；於一九〇九年出版工業制度(The Industrial System)；於一九一一年出版富學(The Science of Wealth)；於一九一三年出版金價格與工資(Gold, Prices and Wages)。

美國

在經濟學進化的初期，美國經濟思想的軌道似乎完全爲該國的經濟特殊性質所決定。因爲美國的幅員廣闊，天然富源充足，民族的努力、明敏和進取，以及政治組織所保證的個人創造和自由之範圍，所以每人財富之生產自始卽漸次增加，而且將來還可希望這種興盛無窮期的繼續。在這種情境之下，李嘉圖派的許多政治經濟學根本教義之被評斥，這是毫不足怪的事。如報酬漸減律，馬爾薩斯的人口學說，最低利潤之趨勢律，工資基金說等等，似乎都不適用於美國。實在的，美國各種事業的眞實情形，正如揆立，雷門，李斯特及其他所證明的，頗爲近似，要是他們的反對派的證明不比之更爲恰切。

在前世紀七十與八十年之間，美國的經濟學得了一種新衝動，其發展的途徑頗為一般從德國學政治經濟學回國的青年學者所指導，這些學者回來都在領袖大學中擔任經濟學教師。其中最傑出的是伊里教授(Prof. Richard T. Ely)，葛拉克教授(John B. Clark)，巴騰教授(Prof. Simon N. Patten)，哲姆士教授(Edmund J. James)和亞當斯教授（Prof. Henry C. Adams)。諸人不但受了廣大的和科學的訓練，并且充滿了研究的精神和與歷史學派的方法及思想的同情。在他們領導鼓吹之下，美國經濟學會(The American Economic Association)遂於一八八五年正式成立了，并設立了討論的會所和刊行傳佈思想的機關。許多經濟學的老學者也加入這組織，并從開始即已合力進行。其中最著名的為倭克爾(Francis A, Walker)，為該會的第一任會長。而與此會相反的組織亦有出現者，不過因其發起人的思想過激，或因其主持者之幼穉和毫不審慎的熱心，遂漸歸消滅，而此會乃不久變為并且將來繼續是全國的統一的代表團體。

在出版方面，此會刊行了許多雜誌，如哈佛大學於一八八六年起出版的經濟學季刊(Quarterly Journal of Economics);哥倫比亞大學政治學教授會於一八八六年起出版的政治學季刊(Political Science Quarterly);費城(Philadelphia)於一八九〇年起出版的美國研究院政治社會學年書(Annals of the American Academy of Political and Social Science);耶律大學於一八九二年起出版的耶律評論(The Yale Review);支加哥大學於一八九二年至一九一三年出版的政治經濟學雜誌(The Journal Political Economy),嗣後此刊由西方經濟學會(Western Economic Society)所主辦;和其他無數的季刊以及各大學的出版物。而其中最著名的則爲約翰斯哈布金大學(Johns Hopkins University)的雜誌,此雜誌包括歷史,政治學和經濟學。支加哥的西方經濟學會和費城的美國政治經濟科學研究院(The American Academy of Political and Social Science)也開會討論經濟問題,但與較大的和較能代表全國的美國經濟學會幷不抵觸的。

奧國學派的領袖們,特別是波巴威克,也於美國有很大的感動力。在前世紀七十年與八十年之間,葛拉克教授新由德國留學回國,幷特別受他的教師克尼斯的感動,投刊許多文章於新英蘭評論(New England Review)，在這些論文裏面他所宣示的價值學說根本與孟革的相同。巴騰教授早年的出版物，如政治經濟學之前提(The Premises of Political Economy，一八八五)，富之消費(The Consumption of Wealth，一八八九)和動態經濟學說(The Theory of Dynamic Economics，一八九二)，都是與這種學說同調的。波巴威克的資本與利息(Kapital und Kapitalzins)而特別是斯馬特的英譯本，在此國內讀的甚廣，其思想內容便在各大學專門的講室內傳達於學生了。此種同樣思想差不多同時的又由葛拉克，巴騰和馬克番(Mr. S. N. Macvane)闡揚於世(見於葛拉克的資本與其收入(Capital and its Earnings，一八八八)；及氏在經濟學季刊和一八九〇年六月之美國研究院政治社會學年書，一八九三年十一月之耶律評論較後的論稿；巴騰在一八八九年一月之經濟學季刊發表的資本之根本觀念(The Fundamental Idea of Capital)；馬克番在一八八七年七月之經濟學季刊發表的生產費之分析(Analysis of Cost of Production)和在同樣刊物一八九〇年十月與一八九二年一月所發表的論文，均有論列)，而時間價値之利息說遂在雜誌中澈透的討論了。此種學說與其稍有出入及修正的形式已被廣大的採用和包含於重要的教本中。

在此種刺戟力和國家急遽發展所生的困難經濟問題的感動力之下，美國的經濟著述頗為繁夥。此中大部分是屬於普通的和國家問題的，然而也有很好一部分是關於經濟學的問題而且有實質的貢獻的。

有重要貢獻的作家，有些是屬於上面所說的美國經濟學會之發起人。伊里教授最重要的作物是：現代之法德社會主義(French and German Socialism in Modern Times，一八八三)；壟斷與托辣斯(Monopolies and Trusts，一八八三)；美國之勞工運動(Labour Movement of America，一八八三)；美國各邦各市之租稅(Taxation in American States and Cities，一八八八)；社會主義與社會改良(Socialism and Social Reform，一八九四)；經濟學概論(Outline of Economics)(出版多次增訂本出版於一九〇八年係與亞當斯教授，楊教授(Prof. A. Young) 和羅倫斯博士(Dr. M. O. Larenz) 合編的)。工業社會進化之研究(Studies in the Evolution of Industrial Society，一九〇三)和財產與契約及其與財富分配之關係

(Property and Contract in their Relations to the Distribution of Wealth，一九一四）。伊里既有如許著作，又在約翰斯哈布金大學及威士康新（Wisconsin）大學親接各時期的無數青年學生，所以凡關於前世紀末二十五年間美國人所遇着的經濟問題，伊氏都可造成一種健全的公意，而於經濟學之傳播和進步亦有許多助力。而特別著名的是他關於壟斷托辣斯，社會主義以及財產與契約的作物。前數作品揭出實業壟斷的主要特質，壟斷價格的法則，社會主義的力量及其弱點；後者則於經濟的精義以及財產和契約的關係有最完備的討論，向為英文著作中所罕有者。此書特別注重財富分配中為英美學者所未注意的各種勢力和影響，并發現英美著作所未見到的根本地方。

除上述的作物外，葛拉克教授又於一八八五年出版富之哲學（The Philosophy of Wealth）；於一八九九年出版富之分配（The Distribution of Wealth）。前者是我們已提說過的刊載於新英蘭評論的各論文而加以潤色，以及關於生產分配性質之討論；後者是代表前作在經濟學說方面的最高點。可是此書尚未完成，須有第二集以研究富之動態學，然而卻至今尚未出現。

作者在此書的序言中曾說：『此書的目的係在指出社會收入之分配乃受一自然法則管理；此自然法則之活動，若無其他磨阻，必能給生產的各份子以其所創造的財富之數量。』他又用推論的手續以證明此法則之存在，認定資本和勞力是永遠的和諧的社會資本，并受制於報酬漸減律。例如若把『勞力社會資本』一份一份的次第增加到社會資本的全量中，他以爲每份勞力所得的報酬必次第低減，而最末一份勞力所生的產物將決定此種勞力的全部工資率。前此各份勞力所生的剩餘便構成全部息金（total interest fund）。同樣的，『資本的社會資本』也可認爲一份一份的增加到勞力的社會資本全量中。此狀亦與彼狀同，每份資本所得的報酬必次第低減，最末一份資本所生的產物可決定全部資本的利息率，而前此各份資本所生的剩餘構成全部工資金。因是，最末一單位勞力，和最末一單位資本的產物，分別決定工資率和利息率，而工資和利息金之全量可照地租原則計度之，即此界限（margin），以上各剩餘之總數。在此推理中土地被認爲一實體之物，資本的社會資本乃包孕於其中的。

葛拉克教授的學說在有些地方很與都倫（von Thüren）的『最後生產力之工資利息說』

(final-productivity theory of wages and interest) 相類，不過牠們的異點也是很大，而其發展又是各自獨立的。

葛拉克近來的著述很趨於實用方面了。他在一九〇一年出版托辣斯之管理(The Control of Trusts)，在一九〇四年出版壟斷問題 (The Problem of Monopoly)。他自一九一一年起便任『加勒基世界和平獎金會』(Carnegie Endowment for International Peace)經濟歷史部的指導員。

巴騰教授，輓近著作，已超出政治經濟學範圍，而進入社會學的領域。他於一八九六年出版社會力說(Theory of Social Forces)；於一八九九年出版英國思想界之進展 (Development of English Thought)；於一九〇二年出版富庶說(Theory of Prosperity)；於一九〇三年出版遺傳性與社會進步 (Heredity and Social Progress)；於一九〇七年出版文明之新基礎(The New Basis of Civilization)；於一九〇九年出版產物與極限 (Product and Climax)；於一九一一年出版宗教之社會基礎 (The Social Basis of Religion)；於一九一四年出版經濟學說之改造(The Reconstruction of Economic Theory)在他的較早作物可稱述的有保護貿易政策之經濟基礎(The Economic Basis of Protection，一八〇九年出版)。

巴騰教授是美國經濟學者中特出的人物。他是一個敏銳尖利的批評家，他的綜合及學理，均以勇敢創造著稱，不過他立論滂沛橫逸，讀者少能追其思想之轉變，或發見其橫貫議論中的思想線索。他是十分能够啓示和激動人的，可是至終未得多數人追隨他的創造思想。

亞當斯(Henry C. Adams)和塞利格曼(E. R. A. Seligman)於公共財政學貢獻了許多有價値的著述；前者曾著公債論(Public Debts 一八八七)，和財政學(Science of Finance 一八八八)；後者曾著租稅之轉嫁及歸宿(Shifting and Incidence of Taxation 第三版一九一〇)，累進稅之理論及實行(Progressive Taxation in Theory and Practice 第二版一九〇八)，租稅各論(Essays in Taxation 第八版一九一三)和所得稅(The Income Tax，一九一一)。亞當斯又著有國家與工業活動之關係(The State in Relation to Industrial Action，一八八七)，鐵路統計(Statistics of Railways，一八八八——一九一〇)和經濟學與

法律學(Economics and Jurisprudence，一八九七)。塞利格曼於財政作物外，又著有英國中世行會兩章(Two Chapters on the Mediæval Guilds of England，一八八七)，歷史的經濟觀(The Economic Interpretation of History 第二版一九〇七)和經濟學原理(Principles of Economics，第六版一九一四)。

哈佛大學陶西格教授(Prof. Frank W. Taussig of Harvard University，耶律大學哈德栗校長(President Arthur T. Hadley of Yale University)和支加哥大學羅弗林教授(Prof. J. Laurence Laughlin of the University of Chicago)，都應當與上述諸人相提並論的。他們與上述諸人同時，不過較為保守，較趨向正統派的路線。此三人均於經濟史有貢獻，陶氏著有美國關稅史(Tariff History of the United States，一八八八，第六版一九一四)和美國之銀情(The Silver Situation in the United States，一八九二)；哈氏著有鐵路運輸其歷史和法律(Railroad Transportation, its History and Laws，一八八五)；羅氏著有美國複本位幣制史(History of Bimetallism in the United States，一八八六)。此外陶氏尚有工資

和資本（Wages and Capital，一八九六）和經濟學原理(Principles of Economics，一九一一)。哈氏有經濟學私產與公益之關係論（Economics: An Account of the Relations between Private Property and Public Welfare，一八九六）；羅氏有政治經濟學概論(Elements of Political Economy，一八八七）金與一八七三年以來之物價（Gold and Prices since 1873，一八八七）和貨幣原理（Principles of Money，一九〇二）。

陶西格在工資和資本裏面敍述『工資基金說』(wages-fund doctrine)之批評歷史。他相信這學說包含有重要的眞理，他的目的是在闡明此說，并以確當的方式申述之。在他的經濟學原理裏面，他解釋經濟原理并應用此原理於公共福利和現代問題上，頗多有價值的貢獻。他於經濟學說上沒有什麼增益，但是使受普通教育的人們對於經過時間和批評的經濟原則之知識和了解，得了不少幫助。他對於較新的學說，常持一種批評和保守的態度。哈德栗校長的經濟學，也是合併學理和實行於一爐，而且可說是已成功的；可是此書較適於專門學生的採用，而不甚合普通讀者之需要。著者的目的不在宣揭新的眞理，祇是如他在序言所說的，『在於爲現代的讀者作一椿工作，正如半世紀以前穆勒爲那時讀者所作的而且有特殊成功的工作一樣，』即是普泛研究近代經濟學上的一切問題。他也如陶西格教授一樣直接依據正統派的學說，幷且對於新學說的態度是偏於保守的。

羅弗林教授在政治經濟學的主要貢獻是在貨幣方面的。他是反對價格數量說和複本位制的重要份子，他把這兩個問題在他的書裏面已研究盡致。他於美國貨幣和銀行制度的改良也居於領導地位。他是一八九七年『印第安拉波里斯幣制會議』（Indianapolis Monetary Conference）的幣制委員會的委員，幷編擬此會的報告書，協助一九〇〇年金本位法之實行。他是『全國公民銀行制度改進會』（National Citizens' League for the Promotion of a Sound Banking System）的總理及其執行委員會的主席，此會是改良美國銀行制度訂立一九一三年聯合準備法（The Federal Reserve Act）的主要負責機關之一。

許多青年學者，差不多全是上述諸人的學生的，也應當歸於現代卓有貢獻的美國經濟學者之列。下面所列不過僅是一部分：

柏米斯(Edward W. Bemis)著美國市有之瓦斯業(Municipal Ownership of Gas Works in the United States，一八九一)，都市之壟斷業(Municipal Monopolies，一八九九)；布拉克(Charles Bullock)著美國之財政(The Finances of the United States，一七七五——一八九，一八九五)，經濟學研究之入門(Introduction to the Study of Economics，一九〇〇)，美國貨幣史論集(Essays on the Monetary History of the United States，一九〇〇)，馬舍措色迤州之財政(Finances of Massachusetts，一七八〇——一九〇五，一九〇七)；卡味(Thomas N. Carver)著富之分配(The Distribution of Wealth，一九〇四)，社會學與社會進步(Sociology and Social Progress，一九〇五)，農業經濟學原理(Principles of Rural Economics，一九一一)；康盲斯(John R. Commons)著富之分配(The Distribution of Wealth，一八九三)，社會改良與教會(Social Reform and the Church，一八九三)，比例代表制(Proportional Representation，一八九六，第二版一九〇七)，職業組合主義與勞働問題(Trade Unionism and Labour Problems，一九〇五)，美洲之種族與僑民(Races and

Immigrants in America，一九〇九）；達元波爾特(Herbert J. Davenport)著經濟學說概論(Outlines of Economic Theory，一八九六），基本經濟學說(Elementary Economic Theory 一八九八），價值與分配(Value and Distribution，一九〇八），企業經濟學(The Economics of Enterprise，一九一三）；文衞杜威(Davis R. Dewey)著美國財政史(Financial History of United States，一九〇二），僱工與工資之特別報告，第十二次人口統計(Employees and Wages Special Report, 12th Census，一九〇二）；斐特(Frank A. Fetter)著人口論之研究(Versuch einer Bevölkerungslehre，一八九四），地租與利息之關係(Relations between Rent and Interest，一九〇四），經濟學原理(The Principles of Economics，一九〇四）；斐雪(Irving Fisher)著價值與價格學說之數理研究(Mathematical Investigations in the Theory of Value and Prices，一八九二），資本與所得之性質(The Nature of Capital and Income，一九〇六），利率(The Rate of Interest，一九〇七），貨幣之購買力(The Purchasing Power of Money，一九一一）；荷蘭德(Jacob H. Hollander)著星星拿的城南部識

路——市政活動之研究（The Cincinnati Southern Railway,—A Study in Municipal Activity，一八九四），巴爾的摩爾城之財政史（The Financial History of Baltimore，一八九九）編輯李嘉圖致馬卡洛和書（Letters of David Ricardo to J. R. McCulloch）并與達理合編李嘉圖致特羅威書（Letters of David Ricardo to Hutches Trower），又著有國家租稅之研究——特別關於南部諸州（Studies in State Taxation with particular reference to the Southern States，一九〇〇），印度領地租稅報告（Report on Taxation in the Indian Territory，一九〇四），三多明哥之債務報告（Report on the Debt of San Domingo，一九〇六），百年後論定之李嘉圖（David Ricardo, A Centenary Estimate，一九一一）；約翰孫（Joseph French Johnson）著貨幣與通貨（Money and Currency，一九〇五），坎拿大銀行制度報告（Report on the Canadian Banking System，一九一〇）；亞爾文約翰孫（Alvin S. Johnson）著近代經濟學說中之地租（Rent in Modern Economic Theory，一九〇三），經濟學入門（Introduction to Economics，一九〇九）；肯勒（David Kinley）著美國之

獨立國庫(The Independent Treasury of the United States，一八九三)，貨幣論（Money，一九〇四)；司各脫(William A. Scott)著國債之抵賴 (Repudiation of States Debts，一八九三)，貨幣與銀行(Money and Banking，一九〇三，改訂版一九一〇)，譯著波巴威克與斐波根在利息上之近著(Böhm-Bawerk's Recent Literature on Interest in collaboration and Siegmund Feilbogen，一九〇三)并附序言貨幣論(Money，一九一四)，銀行論 (Banking，一九一四)；司格爾(Henry R. Seager) 經濟學初桄(Introduction to Economics，一九〇四)，社會保險 (Social Insurance，一九一〇)；斯普累格(Oliver M. W. Sprague)著國民銀行制下之恐慌史(History of Crises under the National Banking System，一九一〇)；和維理思(Henry Parker Willis) 著拉丁幣制同盟史（History of the Latin Monetary Union，一九〇一)。

法國

在普法戰爭後所謂自由學派 (Liberal School) 在法國經濟學者中，差不多當了十年的權。

此派最遠導源於天治學派和亞當斯密，并經由巴斯楊及其從者的感動後，已發展爲樂觀的特點，使之與英國正統學派分離。此派的主要機關爲經濟學雜誌（Journal des Économistes）；在基洛萌西（firm of Guillaumin et Cie）大出版公司頗有威權，并在法蘭西學院（Institute of France）中，凡關於政治經濟學以及相關的問題，都居於領導地位。

此學派的主要代表是帕栖（Frédéric Passy），著有政治經濟學講錄（Leçons d'économie politique，一八六一），經濟雜記（Mélanges économiques，一八五七），和平與戰爭（Conférence sur la paix et la guerre，一八六七），和平論（Pour la Paix，一九〇九）。他極力擁護私產制之正當，高揭世界和平的主義，并竭力宣傳政治經濟學的教訓於一般民衆。莫里那里（Gustave de Molinari），著有政治經濟學講集（Cours d'économic politique, 1855—63），政治經濟學與公法問題（Questions d'économic politique et de droit public，一八六一），十九世紀之經濟進化（L'évolution économique au 19me siècle，一八八一），政治經濟學之自然法則（Le lois naturelles de l'économic politique，一八八七），政治經濟學之基本概念（Nation fondamentales d'économie politique，一八九一）工資論(Les bourses du travail，一八九三），社會問題之如何解決(Comment se resondra la question sociale，一八九六），戰爭之興衰(Grandeur et décadence de la guerre，一八九八），將來社會之政治經濟組織略論（Esquisse de l'organisation politique et économique de la société future，一八九九），二十世紀之問題(Les problémes du XX^{ieme} siècle，一九〇一），經濟問題與現代秩序(Questions économiques à l'ordre du jour，一九〇六）和進化學說（Théorie de l'évolution，一九〇八）。莫氏又於一八八二年起至一九〇九年止擔任經濟學雜誌的編輯，并且當了五十餘年極端個人主義派以及揆立和巴斯楊所提示的樂觀經濟派之領袖。和勒發蘇(Émile Levasseur)著有政治經濟學略論(Précis d'économie politique，一八六七第四版一八八三），法國自遂爾該撒征服至革命時之勞工階級史（Histoire des classes ouvrières en France depuis la conquête de Jules César jusqu'à la révolution，一八五九第二版一九〇〇——一九〇一）後易名爲法國古時之勞工階級和實業史(Histoire des classes ouvrières et de l'industrie en France avant 一七八九），法國自一七八九至一八七〇年之勞工階級和實業史(Histoire des Classes ouvrières et de l'industrie en France de 1789 à 1870, 第二版一九〇三），法國人口論(La population française, 1889-92)，十三世紀至十八世紀末法國之土地價值與收入經濟略史(Aperçu de l'histoire économique de la valeur et du revenu de la terre en France du 13 à la fin du 18 siècle，一八九三），美國之勞働者（L'ouvrier Americain，一八九八），手工業與機器工業之比較（Comparaison du travail à la main et du travail à la machine，一九〇〇）。勒氏是專門研究經濟史，經濟地理和統計的學者，又是法蘭西專門學校（Collège de France）的著名講師。

在法國各大學的法科中，在一八七八年政治經濟學初定爲隨意學科，稍後又定爲必修科而且須受試驗，這種事實於該國之經濟學史是頗關重要的。此時以前，經濟學之教授只限於少數學校，其中主要的是美術技藝學校（Conservatoire des Arts et Métiers），郵傳工程專門學校(École des Ponts et Chaussées)，和法蘭西專門學校。自由學派領袖對於此等講席之聘任沒有權力管理，主要是因他們的候補人都沒有必須的法律資格（見季得(Charles Gide)在政治學季刊(Political Science Quarterly)第五期六〇三至六三五頁的論文法國經濟學派與經濟教育(The Economic Schools and the Teaching of Political Economy in France)）。新聘任的教師都是比較年青的人，他們所受的訓練都是法定的，但是他們又感覺法國政治經濟學之進步比德國和其他主要諸國的經濟學是較落伍的，而欲恢復此學在法國中應當佔有的地位，因爲法國在經濟學最早的發展期中曾佔重要的部分。

這些青年學者不像其他青年想當經濟學家，他們不憑藉自由學派管轄的學校以蘄衆人之聽，又不須藉此機會以謀取生活和名譽。他們的地位是確定的，他們有很好的聽者，聽他們講演的人是學習公共役務和其他有責有權的職事之青年。因此，他們是獨立的，而心思是開達的。

此種獨立和開達之結果，便生出一新的學派或新的團結，在此團結中的人們，對於學說或其他事件，都是彼此相同的，可是他們加進了新精神於經濟學中，而開始一新活動和大有希望的時期。

這新時代的領袖和主要代表可說是戈維(Paul Cauwès)和季得(Charles Gide)的書。前者有豐富的法律和歷史訓練，很容易趨於德國歷史派和李斯特的觀念。他雖棄放任主義和自由貿易說，而極力贊成國家干涉經濟的和社會的事件。因爲在「巴黎大學」法科的優越地位，所以他能够在舊派的環境中自豎一幟，而鼓盪大力以改易流行的觀念。他的主要出版物已成的書是政治經濟學講錄(Précis du cours d'économie politique 二集，一八七八——一八八〇，第四版共四集，一八九四)。

季得崛起於法國的南部，可是在巴黎任法科教授也有多年。從舊派經濟學者的立場看來，他也是一個急進派，幷甚至被斥爲有社會主義的傾向。他的努力已經吸取法國和其他國的注意，幷於現代經濟學者最良的出版品中贏取一地位。他在一八八四年出版一教科書名政治經濟學原理(Principes d'économie politique)已經過了數版，幷譯成了多種文字；他又與力斯提(Charles Rist)合作於一九〇九年出版一種超出羣類的最好的經濟學說史名從重農派至現代之經濟學說史(Histoire des doctrines économiques depuis les physiocrates jusqu'à nos jours)。他是極相信合作主義的，并作一書名合作(La Coopération)，又作一種關於法國社會立法的情形之書，與一九〇〇年之年覽(Exposition)共同刊行，名社會經濟學(L'économie sociale，第三版一九〇七)。在他著作裏面，他也想用基督教義以解決經濟問題。

自一八八七年後戈維和季得與波爾多(Bordeaux)的都古(Léon Dugout)聯合，稍後又與波爾多的聖墨爾(Henri St. Mare)，巴黎的若埃(Raoul Joy)，里昂的蘇松(Auguste Souchon)，抵港(Dijon)的馬丁(Germain Martin)和維也納的西威德蘭(Eugen Schwiedland)等聯合，編撰刊行政治經濟學評論(Revue d'Économie Politique)，這是一種最特出的刊物，各派的著名學者都可投稿，其目的在求此學各部分之進步。

有些學者對於學說或政策方面雖是與他們或在彼此之間不是一致的，然亦與他們聯合為大學團之份子，則有：如耳洞(Alfred Jourdan of Aix and Marseilles)，死於一八九〇年，著政治經濟學之分析論(Cours analytique d'économie politique，一八八二，第二版一八九〇)；菲里(Edmund Villey of Caen)，著政治經濟學原理(Principes d'économie politique，第三版一九〇五）；里昂天主教法律科的蘭波(Joseph Rambaud of the catholic faculty of law at Lyon)著經濟學說史（Histoire des doctrines économiques，一八九八）和多波亞（A. Dubois of Poitiers），著經濟學說與其事實及制度之史綱(Précis de l'histoire des doctrines économiques dans leurs rapports avec les faits et avec les institutions，一九〇三）。

經濟學說史自作為大學的研究科目後，便在法國中引起非常的注意。自一九〇八年後即有一種專討論經濟學史的刊物，名經濟學說與社會學說評論（Revue d'Histoire des Doctrines Économiques et Sociales），主編者為巴黎法律科的對宋(A. Deschamps)和上面說的多波亞。自一九一一年以來，又有巴黎的笛皮得(Edgard Depitre)和里爾大學(University of Lille)法律科的夏邏（A. Schatz）加入其中。此外在這方面的著作尚有幾種可說的，如登尼斯（H. Denis)的經濟學說與社會主義學說史（Histoire des systémes économiques et socialistes，第一集一九〇四年出版，第二集一九〇七年出版）；柏得(Bedot)的巴斯楊(Frédéric Bastiat)；協耳(G. Schelle)的都邦得勒姆與重農學派（Du Pont de Nemours et l'école physiocratiques，一八八八）辜爾勒教父（Vincent de Gournay，一八九七），御醫與天治學者之規斯勒（Le Docteur Quesnay, chirurgien, médecin de Madame de Pompadour et de Louis XV, physiocrate，一九○七）和都果（Turgot，一九○九）；得馬（J. Desmars）的法國中亞當斯密之先驅（Un précurseur d'Adam Smith en France，一九○○）和夏遲的休門之經濟學（L'œuvre économique de David Hume，一九○二）。

在新時代的激盪空氣中舊正統派也發展產生了一些著名的學者。其中主要的是勒拉波列（Paul Leroy-Beaulieu），他是法國經濟雜誌（L'Économistes Français）的著名編輯者，法蘭西專門校的講師，一長篇重要書目的作者：如財政學（Traité de la science des finances，一八七七年出版共三集新訂版一八九二年）；富之分配論（Essai sur la répartition des richesses，一八八一年出版第三版一八八七年）；集產主義（Le collectivisme，一八八四年出版第二版一八八五年）；政治經濟學概論（Précis d'économie politique，一八八八年出版）；近代之國家及其功用（L'état morderne et ses fonctions，一八九○年出版）；政治經濟學之學理與實行

(Traité théorique et pratique d'économie politique，一八九六年出版)；近代民族之殖民(De la colonisation chez les peuples modernes) 和投資與治產之方法（L'art de placer et gérer sa fortune，一九〇七年出版）。

其他則有辜亞提 (Yves Guyot) 是承莫里那里後經濟雜誌(Journal des Économistes)之主編者，著有經濟學及其歸納法(La science économique, ses lois inductives，第三版一九〇七年)；個人主義的民治主義(La démocratie individualiste)；社會主義之詭辯論與經濟事實(Sophismes socialistes et faits économiques，一九〇七年出版)；鐵路與罷工 (Les chemins de fer et la grève)；自由交易之初步 (L' A B C du libre-échange) 和國家管理與市政(La gestion par l'état et les municipalités)。福斐(Alfred de Foville)，特別以統計學著名，曾編輯經濟之法蘭西(La France économique，在一八八九年以前是按年出版一次的年刊)，并著貨幣學 (La monnaie)；勒馬克(Alfred Neymarck)，是貨殖雜誌(Le Rentier)的主編者，著有現代財政(Finances contemporaines，五集，一八七一——一九〇七年)，和政治經濟

學釋義(Vocabulaire manuel d'économie politique)；和利維(Raphael Georges Lévy)，是研究銀行和金融的著名學者，著有財政雜記(Mélanges financièrs)。

現代法國經濟學者在貨幣和銀行方面有特殊顯著的成績。除了上述的學者外，尚可稱述的有：舍押斯(A. E. Sayous)，著信託公司信用銀行及金融會社（Les banques de dépôt, les banques de crédit et les sociétés financières，一九〇一年出版）和一九〇〇至一九〇二年之德國恐慌(La crise allemande de 1900—1902)；佩特綸(M. Patron)，著法蘭西銀行與國內和國際信用(La Banque de France et le crédit national et international，一九〇八年出版）洛加洛(B. Nogaro)，著國際貿易中貨幣之性質與貨幣數量說（Le rôle de la monnaie dans le commerce international et la théorie quantitative，一九〇四年出版），和從經濟上法理上研究強迫公斷（L'arbitrage obligatoire, étude économique et juridique，一九〇六年出版）；李司(A Liesse)，著金融家之描述(Portraits de financiers，一九〇八年出版）；發浮爾(J. Favre)，著從學理和實行研究交換之變化（Les changes dépréciés, études théoriques et pratiques，一九〇六年出版)；杜里徐(G. Diouritch)，著德國銀行業在外國之發展(L'expansion des banques allemandes à l'étranger，一九〇九年出版)；笛皮得著商貨清償之情形(Les crises de liquidation des opérations à terme sur marchandises，一九〇七年出版)；布里得勒(E. Bridrey)，著十四世紀中俄勒斯門之貨幣學說(La théorie de la monnaie au XIV siècle, Nicole Oresme，一九〇六)；巴勒特(Barety)，著法德地方銀行之發展(L'évolution des banques locales en France et en Allemagne，一九〇八年出版)，和阿伯第(A. Aupetit)，著貨幣之普通學說(Essai sur la théorie générale de la monnaie，一九〇一年出版)。

經濟學說在法國沒有什麼人注意。奧國派的學者差不多在此國沒有發生影響。季得在他的經濟學說史(六一三頁)中曾說：『直到現在法國對於奧國學者仍然是頑固的閉拒的。不但是此派的領袖瓦拉斯不得不避去法國而在其他地方尋覓較良的空氣以施其教，而且就在輓近時代要想在大學內或大學外採用一部書或課程，祇要在這裏面講述或甚至批評得有這派學說的，也是不許可的。」雖是羅德勒(Adolphe Laundry)的資本利息(L'intérêt du capital)和經濟學手册(Manuel d'economie)，科爾孫(C. Colson)的精秀之作政治經濟學講錄(Cours d'économie politique，共六集，一九〇一——一九〇八年)和季得本人的各書，對於這種論調作了一些不可少的修正，可是這是實在的，法國經濟學者對於經濟學史上這種重要的別流是特別的不覺得。

意大利

在前世紀末之二十五年間，意大利經濟學者於經濟的著述上頗有不少的貢獻。正如在前各時代一樣，他們對於外來的潮流是開放的，於各方面來的新思想都很快快的把牠溶合。因此之故，歷史學派和奧國學派於意大利現代思想與活動之趨向都有一部分力量。至奧國學派的思想特別可見於下述諸人的著作：格拉染里(Graziani)的意大利價值學說之批評史(Storia critica della theoria del valore in Italia)，政治經濟學(Istituzioni di economia politica 一九〇四年出版)，財政學(Istituzioni di scienza delle finanze，第二版一九一一年)；潘塔勒里

(M. Pantaleoni) 的經濟學手册 (Manuele di economia) 和經濟學論叢 (Scrittvarii di economia，共三編，於一九○四，一九一○及一九一二年各出一編）；撒列諾(G. Riccai Salerno) 的財政學(Scienza delle Finanze，一八九○年出版）；康里格蘭里 (C. Conigliani) 的租稅之經濟效果概論(Theoria generale degli effectti economici delle imposte，一八九○年出版）；馬磋拉(U. Mazzola)的公共財政之統計數目(I. dati statistici della finanza publica，一八九○年出版），和豪特馬提里 (G. Montemartini) 的極限生產力說(La theoria delle produttività marginali，一九○○年出版）。

現代意大利經濟學者中最有創造力和威權的，以及最極端而最急進的，厥爲羅里亞 (Achille Loria)，他是巴土亞(Padua) 大學的政治經濟學教授。他的著述甚富，有基礎之設立及其自然之崩壞(La rendita fondiaria e la sua elisione naturale，一八八○年出版）；人口定律與社會制度(Le legge di popolazione ed il sistema sociale，一八八二年出版）；達爾文與政治經濟學（Carlo Darwin e l'economia politica，一八八四年出版）；資本所有權之分析

(Analisi della proprietà capitalista，一八八九年出版)；貨幣價值之研究(Studi sul valore della moneta，一八九一年出版)；土地與社會制度(La terra ed il sistema cociale，一八九二年出版)；社會學(La sociologia，一九〇〇年出版)；經濟秩序之組成(La costituzione economica odierna，一九〇〇年出版)；資本主義與科學，研究與辯論(Il capitalismo et la scienza, studii e polemiche，一九〇一年出版)；社會組織之經濟基礎(Le basi economiche della costituzione sociale，第三版一九〇二年)；馬克斯及其學說(Marx e la sua dottrina，一九〇二年出版)；勞工運動(Il movimento operaio，一九〇三年出版)；社會之病(La morphologie sociale，一九〇五年在巴黎出版)；反社會之正義(Verso la guistizia sociale，一九〇四年出版)；經濟制度(La sintesi economica，一九〇九年出版)。但是他的主要論旨卻在說明土地及土地之分配在社會進化中和在現代經濟社會政治問題之形成中所有的影響。他相信各個國家的法律應當承認每人都有一片土地的利權，并以爲我們現代萬惡社會的救濟法只是土地之正當分配。

其他現代的學者值得稱述的是亞格勒里(A. Agnelli)，著失業之經濟問題(Il problema economica della disoccupazione operaia，一九〇九年出版)；巴龍(Barone)，著政治經濟學原理(Principi di economica politica)和商業擴大與近世國家之殖民地(L'espansione commerciale e coloniale dégli stati moderni，一九〇六年出版)；丰坦那奴梭(L. Fontana-Russo)，著商業政治論(Trattato di politica commerciale，一九〇七年出版)；泥提(Nitti)，著財政學(Scienza delle finanze，一九〇四年出版)，和二十世紀初期之意大利(L'Italia all' alba del Secolo XX，一九〇一年出版)；蘇皮洛(C. Supino)，著經濟恐慌(Le crisi economiche，一九〇七年出版)，和政治經濟學原理(Principii di economia politica，第三版一九〇八年)；托林洛(G. Toniolo)，著社會經濟學論(Trattato di economica，第二版一九〇九年)。

意大利的主要經濟雜誌是經濟雜誌(Giarnale degli Economisti)，創始於一八七五年，自一八八六年以來卽繼續出版。

第八章 結論

在結論中我們可根據前面的歷史研究簡略的考察一下，在經濟學的革新途程中，究竟什麼步驟是現在可馬上實行而且急切的。

1. 經濟研究現在大部分已落於法律師和文學士之手，而非屬於眞正的科學家。而一般的經濟研究者對於無生物和有生物自然科學也沒有健全的預備，這些科學於學理的基礎或方法之運用是不可少的。他們的教育普通是屬於理想的。因此之故，政治經濟學尚保存了許多十七十八世紀的精神與形式，而不能隨時代進化，取得眞正的實證的性質。牠是與學派的邏輯法，與抽象的非歷史的法律學，與演繹的倫理學和政治學，與其他類似的古代的思想方式，是一致的；并且我們可見出的，凡是堅持經濟學傳統性質最力的人，他們的習慣和智識之育養大半取給於腐舊思想的領域。我們因此可知道純粹科學者對於此派學問的態度了，他們對之常露出一種不可掩飾的輕蔑，而對於此派之教授們，或竟拒絕或是勉強的與之聯和。

政治經濟學的這種非科學性質之積極壞處，似在於此學之研究過於用個人的和主觀的觀察。「財富」(wealth)被認爲滿足慾望之物，而此物所含的供給人們物質的能力和促進人們生理的組織之一定確切的性質，則略而不計。各種事物都用主觀思想和慾念的標準去度測。一切慾念都認爲同等的重要，凡是滿足我們慾念的東西都同等的認爲財富。「價值」認爲是純全心理認識之結果，而可用科學方法度量之客觀效用的「社會價值」(social value)，則忽視不顧，只單獨研究交換率。不知所貴乎科學者，是在一切經濟研究之根底上應有財富的終的是維持和促進社會之觀念。若我們忽略此點，則我們的經濟學將變爲邏輯之遊戲，或市場之記錄而已，而非有貢獻於社會科學；若蔽以「完全」之空氣，牠們將立見其爲片面的和膚淺的了。經濟學有人想夷之爲「貿易學」(catallactics)，其實經濟學之範圍何止於此。天治學者的特殊功績似乎反在他們空洞的想以經濟研究與物質研究緊相關連之一點了；因此我們必須返到他們的立場，置我們的經濟學於現代發展的物理學和生物學之基礎上。更有進者，經濟學當擺脫一切神學的形上學的質素或傾向，因爲這些東西仍然能屈撓牠和毀損牠的，一面終極論和樂觀論，他面「天然自由」

和『不可分的權利』之話頭都必至終的放棄纔對。

我們也不能假定常用的公式，如人類欲富而惡勞之類，爲一種普遍適用的前提，幷據此以演繹經濟的眞理。此種空泛的假定，儼然可預知和代替社會的經驗似的，其實是以絕對的論調而代居相對的事實，我們應當棄去的。財富的定律（與巴克爾的話相反）應求之於財富之事實，不應求之於人類利己心之假定。社會在過去和現在都在自白牠經由物質需要之供給而生存而進化的方式，我們對於這種方式須嚴格的直接的研究。牠因爲這種目的發生了什麼機官，此種機官之活動如何，牠們在其活動的機體中與在其他目的之共存機官的感動中所受的影響如何，牠們又怎樣影響其他機官，牠們的組織和功用在時間的進化中是怎樣變化的——這些問題，靜態的或動態的，都是事實問題，可用觀察和歷史去研究的，如人類語言或宗教之性質與進化或其他各種社會現象，皆可用此法求之。這種研究自然應將被察之結果作繼續的『反復的分析』(reflective analysis)；幷且一面剔除所有未成熟的假定，而採用關於人性的已確定的眞理爲研究的南針和說明事物的借鏡。而且就是這種謹愼考驗所立的假論，其適用的限度也不過作爲一時的邏輯的方術。

2.經濟學應當永遠視爲較大的社會學之一部分，牠是與其他部分緊相連接的，而且與道德的總合相連接的，道德總合是一切人事制度之王冠。我們以前已充分的講明了哲學的根據，爲什麼社會之經濟現象，除了偶然外，是不能與其他現象分離的——即是，一切原始的社會質素都應當觀其相因相倚的關係。我們特別應當把經濟活動所附麗的最高道德目標懸於心中，若無此點，則其活動將不能十分引起或專注優秀思想家或明達人們之興趣或注意。個人的立場應當屈服於社會的立場；每人須視爲他所屬的社會和較大的種族社會之一官能。利害的觀念，正如愛略脫(George Eliot)女士說的，當讓步於『功能的觀念』(consideration of functions)。古時『權利說』(doctrine of right)，已立『天然自由』(natural liberty)制度之基礎的，祇有暫時的功用；義務說(doctrine of duty)將取代其位，把社會各階級和各份子之社會互助性質以及管制使其歸於正當的有益的行動之規律，確定在一實證的基礎上。

我們談了經濟學學理的結構問題後，再進而考察經濟學在國家政策上所發生的力量；我們現在用不着費詞去駁斥『在經濟範圍中不干涉主義是事物之常則』這一類的觀念。放任主義從天然自由制度襲傳到現在，已經長久是經濟正統派之口頭禪了。因英國有廢除穀物法的政治鬬爭之故，所以這種主義在該國被特別的歡迎和主張，廢除穀物法運動，致使英國所有的經濟議論差不多全趨於自由貿易方面——這種現象又因企圖外國保護政策之改易而繼續下去。然而到現在此種主義早已失其前此所有神聖不可侵犯的性質了。這種事實不是科學思想之結果，而是實際需要的壓力之所致——實際需要已經改易了各種經濟意見而非學理家所樂意接受的。社會的事變可強制政治家之手腕，不管他們是屬於何種理想派；而且事實上政治家已不能不背棄放任主義的了。國家已經大量的有效的實行管理個人的活動以謀圖社會的平等或公共的利益。各經濟學者也大部分改變了態度；在學理派中斯賓塞爾抗議他所謂政府干涉之『新奴隸制』(new slavery) 已自覺得是『曠野之呼聲』了。他要恢復古代國家的絕對『經濟被動』主義，但他抗議是無效的了，可是這也是一定的，就在反放任主義之勢力中，仍有過甚傾向放任主義之趨勢。在英國裏面從生產或交易的本身看來，甚少贊成干涉其進行的。可是勞働界的動盪狀況所生的種種危險和紛擾在英國如在其他地方一樣，將時時要求未成熟的管理辦法。然而除了減除有礙工人衞生或公共秩序的罪惡外，和除了暫時減輕社會的壓迫外，在這方面國家應有的正當政策在現時尙屬厲禁之物。這自然是一定的，工業社會不能永遠沒有系統的組織純任私利的衝突也永不能產生釐然有序的勞働社會。『自由』不能解决這問題的。自由之於社會和於個人只是解决實際問題以前之必需條件，因爲可聽自然力量去展發牠們自己并表現其自然的趨勢；但是問題之解决不包含在自由本身以內。我們雖可期望在時間之演進中工業世界之組織一定會發生的，可是不事前準備而只圖臨時湊用，也是大錯。我們現在是在過渡時期中，我們的統治權力仍是一種模稜兩可的性質；牠們實際上是不與工業生活調協的，并且在各方面的帶染一些破碎不全的近代精神。又是，新社會的條件尙沒有被充分的認識。未來的制度當基於情感和習慣上，而情感習慣又是思想和經驗的漸次發展之物。實在說來，這種解决，無論什麼時候，都是一種廣義的道德解决；解除或減少工業生活中的種種罪苦之自然力乃是屬於精神的，而非屬於人世的。我們就假定有一種傾向——并且我們假定這傾向是眞實的或激切的——要擴大國家的活動於平常限度之外以維持社會的平等，其實這種傾向也可說有些成分是因爲最進步的社會中對於宗教問題之意見紛歧，遂致脆弱了教會的威權，和剝奪了教會的普遍社會動力，纔會發生的。現代最急切的問題，不是需要大批的法律以干涉工業關係，而是需要在工業的上下各級中對於社會責任有深切的信仰，並需要比現代較有效的方法，去宣傳，擁護和應用此種信仰。這個問題，我們此時不能詳論。可是我們至少可說在現代公共生活中似乎已正當見出或確切認識這種必要情勢的黨派，乃是要恢復古時的精神權力的政黨，抑或是要建立新的精神權力的政團。因此我們的結論是：有一種政府的干涉，放任主義派也不是一定唾棄的，而且比其他干涉更能阻止新工業社會制度之漸次而和平的發生——此種干涉卽是精神自由之干涉，設立一種官派的標準的哲學主義，限制意見之自由發表和討論。

我們可以見出，我們所得關於經濟行爲的主要結論與關於經濟現象學理研究之結論是調和的。因爲我們主張經濟研究只是較大的社會學之一相當附屬部分；所以在實際的人事中，我們相信社會之經濟改造係包含一種普遍的改造，知識的，道德的，不亞於物質的；而部分的改造是不可能的。歐西各國正渴望和努力的工業改造，已有許多降臨的徵兆（雖這是忠實堅毅努力之結果），但牠不是孤立的事實，而爲生活實用藝術之一部分，可以影響我們全部的環境，感動我們全部的教育，和指導我們全部的行爲——總括來說，可以指揮我們一切動力羣趨於保存和發展「人道」(humanity)之一大目的。

敬啟

『專題史』叢書，乃民國時期出版的著名學者、專家在某一專題領域的學術成果。所收圖書絕大部分著作權已進入公有領域，但仍有極少圖書著作權還在保護期內，需按相關要求支付著作權人或繼承人報酬。因未能全部聯系到相關著作權人，請見到此説明者及時與河南人民出版社聯系。

聯系人　楊光
聯系電話　0371-65788063
2016年3月28日